Ivanni Delgado

Hacia Dónde Va Esta Civilización

Una Tendencia Peligrosa

Carmen & Son

Hacia Dónde Va Esta Civilización

Autor: Ivanni Delgado

http://www.carmen-usa.com/haciadondevaestacivilizacion.html

Copyright © 2020 by Ivanni Delgado

Library of Congress Control Number: 2020909041

ISBN: 13: 978-0-9910720-5-7

$21.00

ISBN 978-0-9910720-5-7

52100>

9 780991 072057

Publicado en USA por Carmen & Son, Houston, Texas

www.carmen-usa.com

Síguenos en:

Segunda Edición

Al Pueblo

Por su protagonismo en la construcción de nuestra civilización

Quiero dedicar este libro al pueblo, el cual ha sido el gran protagonista de nuestra civilización y el que realmente tiene el poder de mantenerla viva. El pueblo es el grupo de personas que viven en un mismo lugar y que en conjunto se les llama gente. El pueblo somos todos.

Gracias al talento y el pensamiento de su gente, el pueblo ha tenido una gran participación en todos los aspectos cruciales para el progreso de la humanidad. Después de descubrir la agricultura logró que surgiera la riqueza. Luego de haber inventado la escritura, desarrolló la ciencia. Y al desarrollar la autoridad, dio origen al poder.

El pueblo ha desarrollado revoluciones, culturas, guerras, urbes, imperios. Llevó la civilización desde Mesopotamia a Egipto, India, China y al resto del mundo. En Grecia, la gente inventó el pensamiento filosófico basado en la razón y el saber, con el propósito de entender su mundo y… lo lograron, gracias a filósofos como Sócrates, Platón y Aristóteles. Fue este pensamiento el que abrió el camino hacia la ciencia con la participación de Tales de Mileto, Pitágoras y Arquímedes. Fue también en Grecia, justo en Atenas donde el poder dejó de pertenecerles a una elite gobernante para pasar a manos del pueblo con el surgimiento de la democracia. Por lo que el pueblo debe siempre estar al lado de su democracia y defenderla para conservar su poder y hacer que se le respeten todos sus derechos.

Con la agricultura y la riqueza, más tarde surgiría la economía de mercado, como el sistema económico que más beneficios brinda al pueblo al generar mejores ingresos para una vida mejor. El pueblo ahora tenía a sus dos grandes aliados: la democracia y la economía de mercado, los cuales son perfectamente compatibles.

Sin embargo, ni la democracia, ni la economía de mercado son perfectas y en la actualidad ambas presentan muchos problemas y amenazas. Quizás los problemas más críticos sean los problemas sociales y la corrupción, mientras que las amenazas más serias podría ser los políticos de izquierda y los medios de comunicación.

Para frenar los problemas y amenazas de la democracia y la economía de mercado, el pueblo debe prepararse mejor para defenderlas y para ello, la gente debe involucrarse en la política, la economía, y en la historia de su país y del resto del mundo. El pueblo debe participar en la solución de los problemas sociales y luchar en contra de la corrupción. Una de las cosas que primeramente debe hacer es elegir políticos democráticos preparados, con planes claros para resolver los problemas sociales y que además esos políticos sean honestos para frenar la corrupción y para garantizar la continuidad de la democracia y la economía de mercado.

Para preservar la democracia, el pueblo debe también involucrase más en los asuntos relacionados con su sociedad, sobre todo como investigar el manejo de los dineros públicos, ya que la lucha contra la corrupción debe ser frontal para evitar que esta siga socavando las bases de la democracia y la economía de mercado, lo que a la larga nos pudiera llevar a un colapso total. Además, el pueblo debe levantar su voz para revertir los efectos negativos de los medios de comunicación y así ayudar en la lucha contra los problemas y amenazas de la democracia y la economía de mercado.

Todos los problemas de nuestra civilización hoy, muestran una clara tendencia peligrosa. Por esta razón, fue que decidí escribir este libro titulado *"Hacia Donde Va Esta Civilización"* para que el pueblo pueda evitar su colapso.

TABLA DE CONTENIDO

AGRADECIMIENTO

Vaya mi agradecimiento a todas y cada una de las personas que han servido de alguna manera de inspiración para escribir este libro. A todos aquellos autores que han escrito en relación con el tema de hacia dónde va esta civilización. Y a todas aquellas instituciones como: Discovery Science Channel™, History Channel™ y National Geographic Channel™, los cuales han servido de medio para llevar un mensaje de conocimiento a la gente. También quiero agradecer a toda mi familia por su gran apoyo en la culminación del libro.

INTRODUCCION

La Prehistoria es la época de la evolución del ser humano que va desde la aparición de los primeros seres en África hasta la invención de la escritura y se divide en la Edad de Piedra y la Edad de los Metales. La Edad de Piedra es la época en que nuestros antepasados usaban la piedra en su estado natural al principio de la época y posteriormente la tallaban para fabricar sus primeros utensilios.

La edad de piedra se divide en el periodo Paleolítico y el periodo Neolítico. El periodo Paleolítico cubre el 99% de la historia del ser humano, y va desde hace unos 2,6 millones de años hasta hace unos 12 mil años. Mientras que el periodo Neolítico sigue después de terminar el Paleolítico hasta hace unos 6 mil años.

Durante el Paleolítico, nuestros ancestros usaban la piedra en su estado natural, conocieron y aprendieron a utilizar y controlar el fuego; andaban en grupos viviendo de la caza, la pesca y la recolección de frutos; y vivían en cuevas. Al final de este periodo realizaron las primeras manifestaciones artísticas mediante el arte rupestre principalmente. Durante el Neolítico nuestros antepasados usaban la piedra tallada y pulida; descubrieron la agricultura y la ganadería; hicieron las primeras piezas de cerámica; y construyeron los primeros poblados estables.

La Edad de los Metales es la época en que se empezaron a fabricar objetos de metal y que va desde unos 6 mil años hasta unos 3 mil años atrás. Se divide en tres períodos según el uso del metal: la edad del cobre, la del bronce y la del hierro. En la edad de los metales aparecen las primeras civilizaciones con sociedades más complejas en donde se comienza a utilizar la escritura.

Con el invento de la escritura termina la Prehistoria y empieza la Historia de la humanidad. Y gracias a la escritura, he querido escribir parte de esa historia desde que el ser humano, imitando la naturaleza, logró desarrollar la agricultura para luego construir las primeras civilizaciones y todo lo que ellas requerirían para sostenerse como la riqueza y el poder para llegar a nuestro mundo actual en donde gracias al contacto permanente entre los ciudadanos del mundo, aquellas primeras civilizaciones se combinarían en una sola: nuestra civilización.

En nuestro mundo, sin embargo, encontramos actualmente una serie de problemas y amenazas que de no hacer algo, pueden poner en riesgo todo ese inmenso trabajo y esfuerzo de nuestros antepasados. Este libro habla sobre la historia de la civilización y explica todo lo que debemos hacer para evitar su colapso, pues la tendencia que lleva es peligrosa.

El libro consta de 5 capítulos con 5 subcapítulos cada uno. En el primer capítulo titulado *"La Civilización: Origen y Evolución"* empezamos nuestro relato desde el origen y evolución de los seres humanos que salieron de África durante la prehistoria en búsqueda de alimento y agua, para lo cual tendrían que recorrer largos caminos, hasta que llegaron al Creciente Fértil, en el Medio Oriente de hoy, donde sus vidas cambiarían para siempre al encontrar alimento abundante y empezar a convertirse en sedentarios. Así, empezaron a construir los primeros asentamientos estables y con ellos el amor, la familia y los primeros pueblos, los cuales hicieron la revolución neolítica, durante la cual lograron producir su propio alimento: una verdadera revolución, la revolución neolítica. El capítulo narra los detalles de los eventos que llevaron a la construcción de la civilización: la revolución neolítica, los primeros asentamientos y pueblos, los eventos hacia el florecimiento de la civilización, y las primeras ciudades. Durante la revolución neolítica, los natufienses fueron los grandes protagonistas al descubrir la agricultura, domesticar los animales, desarrollar la cultura neolítica y sus avances para la prosperidad. Entre los eventos hacia la civilización tenemos: el desarrollo de la alfarería y la cerámica, el descubrimiento de los metales, el desarrollo de la cultura urbana que echó las bases de las primeras ciudades y con ellas el florecimiento de las primeras civilizaciones.

En el segundo capítulo titulado *"Las Primeras Civilizaciones"* estaremos presentando cada una de las primeras civilizaciones desde su origen en Mesopotamia, y su propagación hacia Egipto, India, China y el resto del mundo llegando hasta la parte occidental. Veremos cómo durante la civilización en Mesopotamia nuestros ancestros lograron alcanzar un gran desarrollo en el aspecto político, económico y social. Así como también en la religión, las ciencias, y las artes. Llegaron hasta construir los primeros imperios. En cuanto a la civilización Egipcia, esta lo primero que logró fue la unificación del alto y bajo Egipto en un solo territorio. Sin embargo, esta civilización sobresalió por la construcción de obras monumentales como la gran Esfinge y las famosas pirámides, las cuales se han convertido en símbolos de Egipto. También se le conoce por su momificación.

En el tercer capítulo *"La Escritura y La Ciencia"* nos dedicaremos al origen de la escritura y la ciencia, las primeras escrituras, las primeras observaciones que llevaron al surgimiento de la ciencia, así como también los primeros observatorios construidos por nuestros antepasados para profundizar en sus conocimientos. Veremos que fue durante la civilización de Mesopotamia en donde se inventó la escritura, con la que después surgió la ciencia. Veremos las contribuciones que los mesopotámicos, egipcios, los griegos y los fenicios han hecho a la escritura y la ciencia.

En el cuarto capítulo *"La Riqueza y El Poder"* presentamos los temas sobre la riqueza, el capitalismo, el poder, la religión, así como la lucha por el poder. En cuanto a la riqueza veremos como con el desarrollo de la agricultura y cría, el comercio, la economía, las finanzas y el capitalismo; nuestros antepasados pudieron crear la riqueza.

Con el excedente de la agricultura se podía alimentar a otras personas que se dedicaban a otras actividades como la cría, la artesanía, etc. De manera que el granjero le cambiaba parte de su excedente de su cosecha al pastor o al artesano por algunos de sus animales, o artesanías respectivamente. Este intercambio en forma de trueque dio origen al comercio y con el surgieron los primeros medios de transporte por tierra y ríos. Con estas actividades de producción, comercio, transporte y consumo surgieron los aspectos básicos de la economía.

Cuando el comercio se empezó a hacer con el pago de dinero por la compra de productos, reemplazando el sistema de trueque, surgió la economía comercial y de mercado. También surgieron las finanzas para al estudio de la circulación del dinero entre los individuos, las empresas o los Estados. La economía más tarde se convirtió en una ciencia abarcando diferentes sistemas económicos como el capitalismo, el cual en la actualidad se basa en la propiedad privada de los medios de producción, así como en el principio de libertad de mercado, cuyo objetivo es la acumulación de capital. Por lo tanto, el capitalismo se basa en la titularidad de los medios de producción y los recursos, de cuyo comercio se extraen las ganancias.

En cuanto al poder, veremos como este surgió durante la civilización mesopotámica, cuando una de las familias del pueblo, con un comercio próspero, logró acumular más riqueza que las otras. Eventualmente, la familia rica tomó el control del pueblo, con lo que también adquirió el poder económico y la autoridad del pueblo. Después, la autoridad del pueblo creó las primeras instituciones como el consejo de los ancianos y la primera asamblea con la gente importante del pueblo. El poder quedó representado con la participación del sector religioso, el político, el militar y el judicial.

Sin embargo, el poder religioso siempre estuvo muy ligado a los otros poderes. Después con el surgimiento de las ciudades, aparecieron los primeros reinos con reyes considerados dioses con poder absoluto sobre todos los aspectos de la sociedad. Estos reinos desarrollarían las guerras para incrementar su poder. Después de originarse en las primeras civilizaciones, el poder y sus estructuras se difundieron hacia el mundo occidental. En Grecia en la ciudad de Atenas surgió la democracia con la cual el poder pasó por primera vez de los reyes a manos del pueblo para elegir el gobierno.

Siempre ha existido una constante lucha por el poder desde su inicio con el desarrollo de los seres humanos en la Prehistoria, para lo cual se han inventado guerras, gobiernos, hasta el pueblo ha estado en esta lucha estableciendo grupos o factores de poder.

En el quinto capítulo *"El Mundo Actual: Una Tendencia Peligrosa"* hablamos sobre la situación geopolítica incluyendo la amenaza del coronavirus, la cual concentra gran parte de la actividad actual. También hablaremos sobre la decadencia del sistema político, así como la de las instituciones para la paz mundial; el colapso del sistema económico; los problemas sociales; y como evitar el colapso de la civilización, dado la tendencia peligrosa que esta lleva.

En nuestro mundo actual, los principales sistemas políticos en la mayoría de los países del mundo son la democracia y la dictadura. La diferencia básica entre estos dos sistemas son las libertades y el respeto a los derechos humanos, los cuales existen en democracia, pero no en dictadura.

Los principales sistemas económicos actualmente son la economía de mercado o capitalismo propio de la democracia y el sistema de planificación estatal de los países socialistas o comunistas. La diferencia básica entre estos dos sistemas es la propiedad privada, la cual existe en democracia, pero no en socialismo o comunismo, con la excepción de algunos países como China y Rusia que tuvieron que adoptar economías de mercado para evitar su colapso.

Actualmente, existen también muchas instituciones para la paz mundial, como la Organización de las Naciones Unidas (ONU), las cuales muestran señales claras de decadencia al desviar los objetivos para los que fueron creadas y en su lugar abrazar otros intereses sobre ideologías, con las que solo representan a los países con esas tendencias.

Sin embargo, aún hay solución si logramos actuar a tiempo para evitar el colapso de la civilización. Vemos que la llegada del coronavirus solo aceleró los problemas que la democracia ya venía presentando en gran parte por los políticos con ideas socialistas o comunistas apoyados por los medios de comunicación. Además, de los ataques de las instituciones que fueron creadas para mantener la paz y el bienestar del mundo como la Organización de las Naciones Unidas (ONU) principalmente, las cuales al dejar a un lado sus propósitos se han convertido en una amenaza seria contra la democracia y el pueblo. Los otros problemas en contra de nuestra sociedad se deben atender cuanto antes, ya que la decadencia política puede llevar al colapso económico, lo cual haría más difícil la solución de los problemas sociales. Sin embargo, si se atienden las dificultades podemos evitar el colapso que amenazan nuestra civilización.

LA CIVILIZACION: ORIGEN Y EVOLUCION

En este capítulo estaremos hablando sobre la revolución neolítica, los primeros asentamientos y pueblos, los eventos hacia la civilización, el florecimiento de la civilización, y las primeras ciudades. Para ello veremos primero como surgiría todo desde el principio.

Toda la vida, desde el inicio de la prehistoria, nuestros antepasados habían vivido de la recolección de frutos silvestres, de la caza y de la pesca. Para obtener su sustento tenían que moverse siempre en busca del alimento y el agua, naturalmente. A este tipo de vida errante se le conoce como nómada. Es decir que siempre andaban de un lugar a otro. Solo permanecían en un sitio por el tiempo en que dispusieran de agua y alimentos. Sin embargo, podían permanecer más tiempo en un mismo sitio si la abundancia de los recursos lo permitía. Luego seguían su camino hasta encontrar otro lugar con los recursos que le proporcionaban la subsistencia.

Su creencia desarrollada a lo largo de sus vidas les daba la fe necesaria para seguir adelante en busca de su sustento. Creían que todas las cosas que existían en su mundo, incluyéndolo a ellos mismos, estaban formadas por espíritus con cierto poder y que algunas de esas cosas tenían poderes supremos a los que llamaron dioses. Para pedirle favores a estos dioses crearon rituales que acompañaban con música que hacían al imitar con su voz los sonidos de la naturaleza y luego acompañaban su canto con instrumentos musicales que fueron descubriendo y desarrollando con el tiempo. A medida que cantaban y tocaban, también danzaban.

Así pues, con esta forma de vida basada en sus creencias, su cultura desarrollada durante el Paleolítico, y con un clima aún helado como producto de la última glaciación de la era Cuaternaria, nuestros antepasados, hace unos 20 mil años atrás deambulaban por el continente Africano en busca de su sustento. Sin embargo, cuando encontraban abundante agua, frutos y animales, permanecían en el lugar por el tiempo necesario hasta agotar los recursos. Así, se empezaron a asentar y construir asentamientos temporales. En algunos casos los recursos se reproducían antes que se les agotaran los recursos de la cosecha anterior, lo que les permitía un asentamiento más largo y durante estos, construyeron campamentos más estables, surgiendo así los primeros poblados dedicados a la recolección de frutos y a la caza. Así llegó el sedentarismo.

Con el tiempo, un grupo de nuestros antepasados, provenientes de África, había llegado a una región conocida hoy como el Medio Oriente. Esta región era el Creciente Fértil, en la cual la vida pasaría por una serie de cambios para poder llegar hasta donde estamos hoy.

El Creciente Fértil o Media Luna Fértil era una región en forma de media luna con tierras muy fértiles. Esta región iba desde Egipto, pasando por Israel y luego seguía por Siria con rumbo al sur hacia la antigua Mesopotamia en lo que hoy es Irak, hasta el golfo Pérsico.

Así nuestros antepasados entraron al periodo Neolítico, el cual empieza al final de la última glaciación con un clima cálido y con gran abundancia de agua. En el Creciente Fértil, este nuevo escenario hizo que la naturaleza produjera más plantas con frutos y animales para comer y nuestros antepasados se iban haciendo más sedentarios.

Sin embargo, después apareció un periodo glaciar corto conocido como el "Dryas Reciente" (Younger Dryas) y otra vez los glaciares absorbieron la mayor parte del agua líquida y esta, junto con los frutos silvestres y los animales que comían nuestros antepasados también empezaron a escasear hasta producir un ciclo de hambruna.

Para sobrevivir, nuestros antepasados tuvieron que adoptar la forma nómada otra vez, para buscar agua y alimento. En su búsqueda, encontraron una región en el Lago Galilea en el Creciente Fértil, en la cual, aunque sí tenía agua, pero no había plantas comestibles, solo hierba. Usando su intelecto los seres humanos lograron uno de sus más grandes descubrimiento: la agricultura. Después del final del Dryas Reciente, la sequía terminó y todo volvió a ser mejor como antes.

Durante el Neolítico surgió el arte megalítico con sus inmensos monumentos formados por grandes piedras labradas como el gran templo de Gobekli Tepe en el Creciente Fértil, en lo que hoy es Turquía hace unos 11 mil años, mil años antes del descubrimiento de la agricultura. Mientras que en Europa unos 6 mil años más tarde construyeron el monumento de Stonehenge en Gran Bretaña con grandes piedras toscas erguidas.

También durante el Neolítico surgieron eventos muy importantes con grandes impactos en la forma de vida de nuestros antepasados, la cual tendría una inmensa influencia en la forma de vivir de los humanos modernos de hoy.

1.1   LA REVOLUCION NEOLITICA

En este subcapítulo, estaremos hablando sobre los natufienses, la agricultura, la domesticación de animales, la cultura neolítica y sus avances hacia la prosperidad, además hablaremos sobre los primeros asentamientos y pueblos. Veremos como un grupo de nuestros antepasados Homo Sapiens, llamados los natufienses fueron los protagonistas de la revolución neolítica que se inició en el Creciente Fértil en el Medio Oriente. Una región con importantes ríos estables como el Nilo en Egipto, el Jordán en Israel, así como el Tigris y el Éufrates en Mesopotamia.

Los natufienses llevaron una vida nómada hasta la entrada del periodo Neolítico, cuando hicieron un proceso de importantes cambios en la forma de vida de los seres humanos. De nómada pasaron a ser sedentarios y de vivir de los alimentos que les proporcionaba la naturaleza, llegaron a producir su propio alimento con el descubrimiento de la agricultura, con cultivos iniciales de cereales como el trigo y la cebada.

La agricultura fue posible con el esfuerzo de mucha gente, quienes construyeron sus casas cercas de sus cultivos, con las cuales surgirían las aldeas y más tarde los pueblos. Con la agricultura surgió el conocimiento de las plantas, los frutos, los suelos, el riego, el arado y luego el comercio. Mas tarde, este conocimiento se profundizó promoviendo más progreso con mejores sistemas y herramientas agrícolas. La agricultura tuvo un comienzo insipiente en los alrededores de lo que hoy es Israel, más tarde llegaría a Mesopotamia y Egipto donde hizo grandes progresos. Con el tiempo se difundió por la India, China, Europa, América y el resto del mundo.

Para la domesticación de otros animales nuestros antepasados, quizás lo harían de la misma manera que lo hicieron con la domesticaron del perro cuando este aún era un lobo. Sin embargo, para la domesticación de los otros animales, lo harían con la ayuda del perro. Durante la enorme sequia del "Dryas Reciente" y dada la enorme escases alimentos, nuestros antepasados pensaron que era posible y muy conveniente retener, con la ayuda del perro, a los animales vivos en un corral para comer su carne, solo cuando fuera necesario. Entre los primero animales domesticados, después del perro, figuran la cabra, la oveja, la vaca, etc.

Durante el Neolítico, los seres humanos desarrollarían una serie de cosas, ideas y costumbres para sobrevivir e ir mejorando con el tiempo para lograr una mejor vida. Esto es lo que se conoce como la cultura Neolítica con varios avances hacia la prosperidad como la rueda, mejores herramientas y la ropa. Además del desarrollo de la cestería, alfarería y cerámica; con lo que podían hacer vasijas para almacenar, cargar, comer o hasta para beber su cerveza. Con el excedente de la agricultura, cría y actividades artesanales, surgió el comercio y surgieron los primeros asentamientos y pueblos.

Los Natufienses

La última glaciación de las cuatro glaciaciones de la era Cuaternaria, también llamada la edad de hielo, duró unos 100 mil años y terminó hace 12 mil años marcando el fin del periodo Paleolítico y el inicio del Neolítico. Durante esta glaciación hace unos 20 mil años nuestros ancestros, los Homo Sapiens aún llevaban una vida errante o nómada en busca de agua y alimentos en ese clima frio. Sus vida se basaban en la recolección de frutos silvestres, la caza y la pesca. En donde encontraban alimento, allí se quedaban hasta agotar los recursos. Luego seguían su camino en búsqueda de su sustento.

Hace unos 15 mil años, cuando el clima fue mejorando debido a que los glaciares se estaban derritiendo, un grupo de esos recolectores y cazadores nómadas conocidos hoy como los natufienses llegaron a una región en la cual existía una gran variedad de plantas que en su mayoría eran comestibles. También tenía esa región una gran cantidad de animales. Y por supuesto esta región tenía agua en abundancia. Algo como nunca habían visto nuestros antepasados. Esto fue como un paraíso para los natufienses que vivían de lo que la naturaleza les proveía. Tenían todo para sobrevivir en un mismo lugar. Esa región es lo que conocemos hoy como el Creciente Fértil o Media Luna Fértil que se extiende desde Egipto en el noroeste de África hasta Mesopotamia en el oeste de Asia.

El nombre de los natufienses surgió en 1932, después del descubrimiento hecho por la arqueóloga británica Dorothy Garrod cuando excavaba un yacimiento en el valle de Wadi-en-Natuf. De allí el nombre de natufiense, es decir los que vivieron en Natuf. Este lugar está en lo que hoy es el Monte Carmelo, una cordillera montañosa costera sobre el mar Mediterráneo en Israel. Allí Dorothy Garrod descubrió un cuerpo de un natufiense enterrado unos 12 mil años atrás.

En esta región los natufienses descubren las hierbas que producían granos o semillas secas, muy nutritivas y que podían durar por mucho tiempo sin perecer, lo que les permitió almacenarlas para garantizar su sustento por un largo tiempo. Esto cambiaría la vida para siempre y empezaría el gran progreso de la humanidad.

Estas semillas secas que hoy llamamos cereales como el trigo y la cebada eran muy abundantes en esta región y podían dar otra cosecha antes que se acabaran los de la cosecha anterior. Esto trajo como consecuencia que nuestros ancestros empezaran a guardar el excedente para comerlo después cuando fuera necesario. Para guardar los granos excavaban hoyos en la tierra y allí lo almacenaban. También usaban algunos recipientes como bolsos de cuero o algunos recipientes de calabaza para llevarlos de un sitio a otro.

Las semillas secas se podían almacenar por largo tiempo. La abundancia y el consecuente almacenamiento de alimentos llevó a los natufienses a quedarse mucho más tiempo en esos sitios, lo que los hizo iniciar un tipo de vida más sedentaria. Así empezaron a formar los primeros asentamientos con chozas de ramas y paja en donde también almacenaban el grano. El progreso de nuestros antepasados era evidente, pues al principio vivían en cuevas, las cuales usaban también como almacenamientos de sus pertenencias y alimentos y hasta servían ocasionalmente de enterramientos.

Los nuevos asentamientos al principio estaban formados por un número pequeño de personas. Con el tiempo, los natufienses aprendieron a hacer harina al triturar los granos y al agregarle un poco de agua, para hacer su pan de cada día. Dentro de las chozas molían los granos para hacer la harina con la que hacían su pan, el cual era una especie de tortilla que cocinaban sobre unas piedras calientes en una fogata.

Sin embargo, no solo de pan vivían los natufienses. También recolectaban frutos dulces frescos y carne de los animales que cazaban con lanzas y ondas. Entre los animales que casaban se incluían sus favoritas gacelas. En busca de animales para cazar, se movían de acuerdo con las estaciones y andaban por semanas en su actividad de caza.

El sedentarismo produjo muchos cambios en nuestros antepasados, quizás uno de los primeros fue el sentido de la propiedad. Cuando nómadas, ellos andaban errantes todo el tiempo y nadie era dueño de nada ni de nadie. El sedentario posee todo lo que ha logrado y lo defendería hasta con su propia vida si fuera necesario. Este cambio tendría serias implicaciones en el futuro. Sin embargo, el sedentarismo tiene una gran ventaja: le permite al hombre pensar para hacer su vida más fácil y en ese sentido trataría de asegurar su sustento, cosa que haría que la población nómada siguiera esta tendencia para disfrutar también de sus beneficios.

En el tiempo que no estaban ni recolectando frutos ni cazando, los natufienses se dedicaban a la fabricación de sus armas hechas con sílex, piedra, palo y huesos. Llegaron a desarrollar una oz con el mango de cuerno de doble cuchilla para más eficiencia en el corte de las plantas para cosechar los cereales. También hacían sus cuchillos, morteros y hasta figurillas de piedra con caras de gente y de animales. Con conchas, huesos y dientes de animales hacían sus adornos muy estéticos como collares y otras prendas.

Durante el almacenamiento de los cereales, los natufienses, observaron que algunos de los granos del hoyo de almacenamiento y los que caían al suelo en el camino cuando los llevaban desde las plantas donde los obtenían, germinaban y formaban nuevas plantas, de la misma manera que cuando estos granos caían naturalmente de la planta al suelo húmedo. Esta gran observación llevaría más tarde al descubrimiento de la agricultura.

Los natufienses habían llevado una vida bastante próspera por unos 2 mil quinientos años hasta que el clima empezó a empeorar otra vez. Después de la última glaciación, apareció hace unos 13 mil años un periodo corto de glaciación llamado el "Dryas Reciente" que duró algo más de un milenio. Este nuevo cambio climático impactó adversamente la vida de nuestros antepasados, ya que, debido a la formación de los glaciares, el agua en forma líquida fue disminuyendo con su correspondiente impacto en la escasez de sus alimentos como los frutos que recolectaban y los animales que cazaban para comer y sobrevivir.

Casi toda la Tierra se volvió fría y con una gran sequía, con su respectivo ciclo de hambruna, lo que obligó a los natufienses a abandonar sus asentamientos alrededor de lo que se conoce como Jericó en el Israel de hoy. Aunque algunos perecieron en el intento, algunos otros si lograron sus objetivos. Para sobrevivir, los natufienses tuvieron que extenderse como nómadas, otra vez, en busca de agua y alimento. Ellos lograron encontrar una nueva oportunidad de subsistir en un lago en el Valle del Jordán en una región fértil en las costas del Lago Galilea.

Allí los natufienses se refugiaron para intentar empezar de nuevo. Aunque encontraron abundante agua y una tierra fértil, pero no había plantas con frutos, solo un poco de hierba. Así que tuvieron que sembrar sus propias plantas gracias a la gran observación que habían hecho antes sobre como nacían las nuevas plantas después que los granos caían en la tierra húmeda en donde se asentaban antes cuando los frutos silvestres eran abundantes.

Para sembrar sus plantas, tuvieron que sacrificar los granos que llevaban en sus bolsos de cuero para comer, al usarlos más bien como semillas, las cuales pusieron en huecos que abrían con un palo y con sus bolsos las regaron con agua del lago, pues habían entendido la importancia del agua. Luego nacieron las planta y cosecharon sus frutos y así satisfacer su hambre. Así los natufienses se convirtieron en los primeros agricultores del mundo. Este acto tan simple fue el inicio de una nueva forma de vida que transformaría la faz de la Tierra.

Mientras tanto, los natufienses continuaron adaptándose a sus nuevas condiciones, lo cual hicieron de forma muy impresionante. No solo sobrevivieron a la sequía del "Dryas Reciente", sino que también progresaron durante este periodo de calamidad. Después del final del "Dryas Reciente", la sequía terminó y todo volvió a ser bueno como antes. La región en que se habían asentado los natufienses, tenía ahora condiciones muy favorables para el desarrollo de la agricultura.

Ellos habían empezado a entender la importancia que tenían los frutos secos en su dieta, así como también la gran importancia de escoger muy bien los suelos donde cultivarlos. Y así, con este propósito en mente, los natufienses se extendieron por toda el área que iba desde el Jordán al Valle del Éufrates en búsqueda de los mejores suelos en los que mejor prosperaran sus cultivos. Es probable que los natufienses hubieran utilizado canales de riego para su agricultura. Lo cierto es que esta zona les permitió a nuestros antepasados grandes cosechas de sus cereales, con un grano más productivo.

La agricultura significaba un trabajo bastante intenso. Todas sus tareas desde sembrar hasta cosechar requerían un trabajo en equipo, pero bien que valía el esfuerzo. La abundancia de la cosecha hizo que el almacenamiento del grano seco fuera ahora de manera más organizada y con graneros especializados: surgieron los primeros silos. La vida tenía menos tiempo libre. Ya no había tiempo para hacer los morteros originales, en su lugar usaban piedras grandes con varios huecos en donde varias personas podían moler grandes cantidades de grano al mismo tiempo.

Además de producir su propio alimento, también cazaban cuanto animal encontraran. Además de la abundancia de las cosechas en algunos lugares, también los animales eran abundantes principalmente las gacelas, así como también la cabra salvaje y algunas aves. Sin embargo, algunas veces en algunos sitios, la caza se hacía escaza, lo que llevó a nuestros antepasados a desarrollar el arco y la flecha como una arma más efectiva para compensar la escasez de los animales.

Nuestros antepasados se habían asentado más establemente y para ello hicieron sus primeras chozas circulares de piedra y barro con una puerta y con techo de paja, el cual quemaban cada cierto tiempo para deshacerse de los animalitos del techo que podían causar problemas. Cada choza servía de vivienda para una familia y tenía su propia fogata. Estas fueron las primeras casas, las que llegaron a formar una comunidad y después un pueblo. Con el sedentarismo surge el amor y la familia de forma estable.

Al tener, por lo menos, su sustento asegurado, los natufienses llegaron a fabricar una gran variedad de herramientas que incluían hoces para cortar las plantas y luego obtener los granos, Estas hoces eran hechas con cuchillas de piedras incrustadas en un mango de palo. También hacían morteros de piedra para moler los granos, herramientas de pesca hechas de hueso como arpones, anzuelos; así como también herramientas para coser como agujas y punzones; también fabricaban canastas tejidas y tapetes. Todo esto demuestra que los natufienses desarrollaron un estilo de vida muy avanzado para su época.

Los natufienses también inventaron el intercambio recíproco de ideas entre los habitantes de las aldeas sobre cómo hacer mejor la siembra, la cosecha, las herramientas, etc. Después surgieron los intercambios simples de bienes entre los habitantes de las aldeas. Por ejemplo, los habitantes de una aldea intercambiaban un tipo de fruto o herramienta por otra o frutos por herramientas y viceversa.

Los natufienses también destacaron en su arte de carácter mágico o religioso con la fabricación de estatuillas y esculturas de animales. También destacaron en sus entierros con sus sepulturas dentro de sus asentamientos e incluso, más adelante, debajo de sus casas con rituales funerarios. Los difuntos eran enterrados con sus pertenecías más apreciadas. Sus tumbas fueron consideradas sagradas. Los natufienses acostumbraban a separar la cabeza del difunto del resto del cuerpo ya enterrado.

Los natufienses siempre trabajaban y socializaban juntos, fueron muy creativos, aprendieron hacer las cosas mejor para garantizar su sustento y compartían todo entre su gente. Así lograron desarrollar una gran cultura que duró entre 15 y 11 mil años, la cual más tarde daría paso a la cultura Neolítica. Sin embargo, su gran contribución fue un simple acto en el comienzo de algo que cambiaría la vida en la faz de la Tierra: la agricultura.

La Agricultura

Como ya hemos visto, la agricultura fue descubierta por los natufienses hace unos 11 mil quinientos años para poder sobrevivir a la enorme sequia del " Dryas Reciente". Este descubrimiento fue posible gracias a que nuestros antepasados los natufienses habían observado, en los tiempos de la abundancia de los frutos silvestres, sobre cómo nacían las plantas después que sus granos caían al suelo húmedo. Realmente lo que hicieron los natufienses fue tratar de imitar a la naturaleza. Sin embargo, esta agricultura era muy incipiente al principio, pero poco a poco empezó a progresar.

La nueva actividad de producir los alimentos, en vez de recolectar los que la naturaleza proveía, dio inicio a un nuevo estilo de vida debido a que la agricultura requería de mucho trabajo y de varias personas trabajando juntas. El trabajo incluía tareas como sembrar, regar, limpiar los cultivos, cosechar, almacenar y moler el grano para hacer la harina para elaborar el pan de cada día.

Para sembrar las semillas abrían huecos en la tierra con un palo con punta o con una piedra afilada atada a un palo, la misma herramienta que usaban para sacar raíces de la tierra. Para regar las semillas pudieron usar recipientes, canales de riegos o esperar que cayera el agua de lluvia.

Para limpiar los cultivos había que quitarles las malezas constantemente, tarea que se hacía normalmente con las manos. Para cosechar se cortaba con la oz los tallos de las plantas por debajo de las espigas. Luego las espigas se amontonaban en el suelo para ser trilladas y separar los granos de las espigas. Luego los granos eran acumulados y almacenados.

Para garantizar la cosecha, las plantas también debían ser protegidas de los animales salvajes y de las incursiones de los nómades que aun merodeaban por la región. Todo este trabajo sólo podía ser logrado por muchas personas cooperando entre sí. Para cuidar del cultivo, varios agricultores unían sus esfuerzos construyendo sus casas en los campos de los sembradíos. Era importante que las viviendas estuvieran cerca entre ellas, ya que de esta forma la protección de los cultivos sería más exitosa. Fue así como las viviendas en los campos se fueron amontonando cada vez más en las primeras aldeas. Dado lo intenso del trabajo de la agricultura, esta actividad se debió hacer por necesidad. Sin embargo, valía la pena el esfuerzo ya que garantizaba la sobrevivencia.

La agricultura continuó progresando lentamente y por ensayo y error. Poco a poco la producción de granos se fue incrementando al punto que, para moler tanta cantidad de grano, nuestros antepasados ya no utilizaban los pequeños morteros de antes de los natufienses, en su lugar usaban unos hechos en piedras grandes con varias secciones o huecos para moler con más gente y más rápido para convertir los granos en harina.

Después del final del periodo del "Dryas Reciente", al cabo de más de mil años, la sequía desapareció en el Creciente Fértil y llegaron mejores condiciones climáticas. La tierra se humedeció otra vez y todo volvió a ser próspero. En consecuencia, las condiciones de vida de nuestros antepasados mejoraron enormemente: el agua abundante del deshielo de los glaciares originó más fuentes de agua como ríos y lagos. Además, la abundancia de esa agua produjo suelos más fértiles, lo cual hizo que la agricultura prosperara transformando algunas zonas, ricas en frutos comestibles, especialmente los cereales como el trigo y la cebada. Con la agricultura se incrementó la población y a medida que esta crecía, más agricultura era necesaria para alimentar a tanta gente.

Las primeras especies de plantas en cultivarse fueron el trigo y la cebada hace unos 10 mil años. Estos dos cereales eran muy nutritivos y sus cultivos eran muy abundantes. Luego surgieron los cultivos de otros cereales como la avena y el centeno. Y después se sembraron las lentejas, los guisantes y el lino, la planta textil de la cual extraían la fibra para hacer hilos y tejidos con lo que confeccionarían su ropa.

Con la agricultura surgió el conocimiento de las plantas, los frutos, los suelos, el riego, el arado y luego el comercio. Este conocimiento se fue perfeccionando con el tiempo hasta producir una verdadera revolución. En cuanto a las plantas y los frutos, nuestros antepasados llegaron a conocer las plantas de las que podían comer sus frutos y de las que no. Diferenciaron las plantas comestibles de las venenosas. De las plantas comestibles lograron obtener un amplio conocimiento de ellas. Entendieron que las plantas domesticadas eran genéticamente distintas a las plantas silvestres.

Los primeros agricultores habían empezado a manipular la selección natural y a la propia naturaleza. Al producir las primeras variedades del grano domesticado, este era más grande y esperaba en su planta a ser cosechado, mientras que el grano silvestre era más pequeño y se caía solo de la planta. Además, no todas las plantas de una misma especie eran iguales. Algunas tenían un grano más grande o de mejor sabor por lo que los agricultores empezaron a seleccionar los mejores granos para usarlos como semillas en su próxima siembra. Con el tiempo llegaron también a descubrir las plantas medicinales.

En cuanto a los suelos, los agricultores preparaban el terreno donde plantarían sus cultivos. Ello incluía deforestar con hachas de piedra para cortar los árboles y tener más espacio expuesto a la luz del Sol y quemar para limpiarlo de malas hierbas. Con el tiempo, también usaron el arado, abonaban sus cultivos con estiércol y más tarde usaron canales de riegos.

Los canales de riego se usaron en la agricultura inspirados en la observación que nuestros antepasados habían notado en los canales naturales de ríos como el Nilo en Egipto y el Tigris y el Éufrates en Mesopotamia. Las inundaciones que ocurrían durante la época de la crecida de los ríos eran desviadas hacia los campos, los cuales una vez regados, quedaban listos para la siembra.

La agricultura comenzó en el Creciente Fértil. Específicamente en la región que va desde Israel hasta Turquía y luego se fue extendiendo por toda esta región hasta llegar a Mesopotamia y después a Egipto. Hace unos 9 mil años la agricultura ya había llegado a Mesopotamia, la región entre los ríos Tigris al este y el Éufrates al oeste, los cuales nacen en las montañas Taurus en Anatolia en la actual Turquía en el norte y desembocan en el golfo Pérsico al sur. Estos dos ríos tienen características diferentes: El Tigris fluye más rápido y es más turbulento, mientras que el Éufrates es más estable y con mejor acceso.

Mesopotamia era una región dividida en dos partes de acuerdo con su relieve. La parte alta al norte estaba formada por una meseta alta con pendiente hacia el sur, mientras que por el contrario la parte baja al sur era muy llana y con poca pendiente. En consecuencia, en esa región la agricultura se dividió en dos secciones: alta y baja Mesopotamia.

La agricultura de la alta Mesopotamia dependía de las lluvia para su riego. Pero la de la baja Mesopotamia, en la región de Sumer, la agricultura era de regadío, pues esta parte no tenía lluvias suficiente para que la agricultura pudiera prosperar.

En Sumer la agricultura llegó a ser sistematizada y desarrollada a gran escala con avances en las técnicas agrícolas y de riego. Unos 7 mil años atrás ya se habían implementado sistemas de riego de gran magnitud. Para regar los cultivos, se tomaba el agua de las inundaciones causadas por la crecida de los ríos Éufrates y Tigris y luego se desviaban por medio de los canales hacia los campos de cultivos. Ese sistema de riego también servía para drenar las riberas de los ríos.

Mas tarde, el sistema de riego también incluía un equipo muy sencillo conocido hoy como el "Shadoof" o cigoñal, con el cual se sacaba agua de un rio, canal o pozo para regar los cultivos y para el consumo doméstico también. El Shadoof consistía en un pedazo de palo que servía de palanca al apoyarse de una horqueta también de palo para subir el agua de una fuente y echarla en otra.

Los cultivos de la agricultura en Sumer, como en toda Mesopotamia eran básicamente los cereales como el trigo para hacer el pan y la cebada para hacer la cerveza. También se producían lentejas, garbanzos, frijoles, cebolla, ajo, uvas, manzanas, higos, y dátiles; cuyas plantas, las palmeras dátileras requieren de mucha agua. Pero eso no era problema pues los campos del sur alcanzaron grandes rendimientos gracias al riego.

También en el sur de Mesopotamia surgió el arado unos 6 mil años atrás como una evolución de la azada o escardilla para sembrar las semillas. Con el arado se hacían surcos en el terreno y dentro de ellos se ponían las semillas y de allí nacían las plantas en hileras. Al principio el arado era operado o tirado por personas y luego por animales como bueyes y caballos.

Inicialmente el arado estaba formado por una sola pieza de palo o una rama de árbol en forma de una escardilla. Mas tarde después con la llegada de los metales el arado se hizo más sofisticado. Tenía la parte de la escardilla hecha de metal, la cual iba conectada a un mango de palo. Con la aparición de la rueda en Sumer, esta fue también adaptada al arado para mejorar su manejo y su eficiencia. El arado fue un instrumento de un gran avance para la agricultura, pues hizo el trabajo del campo más fácil y en menos tiempo. Además, fue uno de los primeros instrumentos sofisticados hechos por el hombre.

Cerca del mismo tiempo que la agricultura había llegado a Mesopotamia, hace unos 9 mil años también había surgido en las orillas del rio Nilo en Egipto. Las crecientes del rio inundaban las riberas y depositaban sedimentos orgánicos o limo que arrastraba la corriente del rio. Esto convirtió en muy fértil estas tierras, lo que las hizo muy apropiadas para la agricultura.

Los cultivos principales fueron los cereales como la avena y el trigo con los que nuestros antepasados en esta región hacían su pan y también hacían su cerveza. También cultivaban legumbres como las lentejas y los garbanzos para comer, vides como la uva para comer y hacer vino, frutas como higos y dátiles para comer, el famoso papiro usado más tarde para escribir, y el lino para hacer su ropa.

Dado que la agricultura dependía de las inundaciones del rio, los egipcios inventaron hace 5,5 mil años un instrumento para medir el nivel del agua del rio Nilo y así planificar sus cultivos y la producción de alimentos. Este medidor se construyó de varios tipos como un pasillo de escalera hechas de piedras. Este pasillo se iniciaba desde la orilla del rio y se extendía hacia afuera. Cada peldaño representaba una marca que indicaba el nivel de la crecida. También se usaron pozos y otras estructuras para medir las crecidas. Sin embargo, el tipo más sencillo era una columna vertical hecha de piedras sumergida en el rio con marcas de profundidad en intervalos para medir el nivel de las crecidas.

Los egipcios usaron en su agricultura el arado tirado por vacas o bueyes. También hacían canales de riego y más tarde construyeron sistemas hidráulicos de riego. Además, el rio era su principal medio de comunicación para transportar sus productos agrícolas y otras mercancías. Para ello usaron barcos de remos al principio y luego los de vela. Comerciaban en forma de trueque es decir intercambiaban unos productos por otros.

Después del Creciente Fértil, la agricultura apareció en otros lugares como India, China, Europa y las Américas. Después, en unos miles de años más tarde, la agricultura ya se había implementado en el resto del mundo.

Hace unos 10 mil años la agricultura procedente del Medio Oriente había llegado a India entrando por lo que hoy es Pakistán. En India la agricultura se empezó a desarrollar alrededor del río Indo, en donde se cultivó principalmente el trigo y la cebada. Allá también utilizaron canales de riego y el arado.

Después de la India la agricultura había llegado a China, en el Extremo Oriente entre los ríos Huang Ho y Yangtzé. En China se desarrolló el cultivo del arroz y más tarde se cultivó también la papa y la soya. En esta región también utilizaron los canales de riego y el arado en las labores agrícolas.

Mas tarde, hace unos 8 mil años la agricultura llegó también hasta Europa por difusión desde el Creciente Fértil del Medio Oriente. Los primeros cultivos eran los cereales como el trigo, la cebada y la avena. La gente del Creciente Fértil había empezado a expandirse desde Turquía hacia el sur de Europa bordeando el Mediterráneo. Los primeros en salir fueron los comerciantes, los cuales hicieron sus viajes en pequeñas embarcaciones, en las que también llevaban semillas, algunos animales y la noción de la agricultura. Al llegar a Europa encontraron un continente inmenso con un nuevo paisaje y con un clima diferente. Y dado que los bosques eran impenetrables se tuvieron que desplazar por los ríos. El continente por supuesto estaba habitado por recolectores y cazadores desde la glaciación. Aún no se había desarrollado la agricultura ni la cría.

Unos 7 mil años atrás la gente exploradora del Creciente Fértil había llegado a Eslovaquia en donde se encontraban con los nativos europeos para comerciar y negociar. Los nativos ofrecían cornamentas y pieles a cambio de los animales y semillas para que los europeos empezaran a desarrollar su agricultura y cría, pues la gente del Creciente Fértil les enseñaría como hacerlo.

Así empezó ese intercambio de ideas entre estos dos tipos de gente. Los exploradores continuaron buscando tierras buenas para la agricultura hasta que ello fue posible, pero en pequeña escala al principio dado a las limitaciones del terreno boscoso. Entonces empezaron a talar el bosque con un tipo de hacha que habían usado en el Creciente Fértil para tener espacios más abiertos para cultivar. Finalmente, ambos los comerciantes del Medio Oriente y los nativos se convirtieron en granjeros y juntos construyeron sus propios pueblos en Europa.

Estos granjeros utilizaban los métodos de la agricultura del Creciente Fértil. Pero para evitar la adversidad del fuerte invierno del norte, lograron determinar el mejor tiempo cuándo sembrar y cosechar sin problemas antes del invierno. También empezaron a usar el arado, lo que ayudó mucho a hacer su agricultura más productiva. Otro cambio importante que hicieron fue la fabricación de viviendas más grandes, en donde vivían con todas sus pertenencias incluyendo los animales. En estas casas los árboles del bosque sujetaban el techo sin cortar los árboles.

La agricultura se expandió por Europa hacia el este hasta Rusia y hacia el oeste hasta Francia. El continente europeo ahora tenía alimento abundante. Los europeos también se hicieron pastores logrando mejorar luego los beneficio de la vaca lechera.

Después, unos 6 mil años atrás, ya la agricultura había aparecido de forma espontánea, según se cree, en el continente americano, en donde se desarrollaron los cultivos de maíz, papas, tomates y ciertas variedades de legumbres como los frijoles en México. En México se desarrolló el cultivo por "Chinampas", las cuales consistían en la construcción de campos elevados dentro de una red de canales dragados sobre el lecho del lago. De esta manera se reciclaban los nutrientes arrastrados por las lluvias.

Y así la agricultura se esparció por todo el mundo. Sin embargo, mientras nuestros antepasados trabajaban arduamente para desarrollar esta actividad de gran importancia para la humanidad, ya para ese entonces nuestros ancestros habían desarrollado también una estrecha relación con el lobo, lo cual los condujo a la otra gran actividad: la domesticación de los animales.

La Domesticación de Animales

La domesticación de animales empieza con el perro cuando este aún era lobo hace unos 15 mil años en la región del Creciente Fértil, también. Es probable que quienes domesticaron al perro fueran también los natufienses, según evidencia encontrada en un entierro de un miembro de esta cultura con un cachorro en Israel.

Con la llegada del periodo del Dryas Reciente las condiciones climáticas se tornaron muy desfavorables para nuestros antepasados en encontrar su sustento. Los frutos silvestres, así como los animales eran muy escasos. Entonces el Homo Sapiens pensó en la domesticación de otros animales. El hombre sabio se dio cuenta que era posible y muy conveniente retener los animales para garantizar su suministro de carne, así como también para disponer de sus beneficios después cuando realmente fuera necesario. Así se inició la domesticación de los otros animales usando la experiencia que habían tenido con la domesticación del perro. Antes de la domesticación, el ser humano y el lobo convivieron cazando en armonía por muchos años.

Durante el periodo paleolítico superior en tiempos de la última glaciación ambos seguían las manadas de los otros animales que cazaban. Es probable que para ese entonces ya hubieran hecho una buena relación: por lo menos no se temían uno al otro. Mas tarde es probable que esa relación se incrementara cuando el perro se acercaba a los sitios donde acampaban los humanos probablemente en busca de los restos de comida que estos dejaban.

Mientras estaban cerca, los humanos tal vez notaron que los lobos les trataban de alertar y defender de otros animales como culebras o mantener alejados a algunos animales carroñeros y roedores. De manera que había beneficios en esa relación. Tal vez por ello, ambos humanos y lobos se aceptaron y empezaron a llevarse bien hasta que empezaron a cazar juntos y compartir sus presas.

En el Neolítico cuando los humanos descubrieron la agricultura, ya el perro estaba con ellos y les ayudaba a cuidar los cultivos. También los acompañaba cuando iban de caza y le ayudaba a tomar las presas. Algunas veces los animales salvajes eran capturados vivos. Estos eran luego puestos en una especie de corral. En algunos otros casos, esto animales eran acorralados, es decir dirigidos y metidos en un corral con la ayuda del perro, el cual ya había establecido una alianza con el Homo Sapiens.

Con el tiempo, especialmente durante la vida sedentaria, la relación entre el hombre y el perro se hizo tan cercana que ambos se encariñaron uno con el otro hasta formar parte de la misma familia, relación que aún se mantiene hoy día.

El perro también cuidaba de los animales del corral. Estos animales salvajes acorralados poco a poco se fueron acostumbrando a vivir junto al Homo Sapiens, quien los alimentaba, cuidaba, protegía y hasta algunas veces los asistía al parir. Los animales domesticados fueron cambiando sus características físicas y su comportamiento hasta dejar de parecerse a los animales salvajes.

Uno de los primeros animales en domesticar unos 5 mil años más tarde, después de la domesticación del perro fue la cabra, unos 2 mil años después se domesticó la oveja y luego la vaca unos 3 mil años después de haber domesticado la cabra. Luego siguió la domesticación del cerdo, el cordero, el gato y el camello, después el asno y el caballo.

Durante el proceso de domesticación de los animales, el cual duró varios miles de años, el Homo Sapiens fue descubriendo que los animales, además de su carne y su piel, podían aportar otros beneficios. Así descubrió que algunos animales como la cabra y la vaca principalmente, también podían producir leche para la dieta humana. Aunque la vaca también fue utilizada al principio como animal de carga. La oveja podía además de carne, también producir lana para hacer hilos y tejidos para confeccionar la ropa. El caballo fue el motor del transporte, así como también el asno y el camello. El gato fue de gran utilidad para eliminar o ahuyentar los roedores que se comían las cosechas de los cereales.

La cría de estos animales empezaría inicialmente en las extensas estepas de Asia, con lo que los hombres se convirtieron en pastores. Con el tiempo y gracias a la agricultura podían proveer alimentos para los animales también.

Al terminar la sequía del periodo del Dryas Reciente todo volvió a la prosperidad y ocurrió un evento muy importante: los pastores se unieron a los agricultores. Esto dio a ambos grupos un suministro seguro de pan y carne, lo que hizo la vida mucho mejor. Sin embargo, dado a que estas tareas de cultivar y criar eran muy distintas, ambos grupos tuvieron que adaptarse. Pero no todos los pastores y agricultores se unieron, pues algunos de ellos permanecieron independientes en el manejo de sus actividades. Sin embargo, ambos agricultores y pastores, juntos o separados lograron hacer a través de la cultura neolítica, muchos avances hacia la prosperidad.

Avances Hacia la Prosperidad

El ser humano, es un ser social por naturaleza, pues aprendió a lo largo de su evolución que necesita de otros humanos para sentirse mejor y así tener un mejor desenvolvimiento en hacer las cosas que requeriría para sobrevivir. Por esa razón, lo vemos siempre en grupo, lo que dio origen a las familias, luego a las primeras tribus, pueblos y ciudades. El ser humano ha necesitado siempre de otros humanos para lograr su sustento. Desde el comienzo de sus vidas, mientras unos recolectaban los frutos silvestres, otros cazaban animales y así sucesivamente para obtener el alimento.

Desde su aparición, el humano ha estado en una constante lucha para sobrevivir, pues de eso se trata la vida: luchar para sobrevivir. Ahora, para sobrevivir el hombre necesitaba primero conseguir el sustento diario y segundo enfrentar con éxito las amenazas que se les podían presentar en la búsqueda de su sustento.

Durante el Neolítico, para lograr su supervivencia, el ser humano usó herramientas de palo, piedra, hueso y luego de metal cuando estos fueron descubiertos. Al principio la vida no resultaría tan fácil. Sin embargo, a medida que su pensamiento avanzaba para dar a luz nuevas ideas para desarrollar mejores formas de hacer las cosas, lograr el sustento se hacía más fácil y la vida también se hacía mejor.

Para lograr una mejor vida, el ser humano usó su intelecto para desarrollar e ir mejorando constantemente a lo largo de su vida, un conjunto de ideas, conocimientos, creencias, costumbres y tradiciones. Esto es precisamente lo que se conoce como cultura y que se transmite de generación en generación a través del lenguaje.

Gracias a su cultura, la gran capacidad de aprendizaje y la adaptación de nuestros antepasados a principio del Neolítico, hace unos 12 mil años, una parte de ellos ya se habían establecido y adaptado en el Creciente Fértil desarrollando la actitud y la aptitud correcta para explotar con éxito los recursos disponibles en esa región.

La cultura es la base y el fundamento de lo que el ser humano es y tendrá un impacto importante en la vida futura de las sociedades y toda su organización social, espiritualidad, arte, economía y todas las actividades que se requieren en el vivir del día a día del ser para lograr su sustento. Este conjunto de disciplinas forma la identidad cultural de los pueblos y les provee los instrumentos necesarios para su desarrollo. Una de las formas en la que los pueblos fortalecen su cultura y mantienen su identidad es a través del conocimiento y la práctica de sus mismos valores.

El lenguaje es el pilar fundamental sobre el cual se apoya la cultura, siendo este el vehículo de la adquisición y transmisión de los conocimientos y valores culturales de los pueblos. Un factor clave para tener y mantener una cultura estable y sólida es la organización de la sociedad.

La sociedad es ese conjunto de seres humanos que comparten una misma cultura con sus conductas y objetivos, y que interactúan entre sí en plena cooperación. Al principio, la sociedad del hombre prehistórico se encontraba organizada de modo jerárquico, en donde el poder estaba concentrado en un jefe, quizás el más sabio o fuerte del grupo. Durante el periodo Neolítico, la forma de organización de las sociedades fue experimentando algunas variaciones; pues, tanto la cultura como la sociedad están en constante evolución, porque con el tiempo se ven influenciadas por nuevas formas de pensamiento en el desarrollo humano.

Con el desarrollo y el progreso durante el Neolítico surgió un arte de mayor envergadura. En el aspecto religioso, las sepulturas y los enterramientos tanto en las cuevas como al aire libre del Paleolítico, aunque también se hacían en el Neolítico, pero cerca o debajo de las casas con una gran variedad de ritos bajo la creencia en la vida después de la muerte y que los muertos podían ayudar a los vivos. Otro aspecto relevante del Neolítico fue un crecimiento demográfico significativo. Los asentamientos al aire libre llegaron a convertirse en campamentos y comunidades hasta formar la sociedad Neolítica.

Durante la Revolución Neolítica, el hombre perfeccionó sus herramientas de piedra mediante el método de pulir la piedra en vez de tallarla. También durante este periodo y con el nuevo modelo económico establecido gracias a la agricultura y cría se desarrollaron nuevas herramientas para realizar estas dos nuevas actividades.

Para la cosecha se crearon las primeras hoces compuestas por dos pedazos de palo atados en forma de "L". En uno de los pedazos de palo se insertaban dientes de piedra para cortar el tallo de las plantas y el otro pedazo de palo servía de mango para ser operado con la mano. De la hoz se derivaron muchas de las demás herramientas agrícola de la prehistoria como la azada o escardilla y hasta el arado mismo. Esas herramientas aún se usan en nuestros días.

También surgieron durante el Neolítico avances en otras actividades como el comercio y los medios de transporte, incluyendo las carretas y la navegación; así como también la fabricación de mejores herramientas para realizar, mantener y proteger todas las actividades que les permitían lograr el sustento, incluyendo, por supuesto, la agricultura y la cría.

Para continuar con el mejoramiento de sus vidas, nuestros antepasados también desarrollaron otras actividades como la cestería, la alfarería y la cerámica, el hilado y el tejido, así como también la construcción de mejores viviendas. Estas otras actividades dieron origen a la artesanía: una verdadera diversificación del trabajo. La gente llegó a hacerse completamente sedentaria y los poblados crecieron significativamente.

En cuanto a la confección de la ropa, durante el periodo Neolítico se desarrollaron técnicas para obtener fibras de la lana y de lino. Con la ayuda del telar inventado hace más de 6 mil años, hacían las telas para confeccionar la ropa, la cual ya no era solamente para protegerse del frio como se hacía antes hace más de 100 mil años en el Paleolítico, sino que en el Neolítico a la ropa se le dio un uso ornamental y decorativo, lo que hizo que también surgiera la moda. Esto significó un avance extraordinario, pues la ropa usada antes en el Paleolítico era muy rudimentaria y era básicamente una especie de manta hecha con pieles de los animales que cazaban. Para ello raspaban, curaban y ablandaban la piel para luego hacer su manta. Con el tiempo inventaron la actividad de coser para hacer la manta mejor ajustada al cuerpo.

En cuanto a la cestería, esta se inició con la experiencia que nuestros antepasados habían tenido para hacer sus cuerdas con las que construyeron trampas para cazar, balsas para navegar y transportar objetos, así como redes para pescar. Para hacer sus cestos, tomaban sus cuerdas, o algunos otros materiales como bejucos, ramitas o fibras y las tejían para fabricar los cestos para transportar objetos como granos. Sin embargo, con estos cestos no se podían transportar la harina, ni mucho menos los líquidos como el agua.

Los cestos superaban las limitaciones en cuanto a forma y tamaño de las calabazas o los sacos de cuero. Sin embargo, para superar las limitaciones en cuanto el transporte de líquidos, los cestos se empezaron a impermeabilizar con barro o arcilla.

Al descubrir que la arcilla se endurecía al dejarla al Sol y más aún si se ponía al fuego, nuestros antepasados empezaron a fabricar una gran variedad de objetos de arcilla como estatuillas, ladrillos y recipientes. Las estatuillas se hacían para fines religiosos, mientras que los ladrillos se hacían de barro para la construcción de casas. Así surge la alfarería.

Para fabricar las vasijas de arcilla al principio se hacían moldeándolas de forma manual pero más tarde su fabricación cambió con la invención de la rueda en Mesopotamia hace más de 5 mil años. Esta rueda hecha de madera se usó para construir el torno del alfarero para hacer las vasijas. Al principio, el torno consistía en una rueda de madera que el alfarero hacia girar para moldear con sus manos mojadas el objeto de arcilla y así darle forma redonda y simétrica a la vasija. La gran ventaja de los recipientes de arcilla sobre las cestas era que estos recipientes podían contener y transportar líquidos además de los otros productos que podían manejar con las cestas.

Más tarde aparece el arte de la cerámica al cocer en una especie de horno a altas temperaturas el objeto hecho de arcilla para lograr un recipiente suficientemente fuerte y resistente a la fuga del líquido. Luego desarrollaron técnicas para decorar las cerámicas con figuras y colores. Además de recipientes de cerámica también se hicieron utensilios para cocinar la comida y para beber la cerveza, la cual ya se había inventado, probablemente en Mesopotamia, hace más de 6 mil años usando cereales como el trigo o la cebada.

La rueda, además de haberse usado para fabricar el torno del alfarero, también se usó para mejorar las herramientas agrícolas como el arado y algunos equipos de regadío como las norias. El otro uso de gran importancia de la rueda fue en la fabricación de las primeras carretas tiradas por animales para transportar mercancías y gente.

Con todos estos avances, la organización interna de los asentamientos se hizo más compleja. El cultivo de la tierra y la cría de animales podían producir suficiente alimento y hasta con excedentes para resolver el problema de desabastecimiento de alimentos. En consecuencia, la población aumentó considerablemente, obligando a los humanos a ampliar las extensiones de tierras de cultivo, a introducir el riego y a establecer el comercio con los excedentes. Estas nuevas prácticas económicas, como era de esperarse, incrementaron aún más el crecimiento demográfico de la población.

Con la producción excedente de la agricultura y la cría se podía alimentar a otras personas que se dedicaban a la artesanía. En este sentido, el artesano le cambiaba sus productos al granjero por parte de su excedente. Esto dio origen al intercambio comercial en forma de trueque. Es con el excedente de la producción agrícola y el de la cría que se inicia la prosperidad.

La Cultura Neolítica

Con las nuevas actividades económicas se acentuó más el concepto de la propiedad. Los humanos al considerar sus cosas, incluyendo la tierra que usaban para cultivar, como sus propiedades y de su grupo, estarían dispuestos a protegerlas y defenderlas. Para ello formaron aldeas y pequeños poblados con chozas o casas muy cerca una de la otra. Cada tribu y pueblo desarrolló aún más las costumbres y tradiciones, creencias religiosas, su arte y la forma de vida que habían adquirido a lo largo de toda su evolución.

La cultura neolítica que había surgido en el Medio Oriente se fue extendiendo desde el norte de África hasta el noreste de Asia y luego se esparció por India y China hasta el resto de Asia. Mas tarde se extendió por Europa, América y el resto del mundo. Lo primero en esparcirse fue la agricultura y la cría de animales. Con estas dos actividades el mundo basaría su economía en la producción de alimentos y con el excedente surgiría el comercio para seguir moldeando la economía del mundo.

En Europa, la cultura neolítica de la Media Luna Fértil se extendió por la parte sureste hace unos 6 mil años. A lo largo de un milenio se había extendido y consolidado por toda la costa del Mediterráneo. El continente europeo también basaría su economía en la producción de alimentos y con el excedente surgiría el comercio para desarrollar aún más su economía. Sin embargo, este continente desarrollaría sus propias costumbres y tradiciones, así como sus creencias.

En Europa la religión también estaba entre la gente e involucraban el Sol, la Luna y las estrellas que brillaban sobre sus vidas proporcionándoles la tierra y el agua para producir su sustento. La gente vivía con cierto miedo entre la vida y la muerte, así como con cierta preocupación por los cambios de las estaciones. Pero para ese tiempo en Europa no había élites organizadas como en el Medio Oriente. Los europeos más bien vivían en pequeñas comunidades. Sus creencias venían de la influencia del encuentro con otros granjeros y de los cazadores recolectores locales que se unían a ellos. Esta gente también construyó grandes proyectos, gracias a toda la energía como producto de su desarrollo económico, con el que empezaron a construir sus grandes monumentos de piedra sobre la meditación sobre la vida y la muerte.

Durante 2 mil años alzaron grandes piedras en los espacios claros del bosques. Mas tarde otros granjeros trajeron diferentes creencias y tiraron las grandes piedras erigidas y construyeron monumentos de habitaciones subterráneas para el entierro de sus muertos. La gente podía ir a estos sitios a ver a sus muertos a través de un pasillo largo, el cual algunas veces estaba alineado con la luz del Sol en una época específica del año. En esos sitios la gente iba a visitar a sus muertos para comunicarse con ellos usando algún tipo de alucinógenos. Y en esos estados de conciencia alterados pensaban que se comunicaban realmente con los espíritus de sus antepasados.

Con el tiempo, los comerciantes del Medio Oriente que habían llegado a Europa habían forjado una nueva cultura: la del comercio. Así pues, empieza la gente a comercializar con sus productos y obtener otros que no producían. Surgió un tipo de gente con objetos de gran valor como caballos, objetos preciosos, hasta copas de cerámicas altas y grandes para beber bebidas alcohólicas. Cosa que era reservada solo para la gente de un estatus muy alto.

Los comerciantes llegados a Europa desde el Creciente fértil también trajeron al norte del continente el arte de fundir y los secretos del comercio del medio oriente. La tecnología para trabajar los metales se desarrolló en el Medio Oriente y luego se extendió por Europa. Al llegar a este continente la tecnología del cobre se desarrolló más lentamente. Sus primeras manifestaciones aparecieron en las islas Cícladas y en Creta.

Mil años después llegó también la tecnología del bronce y al igual que en el Creciente Fértil, después que se añadió estaño al cobre para obtener el bronce, aparecieron las armas de filo como las lanzas y las espadas, los cuales eran símbolos de poder.

La gente pudiente, por supuesto mostraba gran interés por el poder, pues les gustaba tener y acumular cualquier símbolo de poder como las armas de bronce, así como el caballo, el cual era un animal de carga hasta entonces, pero podía desplazarse a grandes distancias y más rápido, aunque este animal era muy costoso de tener y mantener.

Unos 700 años más tarde también se introduciría en Europa la tecnología del hierro. La tecnología de los metales convirtió a Europa en un continente próspero. Además, este cambio empezó a marcar el fin de la edad de piedra en Europa.

Los Europeos también aprendieron a obtener de la lana de la oveja el hilo para hacer la ropa de lana la cual era más caliente para ese tipo de clima frio. Luego los hilanderos empezaron a teñir los tejidos y ofrecer vestidos para mayor estatus social en colores como el rojo y el azul sacados de las plantas. Llegaron a tener buen conocimiento de las plantas hasta llegar a conocer las medicinales para así convertirse en curanderos, lo cual marca el comienzo de la medicina europea.

Los vestidos de lana eran los favoritos de la clase elitista de Europa. Eran tan queridos que al morir los pudientes eran enterrados con ellos y también con sus otras pertenencias queridas como sus armas en féretros hechos de roble con los troncos enteros de los árboles a los que cubrían con tierra en ceremonias muy elaboradas. Estas tumbas estaban rodeadas por estatuas con figuras de diosas como guardianes de las tumbas.

El comercio continuó su desarrollo y hasta que más tarde, este fue de Europa al Medio Oriente llevando el ámbar para comerciar. El ámbar es la savia de los pinos fosilizada. Después, el intercambio se incrementó al incluir otros productos.

Hace unos 5 mil años se produjo un gran incremento de los metales con el descubrimiento del hierro lo que trajo como consecuencia la producción extensa de herramientas de la agricultura y cría más baratas y efectivas dando lugar a la edad del hierro en Europa. Se produjo la espada y por supuesto el soldado para crear lo que Europa es hoy.

La gente que ya tenía las armas empezó a tratar de apoderarse de las granjas, dando inicio a la violencia. Los granjeros estaban perdiendo sus tierras a manos de los amigos de lo ajeno y empezaron a construir cercados y fortalezas alrededor de sus asentamientos. Los últimos granjeros se enfrentaron a los guerreros y su forma de vida desapareció para siempre. Hace 4 mil años los últimos recolectores-cazadores que vivían en las remotas costas de Europa, desaparecerían del mundo de los humanos, pues los guerreros habían tomado posición de sus tierras.

Después, con la carreta, los caballos y las armas, todo empezaría a cambiar. Los extranjeros procedentes del medio oriente darían una serie de cambios a la vida humana en Europa. Pero las armas no es lo malo o letal, sino que se introdujo un nuevo concepto: mandato y obediencia. La gente obedecía pues tenían un jefe.

Esto creó en Europa y luego en el resto del mundo una nueva sociedad que cambiaría el mundo con toda su gloria y horror. Cuando surgió el mandato y la obediencia apareció también el final de las sociedades de cazadores y recolectores de la edad de piedra, que ya había comenzado unos 3 mil años antes en el Medio Oriente.

Sin embargo, la cultura neolítica continuó extendiéndose por todo el mundo llevando prosperidad a todas las regiones. En Grecia se desarrolló la navegación por el Mar Egeo hasta llegar a la isla de Creta. Pero, cada una de las regiones a la que la cultura neolítica llegaba, desarrollaría sus propias costumbres y tradiciones, así como sus creencias. Con los avances hacia la prosperidad de la cultura neolítica nuestros antepasados construyeron los primeros asentamientos y pueblos.

1.2 LOS PRIMEROS ASENTAMIENTOS Y PUEBLOS

Los aportes de los natufienses fueron esenciales para la forma de vida de la gente que vinieron después de ellos. En consecuencia, la cultura natufiense fue la base para la cultura que después continuó por todo el periodo Neolítico para construir los primeros asentamientos. Esta forma de vivir luego se constituyó en la base de nuevas culturas incluyendo la nuestra.

Al principio, gracias al excedente de los frutos silvestres que recogían y los animales que cazaban en la región del Creciente Fértil, nuestros antepasados lograron garantizar su sustento y así hacerse cada vez más sedentarios y establecer los primeros asentamientos con viviendas para sus familias. Con el tiempo los asentamientos crecieron y prosperaron para convertirse en pueblos.

Con la llegada de la agricultura y la cría de animales, y luego cuando los pastores se unieron a los agricultores, se produjo la Revolución Neolítica, la cual transformó radicalmente y para siempre la sociedad humana. El descubrimiento de la agricultura y la cría de animales puso fin a la escasez de alimentos que ocurría a raíz de los cambios climáticos adversos durante las glaciaciones.

Estas dos nuevas actividades: la agricultura y la cría, se iniciaron y luego se fueron uniendo después del periodo glaciar corto Dryas Reciente unos 11 mil quinientos años atrás en el Medio Oriente en la región entre Israel y Siria. Y luego se fueron extendiendo por difusión, siguiendo la trayectoria del corredor sirio hacia Mesopotamia.

Con la agricultura y la cría, nuestros antepasados pasaron a una vida totalmente sedentaria, cuando se dedicaron por completo a sembrar la tierra, criar animales, administrar sus productos y a construir sus casas. Sin embargo, para ese entonces, tanto la gente como los animales vivían juntos, lo que trajo los primeros problemas de higiene pública y con ello nuevas enfermedades. Para resolver esta situación caótica, nuestros antepasados empezaron a construir nuevos asentamientos donde la gente viviera separada de los animales.

Las nuevas comunidades se fueron haciendo más grandes y prósperas. Al tener su sustento seguro, la gente empezó a planificar su futuro. Al crecer la población, los primeros asentamientos empezaron a extenderse desde el área de Jericó siguiendo el camino del norte hacia el valle de Jordania y Siria.

Cabe destacar que en todo el Creciente Fértil, la población creció, pues había suficiente alimentos para toda la gente gracias a la agricultura y la cría. Sin embargo, en algunas regiones las condiciones climáticas habían favorecido también la abundancia de los frutos silvestres. Y mientras más vegetación comestible había, más abundantes eran los animales. Esa abundancia de frutos silvestres y de animales salvajes hizo que la gente en esas regiones continuara con sus prácticas de recolectores y cazadores sin tener que recurrir a la agricultura y la cría.

Esa abundancia de alimentos llevó a la gente a asentarse y almacenar el excedente de la cosecha para comerlo cuando lo necesitara y así lograr sobrevivir y progresar. Esto podía explicar porque en algunas regiones del Creciente Fértil, la gente para ese tiempo, se hizo sedentaria sin la necesidad de la agricultura y aun así desarrollar asentamientos estables hasta llegar a formar aldeas y comunidades dedicadas a la recolección de frutos y a la caza de animales. Como fue el caso de poblados antiguos de recolectores-cazadores en Egipto, así como también en Palestina al sur de la región de Canaán.

Sin embargo, a medida que se conocía más sobre las ventajas de la agricultura, más pueblos se iban incorporando a ella. Así, en los que fueron asentamientos natufienses desde Jericó en Israel hasta Tell Abu Hureyra en la Siria de hoy ha habido evidencia del desarrollo de la agricultura hace casi 11 mil años, aunque fuera a pequeña escala. Se puede ver entonces que la agricultura era una opción que no solo aumentaba la posibilidad de sobrevivencia, sino que también aumentaba la posibilidad de progreso. Pues, donde se practicaba, la agricultura causaba un incremento de la población, en especial la de los niños, en toda esta región. Los niños después de cierta edad también pasaban a formar parte del equipo de trabajo liviano de la agricultura.

Entre 13 y 11 mil años atrás surgieron unos primeros asentamientos natufienses en Siria cerca del rio Éufrates, los cuales tendrían una gran importancia en el desarrollo de los pueblos de la región. Estos asentamientos vivieron al principio de la recolección de frutos silvestres y la caza de animales y la pesca, pero después adoptaron la agricultura y cría como su forma de producir sus propio alimento y así garantizar su sustento. Estos asentamientos incluían: Tell Abu Hureyra y Tell Mureybet, los cuales destacaron por sus avances en la construcción de casas.

Tell Abu Hureyra fue un asentamiento ubicado en una meseta del norte de Siria cerca del rio Éufrates. Su gente cultivó centeno, trigo y cebada. También cazaban sus gacelas, burros, ovejas, vacas, conejos, zorros y aves, de los cuales llegaron a domesticar más tarde las ovejas. Al principio su gente vivía en pequeñas chozas circulares con un techo de ramas y cañas sostenido por vigas de madera. Los habitantes del asentamiento almacenaban sus granos debajo de la choza.

Cerca de Abu Hureyra también estaba el otro asentamiento natufiense llamado *Tell Mureybet* con una vegetación consistente en estepas abiertas con árboles de pistachos y almendras con muchos cereales silvestres. Su gente también vivía al principio en pequeñas chozas circulares. Sin embargo, más tarde después llegaron a construir casas rectangulares más grandes con más de una habitación. Las paredes de estas casas tenían columnas de piedra enterradas en el suelo.

Otros asentamientos que surgieron, cerca de la misma época por el noroeste de Tell Abu Hureyra y Tell Mureybet, pero en el sureste de la península de Anatolia en Turquía, fueron Nevali Cori y Cayonu, cuya gente también al principio eran recolectores y cazadores, pero que después adoptaron la agricultura como su forma de obtener su sustento. Estos asentamientos destacaron por sus nuevos diseños de sus casas y también por la construcción de templos.

En *Nevali Cori* se construyeron unas casas rectangulares largas que además de la parte residencial también incluía dos o tres secciones paralelas hacia el fondo de la casa. Se cree que esas secciones fueron usadas para almacenar granos. También tenían estas casas unos canales subterráneos revestidos con lajas de piedra por debajo, quizás para drenar el agua de las lluvias alrededor para enfriar las casas, ya que los canales estaban abiertos en ambos extremos. En este asentamiento también se construyó un templo para el culto con columnas de piedras. También hicieron figurillas de arcilla y esculpieron algunas esculturas en piedras calizas.

En *Cayonu*, también llamado Cayonu Tepesi, en el sureste de Turquía cerca del rio Bogazkoy, un tributario del alto rio Tigris. La gente de Cayonu llegó a cultivar el trigo y fueron los primeros en domesticar el puerco. Sus casas eran de piedra en forma rectangulares y largas como las de Nevali Cori. También construyeron edificaciones para sus rituales como el edificio de los cráneos con una cámara en donde se cree que practicaban rituales muy misteriosos como el de las ofrendas. Hicieron también figurines de deidades femeninas como la doble diosa para reforzar su religión.

A medida que los asentamientos iban creciendo y desarrollándose, empezaron a aparecer los primeros pueblos.

Uno de esos primeros asentamientos que después se convirtió en pueblo y que aún sigue estable hasta el día de hoy ha sido Jericó, construido por los natufienses hace unos 12 mil años sobre una colina al oeste del valle del rio Jordán cerca del mar Muerto en el Israel de hoy.

Jericó tenía abundante agua y suelos fértiles. Al principio la gente de Jericó eran recolectores-cazadores y vivía en chozas circulares semienterradas en el suelo. Mas tarde, con la llegada de la agricultura la gente ya producía su propio alimento, principalmente trigo y cebada. El pueblo fue creciendo y para ese entonces tenía una población de unos mil habitantes, la cual era considerada alta para su época.

Mas tarde se construyeron las famosas murallas alrededor de Jericó quizás para proteger el pueblo ante las inundaciones del rio Jordán o ante cualquier invasión. Estas murallas tenían más de 3 metros de alto y más de un metro de ancho. Delante de la muralla había una fosa de unos 8 metros de ancho. También construyeron los habitantes de Jericó una torre cónica de piedra dentro del muro, la cual tenía unos 9 metros de alto y para llegar a la cima de esta torre construyeron también una escalera interna de 22 escalones. Se cree que el propósito de esta torre era indicar el día más largo del año.

Otro de los primeros pueblos fue Catal Huyuk en lo que es hoy la península de Anatolia en Turquía hace unos 10 mil años atrás. *Catal Huyuk* era un asentamiento grande ubicado cerca del Rio Carsamba a unos 140 kilómetros del volcán Hasan. La gente de Catal Huyuk, después de cierto progreso, vivía en casas muy notables por tener su única entrada en el techo y con un interior muy decorado. Estas casas eran rectangulares de adobe con techos hechos con vigas de madera, sobre las cuales ponían una especie de esterillas vegetales y que luego cubrían con barro.

Las casas se construían pegadas unas con otras sin calles, pero con algunos patios comunes. Este diseño le proporcionaba al pueblo la protección de una muralla. El acceso a estas casas se hacía por el techo usando dos escaleras: una exterior para subir al techo y la otra interior para bajar a la casa por la abertura del techo. Si se quería andar por el poblado se podía caminar por los techos. Estas casas tampoco tenían ni puertas ni ventanas. La abertura del techo además de permitir el acceso a la vivienda también era usada como la única forma de ventilación, pues esta permitía la entrada de aire fresco y la salida del humo de la cocina y los olores de la vivienda.

En su interior las viviendas estaban divididas en habitaciones cuyas paredes eran cubiertas con un acabado de yeso con una textura muy suave. Estas habitaciones estaban separadas y se usaban para varios propósitos como dormitorios, cocina y almacenamiento del excedente de su producción agrícola. En el dormitorio había una especie de camas para dormir, así como también una especie de bancos para sentarse. En la cocina había una especie de horno para cocinar el pan. Algunas actividades sociales se podían hacer en el techo.

La gente de Catal Huyuk enterraban a sus muertos dentro del poblado. Se cree que los cuerpos se exponían al aire libre durante algún tiempo antes de ser enterrados. En algunos casos cuando solo quedaban los huesos en las tumbas, la gente separaba la cabeza del esqueleto de sus difuntos para rendirle veneración. Algunas veces los cráneos eran cubiertos con yeso y pintados con ocre para recrear la cara del difunto.

Los pobladores de Catal Huyuk también recogían obsidiana de los alrededores del volcán Hasan con lo que hacían armas más resistentes y mejores herramientas. La obsidiana es una roca volcánica, un material duro y quebradizo, al cual también le llaman vidrio volcánico. Al quebrarse o fracturarse produce lajas con bordes más afilados que los obtenidos con la piedra de pedernal. Esto hace a la obsidiana mejor material para hacer herramientas más eficientes como los cuchillos, flechas y puntas de lanza.

La obsidiana también se pulía para fabricar otros utensilios como los primeros espejos. Además de estos usos, la obsidiana era también intercambiada por la gente de este lugar por otros bienes a la gente de otros asentamientos. Los habitantes de esta región al principio vivían de la recolección de frutos y de la caza y la pesca hasta que adoptaron la agricultura y cría para producir su propio alimento. Cultivaron el trigo y la cebada principalmente. También garbanzos, lentejas y lino. Además, comían carne de ciervo, jabalí, burro y oveja, como producto de la caza. Catal Huyuk llegó a cubrir una extensión de 13 hectáreas.

Muy cerca de Catal Huyuk también existió otro pueblo llamado *Hacilar* hace unos 9 mil años. Su gente vivía de la agricultura y la cría de animales. Este era un pueblo amurallado con casas, plazas y quizás también tenía un pequeño templo. Las casas tenían un piso de piedra, paredes de madera y barro, y un techo plano. El interior de las casas era acabado con yeso. Estas casas tenían habitaciones usadas como cocina, sala de estar, dormitorio y almacenamiento separadamente. La gente de Hacilar hizo objetos de cerámica a mano decorados con detalles pintados. También hicieron con arcilla, estatuillas de mujeres, quizás para representar alguna deidad. Otros pueblos surgieron gracias a los avances que hicieron en materia de organización social, desarrollo y construcción de sus pueblos, y su artesanía. Entre ellos tenemos a Jerf el Ahmar y Ain Ghazal.

Jerf el Ahmar, sobresalió más que todo por su arquitectura y su organización social, la cual ya incluía líderes. Este pueblo estaba ubicado en Siria cerca del rio Éufrates y cerca del asentamiento Tell Mureybet. Jerf el Ahmar fue ocupado hace unos 11 mil años. Allí la gente al principio eran recolectores-cazadores y después vivían de la agricultura y estaban muy organizadas. Hasta el punto de que lograron construir un sitio especial para el almacenamiento común del grano cosechado, el cual era repartido luego entre las familias, las cuales se consideraban parte integral del pueblo y juntas practicaban su ceremonias religiosas. Era una sociedad organizada con líderes.

Al principio, construyeron en este pueblo casas circulares, luego unas de forma ovalada con paredes rectilíneas y más tarde, hace unos 10 mil años, se construyeron las primeras casas modernas, aunque pegadas unas a las otras. Estas casas eran más grandes que las anteriores y estaban formadas por paredes rectangulares hechas de piedra con puertas y ventanas, a las cuales le daban forma con cinceles de piedra.

También construyeron en el centro de Jerf el Ahmar un edificio público muy grande hecho exclusivamente para orar, de manera que esta gente cumpliera con sus actividades religiosas y así llenara la parte espiritual de sus vidas. Este edificio era un santuario a donde la gente iba a rezar y dejaba ofrendas de piedra con diseños complejos en forma de símbolos y animales como si quisieran contar una historia. Evidentemente se trataba de asuntos de religión.

Este santuario era algo parecido como el que un milenio antes se había construido en Gobekli Tepe por nuestros antepasados cuando aún eran recolectores y cazadores para que la gente de los pueblos alrededor siguiera manteniendo su fe. El gran santuario de Gobekli Tepe fue construido hace unos 11 mil años en el tope de una montaña a unos 10 Km del antiguo asentamiento de Urfa, en el sureste de lo que hoy es Turquía, cerca de Siria, alrededor de varios pueblos vecinos antes que estos empezaran a practicar la agricultura y cría.

El santuario Gobekli Tepe consistía en grandes pilares de piedra en forma de "T" decorados con una gran variedad de animales y una especie de símbolos religiosos tallados en relieve. Las columnas estaban labradas con animales como el toro, el león, la serpiente y el zorro. Se cree que las columnas eran usadas como plataformas rituales para poner a los muertos para que los buitres se comieran su carne y así su espíritu pudiera ser liberado al salir del cuerpo.

Por primera vez la religión se había hecho común y algo muy compleja. Con rituales llevados a cabo al aire libre en un santuario especial como este, al que parece ser que atendían las comunidades cercanas en una especie de peregrinaje. Se cree que fue la religión la que impulsó a los humanos a colonizar más tierras para que hubiera más participantes en los rituales en sitios como este.

Después de Jerf el Ahmar, el método de construcción de las nuevas casas rectangulares fue el mismo que se utilizó en los otros pueblos contemporáneos con Jerf el Ahmar y es el mismo que aún se utiliza hoy día. Este nuevo estilo de casas se extendió por el resto de la región para seguir utilizándolo en la construcción de viviendas, la cual fue mejorando con el tiempo, hasta llegar a construir otros pueblos más sofisticados como Ain Ghazal en Jordania hace más de 9 mil años.

Ain Ghazal también sobresalió por el desarrollo y construcción de su pueblo, su artesanía y su gran prosperidad. Tenía una especie de calle central y a cada lado estaban las casas con sus entradas por donde la gente las accedían desde la calle. También tenía este pueblo una especie de plaza. Las casas podían ser de dos pisos y algunas recubiertas con un toque de yeso y pintadas de rojo en algunos casos.

Allí la gente vivía muy bien, pues tenían alimento abundante gracias a la agricultura y la cría. Vivian con mucha comodidad. Era una sociedad muy próspera. Aquellos que no eran ni agricultores, ni pastores, ni constructores de casas podían usar su talento para fabricar herramientas más especializadas como los cuchillos de sílex de color rosado especial para hacer este tipo de herramientas.

Otros se dedicaban a la fabricación de recipientes de arcilla que se secaban al sol y también a la fabricación de cestas usadas para el comercio. Algunas de esas cestas se hacían selladas con un revestimiento de barro o betún. Otras eran más grandes hechas o tejidas con hierbas y cañas para tareas de más envergadura.

También se desarrollaron las primeras telas tejidas y para ello diseñaron uno de los primeros aparatos tecnológicos de la época: los primeros telares. Para hacer las telas tejidas al principio empleaban una lana peluda y tosca obtenida de las ovejas, pero después las telas fueron mejoradas. Mas tarde fabricaron una tela de lino, la cual era más suave. También fabricaron el hilo para hacer los tejidos y para coser. Con todos estos productos, se incrementó el intercambio de bienes entre la gente del pueblo y más tarde con otros pueblos.

Para ese entonces se podía ver el gran progreso que la gente del Neolítico tuvo. Su calidad de vida mejoraba y sus casas ya se habían convertido en hogares. Estas habían crecido para albergar familias más grandes. Estas casas tenían la cocina separada del dormitorio para aumentar la privacidad. Empezaron también a prestar mucha atención a sus objetos domésticos, tal como lo hacemos hoy.

En Ain Ghazal, un pueblo grande y muy avanzado con cientos de casas, nuestros antepasados inventaron el primer material artificial limpio, suave y resistente al agua: la argamasa. Un material hecho con cal, arena y agua. La argamasa era una especie de cemento con el que pegaban los bloques de piedras o ladrillos para hacer las paredes de las casas. Este material era muy versátil con muchas aplicaciones. Con él se hacían hasta los pisos de las casas. La argamasa se hizo muy popular y se extendió por toda la región. Toda una nueva tecnología.

La gente de Ain Ghazal también usó la argamasa para recrear el rostro de sus difuntos a partir del cráneo del muerto. Este cráneo era recubierto con argamasa como un culto de veneración a sus ancestros. Estas figuras, relacionadas con la vida espiritual de los primeros granjeros, fueron muy notables en Ain Ghazal.

Pero más tarde la argamasa traería un problema muy serio, pues la cal no existe como substancia natural. Fue una de las primeras substancias que el hombre inventó y para producirla tenía que tomar la piedra caliza y quemarla con grandes cantidades de madera, lo que significaba cortar muchos árboles, los cuales con el tiempo empezaron a escasear.

Al no encontrar madera para producir ningún fuego, ni siquiera para cocinar o alumbrarse, empezaron a utilizar estiércol para hacer fuego. La tala de los árboles había producido una gran desforestación. Otro factor que contribuyó a la gran desforestación fue el efecto causado por la cabras al comerse los árboles cuando aún eran pequeños, pues estos no crecerían jamás.

Las comunidades habían generado por primera vez un problema del medio ambiente. La población de Ain Ghazal empezó a disminuir y eventualmente fue abandonado después de 2 mil quinientos años de asentamiento. Mucha de la gente del pueblo tuvo que volverse nómada otra vez para sobrevivir. Sin embargo, los pueblos vecinos siguieron adelante y hasta siguieron usando la argamasa normalmente, pero sobre todo para reconstruir los rostros de sus ancestros para continuar con su fe.

Y continuando con el desarrollo y progreso de los primeros pueblos encontramos a *Teleilat el Ghassul*, un pueblo muy parecido a nosotros que existió hace 6.500 años, cerca de Jericó y Ain Ghazal en el valle del Jordán del Medio Oriente, a unos pocos kilómetros del borde norte del mar Muerto, en Israel. Su descubrimiento se produjo en excavaciones hechas en 1929. Según los hallazgos, este pueblo estuvo formado por comunidades de granjeros. Aunque el pueblo estuvo ubicado en uno de los lugares más secos del planeta, surgieron en él, ideas fundamentales que llevarían al desarrollo y el progreso más allá de la edad de piedra.

Ghassul estaba ubicado en una región muy estratégica que unía a otras dos regiones, las cuales eran dos grandes poderes emergentes: los sumerios en el Éufrates y los egipcios en el Nilo. Para ese entonces, en Ghassul existía una economía muy compleja para la época de la prehistoria. Esta gente cultivaba el olivo a gran escala, cuyos cultivos se extendieron por las colinas de todo el pueblo y luego por todo el valle.

De las aceitunas sacaban su aceite, al cual le dieron múltiples usos principalmente para cocinar y para encender las lámparas para alumbrase en las noches. Este aceite de oliva fue considerado como el líquido de oro para esa época en el Medio Oriente. Además del olivo también cultivaban la higuera. Los habitantes de Ghassul fueron los primeros agricultores de árboles frutales de la historia: los primeros horticultores.

Ghassul fue un pueblo enorme y muy sofisticado para su tiempo, con gente muy creativa que llenaban sus calles de mucha energía y mucha vida. Era gente de muchas ideas. Y hasta se daban el lujo de importar cosas desde Yemen en el sur y desde Afganistán en el este, incluyendo artículos muy sofisticados como el perfume y el lapislázuli, la cual era una piedra semipreciosa de color azul. Era un pueblo con mucha riqueza y todos tenían la oportunidad de prosperar y obtener recursos para llevar una vida linda. Los ghassulios comerciaban con regiones muy distantes con grandes cantidades de los productos que producían en masa como las aceitunas, el aceite, la sal y las lentejas. Estos productos eran envasados en recipientes fabricados de cerámica, los cuales eran transportados por burros a sus respectivos destinos.

Fabricaron recipientes de cerámica muy especializados con tinajas de arcillas de todo tipo secadas al fuego, grandes para transportar los productos y decoradas para usarlas en los hogares. Comprendieron la importancia de convertir las materias primas en productos más especializados para darle un mejor valor como la leche y la mantequilla obtenida de la vaca. Después, también hicieron lo mismo al procesar la lana de las ovejas y con tintes elaborados le subían su valor. La gente pagaba precios altos por estos artículos de lujo para diferenciarse de los demás. Era una sociedad muy competitiva y consciente del estatus social y de la moda. Vivían del comercio de los alimentos que producían, los cuales conservaban gracias a la sal, la cual llegó a ser considerada como el oro blanco de la prehistoria. En Ghassul están los depósitos de sal más grande de la región, justo en el mar Muerto muy cerca de Ghassul. Las playas del mar Muerto eran una gran mina de sal con la que conservaban las aceitunas y los pescados. Estos productos se comercializaban con Egipto y Mesopotamia a miles de kilómetros en burros.

Al principio llevaban toda esa gran economía de tantos productos que producían a gran escala y que comercializaban masivamente sin ningún tipo de contabilidad. Sin embargo, empezaron a hacer algo para identificar las mercancías que enviaban mediante algunos símbolos. Para ello hacían una bola de arcilla y la picaban por la mitad y dentro insertaban objetos pequeños que representaban los productos y luego unían las dos mitades y las sellaban y les ponían un sello distintivo del remitente de la mercancía. Cuando los productos llegaban a su destino se habrían los sellos. Este método se puede considerar como el precursor del mensaje escrito que surgió después. Estas pequeñas bolas iniciaron las base del lenguaje escrito

Algo realmente impresionante aun, fue sobrevivir y progresar tanto en el medio del desierto en un lugar sin agua, tan necesaria para producir todo los productos de los que vivían. Además, el agua era el centro de sus vida y de su fe. Allí caían muy pocas lluvias. Para superar esa inmensa adversidad, los ghassulios construyeron toda una red de canales de riego y el agua descendía desde las colinas por gravedad. Fue un logro de suma importancia y de mucha imaginación. Estos canales cubrían muchos kilómetros de longitud y requerían de mucha mano de obra para hacerlos, quizás miles de personas trabajando.

Los Ghassulios fueron capaces de unir a toda la gente en un mismo proyecto. Este pueblo hizo esta gran obra de envergadura unos 2 mil años antes que la construcción de la pirámides de Egipto. Esto tuvo que ser producto de un pueblo muy bien organizado. También aquí surgieron los proyectos de riego sin tener un rio cerca como en Mesopotamia y Egipto, y lo hicieron unos mil años antes. Este sistema de canales debió ser controlado por la élite local.

Ghassul era una sociedad pacífica sin ejércitos ni esclavos. Para incentivar a la gente a involucrarse en sus grandes proyectos se valieron de la religión, la cual tenía un carácter social. Los sacerdotes eran una especie de élite especial y ellos le decían a la gente lo que los dioses querían que hiciera. Por supuesto los sacerdotes estaban conectados con las grandes familias agricultoras y ellos, los sacerdotes, permitían que la sociedad se condujera de la forma como las familias poderosas querían. Eso es como una transferencia de los dioses personales a los dioses estatales. La gente se movía al son de los lideres porque creían que sus dioses le podían castigar. Todos estaban unidos por la fe.

Quizás relacionado con esa fe, estuvo la estrella de Ghassul, la cual representaba el arte de este pueblo. Esta estrella está hecha de 8 puntas con un centro formado por dos círculos concéntricos. Dentro de cada uno de los círculos está una estrellas de 8 puntas también. La estrella del primer círculo es blanca con fondo rojo y la estrella del segundo círculo es también blanca con fondo negro. Estas estrellas se pintaban en alguna pared de algunas casas y para ello usaron sustancias compuestas por varios minerales con los que hicieron los colores negro, rojo, blanco, gris y algunos colores de tono intermedios.

Mientras tanto al sur del mar Muerto, muy lejos de Ghassul, en *Wadi Feynan* se había hecho un gran descubrimiento: el cobre. Wadi Feynan era un pequeño asentamiento en el valle al sur de Jordania, contemporáneo con Jericó, que vivía al principio de la recolección de frutos silvestres y de la caza, pero que después adoptaron la agricultura y cría para lograr su sustento. En este asentamiento aparecía para esa época después de alguna inundación, la malaquita verde en el fondo del rio. Esta piedra es una de las fuentes de obtener el cobre y había mucho de este mineral en las minas alrededor de Wadi Feynan.

La malaquita verde era muy fácil de fundir para después moldearla y derretirla varias veces a baja temperaturas. Al principio, los mineros inspirados por el color tomaban la malaquita verde y la molían en picdritas más pequeñas con martillos de piedra para hacer joyas sin necesidad de fundirlas. Estas joyas eran comercializadas con sus clientes que tenían del otro lado del mar Muerto, en el valle de Beerseba a 150 km de las minas y que lo demandaban en grandes cantidades. Este *Beerseba*, más bien llamado Tel Beerseba era un asentamiento al sur de Israel que estaba situado cerca de lo que hoy es la ciudad de Beerseba.

Tel Beerseba para aquella época tenía un monopolio de la producción del cobre de la mina de Wadi Feynan. La gente de Tel Beerseba enviaba a Wadi Feynan, a sus mineros y comerciantes para procurar el mineral, el cual les era enviado en burros.

Pero los comerciantes de Tel Beerseba aprendieron la manera exacta de calentar el mineral soplando el fuego con cerbatanas y así crearon en esta región el primer metal fundido, el cual conservaron como un secreto. El cobre se utilizaba para construir desde objetos decorativos hasta puñales. Ellos podían refundirlo varias veces en otras formas y esos procesos los hacían en sus asentamientos lejos de las minas.

Estos productos del cobre llegaron luego a Ghassul a varios días o semanas de distancia, Los ghassulios los empezaron a comercializar pues su gente les gustaba destacar entre los demás y con el cobre se podían fabricar muchas formas fantásticas y exóticas para satisfacer ese mercado. Aunque esos primeros productos se usaron más bien como símbolos de superación. Con la llegada del bronce hace unos 5 mil años, la sociedad rural se había convertido en una sociedad urbana.

Pero la vida en Ghassul empezó a tener problemas. Sus poderosos clientes de Egipto y Mesopotamia habían desarrollado también proyectos inmensos de riego, cultivaban sus propias aceitunas y producían su propia sal. Esto hizo que el comercio con Ghassul llegara a su fin, lo que produjo la desaparición de la gran cultura de Ghassul en un siglo aproximadamente. Sin embargo, lo que pudo sobrevivir del pueblo, lo hizo basándose en la economía agrícola y la del bronce. Pero los comerciantes de Ghassul se esparcieron hacia Egipto, Mesopotamia, Europa y el resto del mundo.

Mientras tanto, desde la parte suroeste del Creciente Fértil, los pueblos del Neolítico continuaron extendiéndose hacia Egipto alrededor del Nilo. Los primeros asentamientos en Egipto datan de hace unos 11 mil años. Sin embargo, los primeros pueblos que adoptaron la agricultura como su forma de vida datan de hace unos 8 mil años con migrantes del Medio Oriente. Entre los primeros pueblos agrícolas tenemos Fayum y Merimde en el bajo Egipto y El-Badari en el alto Egipto.

Fayum fue un pueblo en la orilla occidental del rio Nilo cerca del delta a unos 100 km al suroeste del antiguo Memphis, el Cairo moderno. El pueblo inicialmente era muy fértil con mucha fauna y flora gracias a un canal con abundante agua del rio Nilo, el cual creó un lago en cuyo alrededor creció mucha vegetación atrayendo muchos animales. Esto convirtió a Fayum en un oasis, el cual a su vez atrajo a los primeros pobladores hace unos 9 mil años.

Fayum vivía de la agricultura y la cría. Sus cultivos principales eran el trigo y la cebada y la cría de animales incluía ovejas, cabras y cerdos. También fabricaban armas y utensilios de piedra con mango de madera, así como también fabricaban una cerámica simple. Todo indica que la gente llevaba una buena vida con mucha caza, pesca y a la sombra de grandes árboles hasta que unos 3 mil años después, apareció una sequía y la gente tuvo que emigrar hacia el valle del Nilo. La gente se esparció para formar los grandes pueblos egipcios de la prehistoria. Sin embargo, el pueblo de Fayum con el tiempo evolucionaría en la ciudad moderna de Medinet el Fayum y que hoy se considera la ciudad más antigua de Egipto

Merimde fue un pueblo que surgió hace unos 7 mil años en el lado occidental del delta del Nilo a 45 km de El Cairo. La gente del pueblo de Merimde vivía de la agricultura cultivando trigo y cebada, y también vivían un poco de la caza y la pesca. Hacían sus herramientas y utensilios de piedra, huesos y marfil, y también hacían una cerámica primitiva. La gente vivía en pequeñas chozas circulares que construyeron con ramas y paja.

El pueblo de *El-Badari* surgió también hace unos 7 mil años a las orillas del rio Nilo en el alto Egipto, cuya cultura floreció un milenio después. El-Badari vivía de la agricultura y la cría de animales, y de la pesca durante la era antes de los faraones. Cultivaban trigo, cebada y lentejas. Criaban ganado vacuno, ovejas, cabras y perros; y cazaban gacelas. Usaban herramientas de piedra como raspadores, hoces y puntas de flecha. En esta región alrededor de El-Badari y otros asentamientos, surgió una cultura muy conocida por sus cementerios en el desierto en donde se enterraban los muertos en fosas con sus cabezas tendidas hacia el sur. La gente de El-Badari hacía una buena cerámica y figuras antropomorfas de terracota y marfil. Además, hacían jarrones de basalto. Con la malaquita verde hacían adornos de uso personal. La región tenía un comercio muy desarrollado con una estratificación social.

Mas tarde, surgieron otros pueblos en el alto Egipto y que con el tiempo se convirtieron en ciudades. Entre ellos estuvieron Armant, El Kab, Naqada, Hieracómpolis y Abydos. *Armant* fue un pueblo a las orillas del rio Nilo a unos 20 Km al sur de Tebas, la actual Luxor. En Armant surgió el culto al dios solar de la guerra Montu, el cual era adorado en forma humana con cabeza de halcón. Este pueblo fue hogar original de los primeros gobernantes de Tebas. *El Kab* o Nekhbet tenía un templo principal dedicado a la diosa Nekhbet representada por una figura de buitre. También tenían otra diosa, la famosa Isis, la reina. En *Naqada* surgió el culto al dios Set o Seth, el dios del caos, el desierto, las tormentas, el desorden y la violencia. Además, en este pueblo se construyeron grandes tumbas. *Hieracómpolis*, fue el centro del culto al dios Horus, quien fue hijo de la diosa Isis, esposa de Osiris. *Abydos* fue un pueblo que llegó a tener muchos templos en donde enterraron a muchos faraones primitivos incluyendo al faraón Narmer.

Mientras los pueblos de Egipto continuaban expandiéndose dentro de su territorio, los pueblos de la parte norte del Creciente Fértil, ya se habían extendido por el llamado corredor sirio, hacia el sur siguiendo el curso de los ríos Éufrates y Tigris hasta sus desembocaduras en el golfo pérsico. Esta tierra era la antigua Mesopotamia.

Al pie de las montañas Zagros al noreste de Mesopotamia existió un asentamiento llamado Jarmo cerca de la cueva de Shanidar, en donde vivió una especie de seres humanos durante el periodo Paleolítico unos 40 mil años atrás como los que también vivieron en Alemania, Europa llamados los Neandertales.

Jarmo fue uno de los primeros asentamientos agrícolas de Mesopotamia hace unos 9 mil años, con casas de adobe con pisos de piedra y techo de barro secados al sol. Cultivaron el trigo, la cebada, lentejas y domesticaron cabras, ovejas y perros. Usaron el sílex y la obsidiana para hacer herramientas. Para trabajar la agricultura hicieron hoces, cortadores, morteros, etc. También hicieron cestas impermeabilizadas con brea para almacenar y transportar harinas y líquidos. Tenían una cerámica artesanal de diseño simple. Sus figurillas de arcilla incluían mujeres embarazadas representando diosas de la fertilidad.

En el norte de Mesopotamia había suficiente lluvia para permitir la agricultura, lo que estimuló hace unos 8 mil años el desarrollo de unos asentamientos agrícolas del Neolítico, especializados en cerámica de muy buena calidad. Entre estos asentamientos tenemos: Tell Halaf y Tell Arpachiyah.

Tell Halaf era un asentamiento al norte de la Siria de hoy, cerca de la actual Turquía. También producía este asentamiento muy buena cerámica del tipo neolítica con finos diseños. Además de la cerámica, también fabricaron una gran variedad de figurillas y sellos.

Tell Arpachiyah fue un pequeño asentamiento en lo que hoy es Irak, con calles empedradas y unas edificaciones circulares y rectangulares quizás para algunas actividades religiosas. Un poco más al sur y cerca de Tell Arpachiyah, surgió otro asentamiento llamado *Tell Hassuna* con casas de adobe construidas alrededor de un espacio central abierto. Esta gente trabajaba la alfarería y la cerámica, también hacían herramientas como las hachas de mano, piedras de moler, hoces y hasta hornos, todo de acuerdo con su propia cultura Hassuna.

Mas hacia el centro de Mesopotamia había un pequeño pueblo de hace unos 7 mil años llamado *Tell es-Sawwan,* ubicado en el actual Irak a orillas del rio Tigris y perteneciente a la cultura Samarra con casas grandes construidas con ladrillos de barro secados al sol. Este era un pueblo de agricultores que llegaron a usar el riego del rio Tigris para obtener buenas cosechas, ya que en esta región las lluvias no eran muy abundantes. Se cree que fueron los primeros en usar la práctica del riego. El centro del pueblo estaba rodeado por una fosa de unos 3 metros de ancho y un fuerte muro de adobe para defender el pueblo de los invasores. La forma de vida de este pueblo incluyendo sus herramientas, su cerámica y sus estatuillas, era muy similar a Tell Hassuna al norte. Tell es-Sawwan fue el pueblo antecesor de la hoy ciudad de Samarra. La cultura Samarra fue la precursora de la cultura mesopotámica.

Mas hacia el sur de Mesopotamia existió un pueblo hace unos 7 mil años llamado *Tell al-Ubaid* en el sur de Irak, a unos 250 km del golfo Pérsico. La gente de Tell al-Ubaid vivía en aldeas con casas de adobe con patios abiertos y calles pavimentadas. Obtenían su sustento gracias a la agricultura con regadío y lograron hacer sus propios equipos para procesar sus alimentos. También hicieron muchas figurillas masculinas y femeninas, especialmente unas con caras de lagarto. Algunas de las aldeas de Tell al-Ubaid lograron gran desarrollo hasta convertirse en pueblos, los cuales luego continuaron su progreso con el tiempo para ir echando las bases de los eventos hacia la civilización.

1.3 HACIA LA CIVILIZACION

Lo que hoy entendemos por civilización es un nivel elevado de una sociedad sobre la cultura, costumbres, creencias, ideas y conocimientos que se pueden transmitir por medio del lenguaje a los miembros de la sociedad, a un pueblo o grupo de pueblos en un momento dado de su evolución. Una civilización es una sociedad que ha alcanzado un alto grado de desarrollo en sus formas de organización, sus instituciones, su estructura social y su economía. Una sociedad que está dotada de un sistema político, administrativo y jurídico, y que ha desarrollado conocimiento científico, tecnológico, artístico y cultural. El desarrollo de una civilización se transmite entre sus miembros a través del lenguaje principalmente oral o escrito.

El nacimiento de nuestra civilización tuvo lugar hace unos 5.300 años en la región de Sumer al sur de Mesopotamia. Fue allí donde surgió la primera civilización del mundo. Y que después se expandiría por el resto de Mesopotamia y luego hacia Egipto, en el Medio Oriente. Y más tarde la civilización se extendió por el resto del mundo.

Los pueblos que dieron lugar a esas primeras civilizaciones habían descubierto la agricultura y la cría de animales, el comercio, la escritura y habían formado las primeras sociedades organizadas administrativamente por leyes y normas para su buen funcionamiento.

Esas primeras civilizaciones se caracterizaron, entre otras cosas, por haberse desarrollado alrededor de las cuencas de grandes ríos. La mesopotámica entre y alrededor de los ríos Tigris y Éufrates, la egipcia alrededor del Nilo, la india alrededor del rio Indo y la china alrededor del rio Amarillo. Por supuesto, antes de alcanzar el nivel de civilización, en estas regiones se formaron los primeros pueblos, los cuales con su desarrollo constante lograron convertirse en las primeras ciudades.

Es importante destacar que, a pesar de la distancia entre estas primeras civilizaciones: Mesopotamia y Egipto, India y China; y del escaso contacto entre ellas, estas cuatro civilizaciones compartieron varias características: se establecieron en las riberas de grandes ríos y se desarrollaron en extensos valles fluviales, por lo que la base de sus economías fue la agricultura y la ganadería. Todas estas civilizaciones tuvieron importantes centros urbanos, como en el caso de Mesopotamia y Egipto funcionaron como grandes complejos políticos, comerciales y religiosos. Todas estas civilizaciones desarrollaron sociedades jerarquizadas y estratificadas en clases sociales de acuerdo con su especialización.

Estas cuatro civilizaciones son reconocidas por poseer enormes monumentos arquitectónicos, los que están principalmente asociados al poder político y a las manifestaciones espirituales y religiosas, como por ejemplo la construcción de necrópolis o cementerios. Todas estas civilizaciones lograron grandes avances en el aspecto científico, especialmente en el campo de la astronomía, las matemáticas, la ingeniería y la medicina. Estos avances fueron aplicados a la construcción de sus grandes monumentos y en obras de uso público.

En estas civilizaciones generalmente la construcción de sus obras arquitectónicas y de ingeniería se realizaron con mano de obra del pueblo y de algunos esclavos, obtenidos como prisioneros de guerra. A estas civilizaciones también se les llama civilizaciones hidráulicas ya que construyeron sistemas de regadío para aprovechar mejor el agua de los ríos para desarrollar sus actividades agrícolas y para asegurar su subsistencia.

Otra característica de estas primeras civilizaciones fue el alto nivel de desarrollo que habían logrado en cuanto a la agricultura, la cual se vio muy favorecida por toda el agua que proporcionaban los ríos y la fertilidad de la tierra de los valles formados al alrededor de los primeros asentamientos agrícolas. Esto hizo posible que la agricultura prosperara ampliamente hasta producir importantes excedentes agrícolas para cubrir las necesidades de alimentación de la población y aun así tener una parte del excedente para intercambiar por otros productos como cestas, vasijas, herramientas y utensilios que fabricaba otra gente. Esto daría lugar al nacimiento del comercio y a la especialización del trabajo, pues además de los agricultores, también surgieron los artesanos como los cesteros y los alfareros.

Dada la importancia que la agricultura, se hizo necesario el surgimiento de otros dos tipos de trabajadores: los que cuidaban los campos de los ataques de los amigos de lo ajeno y los que se encargaban de realizar ofrendas a los dioses en los que se creía en ese entonces para disfrutar de buenas cosechas.

El gran efecto del excedente de la agricultura fue el aumento de la población, ya que había suficiente alimento para alimentar a más gente. Con la agricultura y la cría en el periodo Neolítico, los pueblos del Creciente Fértil experimentaron un gran desarrollado. Surgió la religión un tanto diferente a la de los nómadas, pues en estos primeros pueblos la religión iba dando origen y forma a la vida intelectual. De esta clase de gente surgirían más tarde los sacerdotes, los cuales ocuparían grandes cargos en la creciente sociedad.

La agricultura y sus consecuentes beneficios del excedente, el comercio y la artesanía; trajo como resultado un importante crecimiento de la población y un continuo desarrollo de la región y a la especialización de otros tipos de trabajo diferentes al de la agricultura. La necesidad de registrar los intercambios comerciales produjo el nacimiento de la escritura, la cual le permitió a los pueblos convertirse en las primeras sociedades humanas organizadas administrativamente por leyes y normas para su buen funcionamiento.

Con la agricultura y cría, y la cultura neolítica, nuestros antepasados desarrollarían mejor la alfarería y la cerámica, y trabajarían los metales después de su descubrimiento para luego entrar en la cultura urbana. De estos aspectos, estaremos hablando en detalle en este subcapítulo.

La alfarería y la cerámica, son dos eventos que han estado estrechamente ligados al desarrollo de los pueblos. La alfarería surgió durante el periodo Paleolítico Superior cuando nuestros antepasados empezaron a moldear la arcilla para hacer los primeros objetos hechos con este material y secados al sol como vasijas y estatuillas. El color de los objetos podía ser rojizo, de tonos ocres y hasta blancos, dependiendo del color de la arcilla que se usara. Sin embargo, las técnicas para moldear la arcilla para fabricar objetos surgieron durante el Neolítico hace unos 12 mil años, cuando el hombre tuvo la necesidad de recoger y almacenar su alimento.

Con el surgimiento de la agricultura en el Medio Oriente, la alfarería continuó su desarrollo haciendo objetos para usos específicos como para almacenar líquidos, además de sólidos. Mas tarde con el tiempo llegaron a hacer vasijas para cocinar, comer y beber. Después, cuando a nuestros antepasados se les ocurrió la idea de usar el fuego para secar sus piezas de arcilla se dan cuenta que estas piezas toman un nivel más alto de endurecimiento. Así surgió la cerámica unos 9 mil años atrás.

Luego el talento humano les agregó la decoración a estos objetos mediante la impresión de rayas o símbolos en el cuerpo exterior del objeto o mediante la pintura y las transformó en una real obra de arte.

Al principio, la forma de las vasijas no era muy simétrica. Sin embargo, con el invento de la rueda surgió el torno del alfarero hace unos 5 mil años en Mesopotamia. Se cree que este haya sido el primer uso que se le dio a la rueda. Este torno constituía básicamente de una rueda plana de madera sobre la cual se ponía la pasta de arcilla que se quería moldear. Al girar la rueda se transmitía un movimiento circular a la pasta de arcilla, dándole forma cilíndrica y simétrica.

Para lograr temperaturas más altas para producir cerámica de mejor calidad, surgió el horno del alfarero, unos 500 años más tarde también en Mesopotamia. Este horno al principio consistía en un hoyo en el suelo y que luego se le agregaron paredes para conservar el calor y hacer la cocción más eficiente.

Mediante el uso del horno del alfarero para lograr altas temperaturas para hacer la cerámica, nuestros antepasados observaron que algunas piedras como la malaquita y la azurita sometidas al fuego intenso se podían fundir. Esto daría paso al descubrimiento del uso de los metales, lo que a su vez daría inicio a la edad de los metales.

La Edad de los Metales fue el período de la prehistoria que empezó al final del período Neolítico cuando los humanos comenzaron a utilizar el cobre para fabricar algunas herramientas y utensilios hace unos 6 mil años. Por esta razón se le llama a esta parte de la evolución humana: edad de los metales, la cual se divide a su vez en tres etapas que reciben el nombre de los metales que el hombre fue utilizando progresivamente en cada una de ellas. La más antigua de estas etapas fue la Edad del Cobre, debido a que este fue el primer metal trabajado, posteriormente vino la Edad del Bronce y por último la Edad del Hierro.

Al igual que en el caso de la agricultura y la cría de animales, los metales no fueron descubiertos al mismo tiempo por todos los pueblos, por eso aquellos pueblos que utilizaron el cobre se impusieron a los que sólo utilizaban la piedra. Después, los que descubrieron el uso del bronce y más tarde el hierro se impusieron a aquellos que se habían quedado atrás en cuanto a la tecnología.

Los humanos empezaron a utilizar primero los metales que aparecían en estado natural como el oro, la plata y el cobre. El oro sería uno de los primeros metales conocidos por el hombre, quizás por su brillo similar al del Sol, al cual se sentían siempre muy atraídos. El oro era encontrado en forma de pepitas en las arenas de los ríos, o bien en las vetas que contenían oro, hoy llamadas vetas auríferas, donde aparece también en estado natural.

La plata también se encuentra en nódulos, completamente en estado natural, en la superficie de la Tierra. Pero tanto el oro como la plata era muy escasa y su distribución sobre la Tierra era muy irregular. Sin embargo, el cobre, al igual que el oro y la plata, se encuentra también en estado natural, pero con mayor abundancia y regularidad. Por lo que sería el cobre el primer metal utilizado en mayor cantidad.

La Edad del Cobre se inició con el uso de este metal hace unos 6 mil años cuando los humanos empezaron a trabajar el cobre de una manera muy sencilla en la Península de Anatolia, al noroeste del Creciente Fértil, en la Turquía de hoy en el continente asiático. Hay evidencias de su uso en Catal Huyuk. Luego el cobre se difundió por el resto de la región y más tarde por Mesopotamia, Israel, Jordania y Egipto.

Al principio, golpeaban con un martillo de piedra el cobre encontrado en estado natural o puro a la temperatura del ambiente. Posteriormente, el martilleado se empezó a hacer con el cobre en caliente, con el fin de evitar las fracturas y pérdidas parciales del metal dando inicio a la forja. Quizás por accidente al sobrecalentar el cobre descubrieron que este puede pasar del estado sólido al líquido y que ese proceso era posible manejar al controlar el fuego del horno, dando paso de este modo a la fundición, proceso muy importante en la próxima etapa en la elaboración de herramientas y utensilios de metal.

Al fundir el cobre en el horno podían darle la forma deseada al volcarlo en moldes. Cuando ya no podían obtener el cobre en estado puro en la superficie, entonces había que obtenerlo de las minas. Así nació la minería. Al extraer los materiales de las minas, fundirlos y alearlos con otros surgió la Siderurgia y luego al transfórmalos en objetos metálicos terminados surgió la Metalurgia. Al parecer la metalurgia del cobre se producía en varios lugares del Medio Oriente en Asia, los Balcanes en Turquía y luego se expandió por el resto de Europa.

El cobre es un metal maleable, blando y de escasa utilidad para la fabricación de armas y herramientas fuertes. Por lo que con él se fabricaban más bien objetos de adorno como collares, brazaletes, anillos, joyas y alfileres, que servían como elementos de lujo o de prestigio social para quiénes los llevasen. También se fabricaban más tarde algunos utensilios como los vasos campaniformes. Sin embargo, se han encontrado también puntas de flechas, puñales y hachas hechas de cobre. Pero, dada la poca resistencia del cobre, las herramientas de piedra se seguían usando por ser más resistentes. No obstante, los humanos continuaron buscándole una solución al problema de la poca resistencia del cobre hasta que descubrieron un metal más resistente con el que se inicia otro período de la edad de los metales: la Edad del Bronce.

La Edad del Bronce fue el período que se inició con un gran descubrimiento. Al fundir el cobre los humanos vieron que era posible mezclar el cobre líquido con otros metales. Así descubrieron las aleaciones. De esta forma surgió el bronce como una aleación del cobre y el estaño. El bronce es un metal mucho más duro que sus dos componentes y es más fácil de fundir y de trabajar que el cobre. El empleo del bronce se inició unos 5 mil años atrás, en la parte norte del Creciente Fértil, en lo que hoy se conoce como Armenia en el continente asiático y luego en poco tiempo se extendió por Europa y por el resto del mundo. Los primeros utensilios de bronce imitaban las formas de piedra, y así las primeras hachas de metal, tenían la misma forma triangular y carecían de mango, como las de piedra.

Con el progreso en la utilización del bronce se lograron fabricar armas y utensilios lujosos. Entre las armas, aparecieron la espada, que tendría un elemento que determinaría el carácter guerrero que se desarrolló en esta etapa. Otras armas hechas de bronce fueron las dagas, los puñales, las corazas, los cascos, las puntas de lanza y los escudos para protegerse en el combate. Con respecto a los objetos lujosos, destacaron los alfileres, los anillos, las joyas, los broches de cinturón, los collares y hasta la fabricaron de espejos, así como estatuillas de carácter mágico-religioso. Durante la mayor parte de la Edad del Bronce, los utensilios agrícolas siguieron siendo de piedra y de madera. Sólo al final del período se empezaron a utilizar hoces de bronce para cosechar los cereales.

El bronce se había utilizado principalmente para fabricación de objetos de adorno y de algunas armas. Sin embargo, el hombre de entonces continuaría su búsqueda por hacer mejores herramientas, como lo había hecho desde su inicio hasta nuestros días. En ese afán el hombre descubrió el hierro, el cual era más abundante. Pero había un pequeño detalle: se requerían temperaturas más altas para fundirlo y nuestros antepasados aun no estaban preparados para hacerlo. El hierro meteórico, el que caía como meteorito sobre la superficie de la Tierra, ya se conocía desde mucho antes en ciertos lugares como en Egipto y Mesopotamia hace cerca de unos 4 mil años para fabricar pequeños objetos. Sin embargo, la fabricación de objetos de hierro exigía unos conocimientos y una tecnología completamente distinta a la del bronce. Pero después de un largo proceso de ensayo y error nuestros antepasados lograron dominar la metalurgia del hierro también.

La Edad del Hierro empezó con la utilización de este metal. Con el hierro obtuvieron herramientas y armas mucho más resistentes y poderosas. Surgió una nueva artesanía y unas nuevas herramientas: las tenazas y el martillo de herrero. La nueva tecnología del hierro exigía el trabajo al rojo vivo, y constituía todo un secreto al principio. Los primeros en conocer este secreto fueron los hititas, habitantes de la península Anatolia, en la actual Turquía, hace unos 3,5 mil años. Estos guardaron este secreto muy celosamente durante muchos años. Después de la caída de la supremacía hitita la nueva tecnología del hierro empezó a difundirse por otros lugares.

El hierro contaba con dos ventajas respecto al bronce. La primera era la abundancia de este metal: casi todas las áreas geográficas disponen de mineral de hierro. En cambio, el bronce exigía la búsqueda, muchas veces en lugares muy lejanos, de sus dos componentes: cobre y estaño. En segundo lugar, las armas de hierro son más resistentes, y aunque debido a su flexibilidad se pueden deformar, es posible repararlas. En cambio, las armas de bronce eran frágiles y se rompían con frecuencia con el impacto. El hierro se emplearía para fabricar todo tipo de herramientas para el campo y para mejorar el trabajo y las condiciones de vida de los pueblos. No obstante, durante la Edad del Hierro se seguirán fabricando determinados objetos de bronce, tales como los cuencos y calderos o todos aquellos de carácter religioso o suntuario.

Las herramientas fabricadas con hierro fueron muy diversas: hachas, cuchillos, hoces, pinzas, azadas o escardillas para cavar y remover tierra, arados, cinceles, martillos, tijeras, limas, navajas de afeitar, arneses de carreta y bocados del caballo, el cual es la parte de la brida que se le pone al caballo en la boca para controlarlo. Como podemos ver, se trataba de herramientas destinadas a la actividad agraria o a la vida cotidiana. En el armamento, destacan las espadas, las puntas de lanza, los puñales, los escudos de combate y los cascos. Con las armas de gran resistencia que más tarde se fabricaron durante la edad de los metales, principalmente de hierro, pudieron defender sus tierras. Sin embargo, estas armas también darían inicio a las guerras.

Con estas nuevas armas de hierro surgió el poder con su respectiva clase militar para lograr lo que quisieran. Se inició así un nuevo tipo de sociedad con líderes y seguidores. Los líderes dominaban la vida de la comunidad con la ayuda de los seguidores, los cuales eran los trabajadores que producían lo básico para mantener la sociedad. Los líderes empezaron a acumular fortuna, con la cual podían pagar la artesanía especializada de manera que ellos trabajarían para la élite. También podían los seguidores fabricar carretas después de la invención de la rueda en Sumer unos 5,5 mil años atrás. Los líderes ofrecían alimentos, organización social y protección a los seguidores. Pero esta protección traía el peligro del jefe guerrero al servicio de los líderes.

Para combatir las injusticias de las guerras creadas a raíz de la invención de las armas de guerra durante la edad de los metales y para mantener el orden social, los pueblos se vieron en la obligación de hacer sus propias leyes. Definitivamente, la vida en sociedad requiere establecer reglas para que los hombres se rijan por ellas. Al principio, antes de la invención de la escritura, las leyes eran basadas en el uso y las costumbres o derecho tradicional que se transmitían en forma oral. Después de la escritura surgieron códigos de leyes escritas.

Con una forma de vida cada vez más desarrollada gracias a su intelecto al desarrollar la agricultura y cría, la alfarería y cerámica y los metales, los seres humanos se enrumbarían hacia el florecimiento de la civilización.

1.4 FLORECIMIENTO DE LA CIVILIZACION

Los cambios que el Homo Sapiens hizo en la sociedad, fueron definitivamente transcendentales. Entre los cambios más importantes se incluyen: los de la organización económica y social, los cuales aún tienen su impacto en nuestra vida moderna, como las primeras formas de agricultura y domesticación de animales y la vida en los primeros pueblos. Estos cambios dieron inicio a la aparición de los humanos modernos y con ellos surgió un nuevo sistema social basado en las nuevas prácticas para lograr el sustento. La sociedad de recolectores-cazadores transformó su economía, teniendo ahora como base la producción de alimentos con la implantación de la agricultura y la cría. De manera que la cultura neolítica daría paso a la cultura urbana para así echar las bases de las primeras ciudades y con ellas el florecimiento de la civilizaciones.

Durante la prehistoria surgieron varias culturas como la natufiense, la neolítica y la cultura urbana. La cultura va cambiando a medida que el pensamiento evoluciona. Así, la cultura natufiense, con la agricultura y la cría, dio paso a la neolítica y esta a su vez, con la llegada de los metales, evolucionó en la cultura urbana, en la que florecería la civilización en regiones del Medio Oriente como en Mesopotamia y Egipto. Después con la cultura urbana los tiempos de la edad de piedra de la prehistoria se abrieron hacia los tiempos históricos y estos a su vez hasta los tiempos nuestros.

Cabe destacar que la cultura urbana no fue un acontecimiento que surgió en un solo sitio, sino que se dio en diferentes partes del Medio Oriente y que después se esparció por el resto del mundo. Además, fue necesario un largo periodo de tiempo para que la cultura urbana se desarrollara completamente, pues sus cambios llevarían un largo tiempo en implementar, tal vez varias generaciones.

La cultura urbana incluía los avances tecnológicos en la metalurgia y su respectivo progreso en la agricultura y cría. Además, durante la cultura urbana se intensificaron mejoras en la producción agrícola y ganadera, así como también aumentaron los intercambios comerciales, además del urbanismo y el desarrollo de la sociedad urbana organizada.

Durante el Neolítico, cada familia cultivaba para tener los alimentos que necesitaban para comer. Pero tras esta serie de innovaciones y de adelantos tecnológicos como el arado y el regadío en la cultura urbana se consiguió obtener un mayor rendimiento de los cultivos, por lo que cada familia tendría una gran cantidad de alimentos que no iba a consumir y que podía utilizar para comerciar.

Con la llegada de los metales hubo un impacto muy importante en el desarrollo de la cultura urbana, pues esta cambiaria el estilo de vida que nuestros antepasados habían llevado hasta ese entonces. Con los metales surgió la metalurgia, con la cual surgieron otras actividades importantes para el desarrollo de los pueblos como la minería y la siderúrgica. Para la fundición del hierro se desarrollaron los hornos de alta temperatura.

Con la metalurgia se lograron muchas mejoras en las actividades importantes para la economía de los pueblos, principalmente en la agricultura. En esta actividad se lograron mejores cosechas gracias a la fabricación de herramientas de metal principalmente de hierro como el arado, las escardillas, las hachas, las hoces y los picos. Con el arado de metal se logró el cultivo a mayor escala.

La tecnología para fundir los metales constituyó un gran avance de las sociedades prehistóricas. Estos profundos avances estuvieron estrechamente vinculados con la cultura urbana. Sin embargo, la nueva tecnología trajo consigo una nueva especialización del trabajo y potenció la jerarquización social dando lugar a grupos que más tarde ostentarían el poder mediante el uso de las armas desarrolladas con los metales, acumulando así grandes riquezas. Pero, por otra parte, la obtención de la materia prima para fabricar esas armas estimuló el intercambio comercial y cultural entre pueblos distantes.

Las herramientas de metal mejoraron la construcción de canales para el regadío, el cual hizo posible nuevos cultivos como la viña y el olivo, con los cuales se obtenía la materia para hacer productos de lujo como el vino y el aceite de oliva. Estos dos productos además de ser sinónimo de bienestar económico también fueron los primeros productos secundarios de la agricultura.

En la ganadería, surgieron productos secundarios según el uso del animal. Para los animales usados como transporte de carga se desarrollaron artilugios para cargar las mercancías como las angarillas que se fijaban al animal y se arrastraban cargando sobre ellas la carga. Otro artilugio fueron las ruedas para hacer la carreta. De los animales usados para obtener los alimentos surgieron los productos derivados como la mantequilla, la cual se obtenía de la leche. También se aprovechó la lana para la fabricación de productos textiles.

Con la cultura urbana surgió el florecimiento de la civilización, la cual continuaba su expansión a medida que la cultura urbana avanzaba hasta cambiar el curso de la historia de la humanidad. La sociedad se había diversificado al punto de incluir varios estratos sociales más, pues ahora además de recolectores, cazadores y pescadores, también incluía agricultores, pastores, artesanos, soldados y sacerdotes.

Todos ellos trabajando mancomunadamente lograron un gran desarrollo para su sociedad. Especialmente en la agricultura, la actividad más importante pues en ella se basaba la economía de los primeros pueblos.

Con el crecimiento de la población, se perfeccionó el trabajo de las piedras y los metales para hacer mejores herramientas y utensilios. Los agricultores y pastores pudieron estudiar mejor el comportamiento de las plantas y los animales para mejorar las prácticas para realizar estas actividades. También desarrollaron técnicas agrícolas para hacer la agricultura más fácil y eficiente.

En la baja Mesopotamia y luego en Egipto surgió el cultivo intensivo o sea el cultivo de una misma especie a gran escala, gracias a las técnicas de riego, el uso de mejores herramientas y la mano de obra especializada. Fue así como los pueblos se fueron tornando cada vez más sofisticados y poblados, hasta que finalmente se convirtieron en ciudades hace unos 6 mil años.

Se construyeron también canales y represas para el agua en exceso que traían los ríos en primavera y así compensar con la poca que traían durante el resto del año. Como era el caso de los ríos Éufrates y Tigris en Mesopotamia y del Nilo en Egipto. El agua almacenada se usaba para regar los cultivos cuando las aguas de estos ríos estaban en un nivel bajo. Esto dio origen a la agricultura por irrigación, la cual convirtió a estas regiones en las más prósperas de su época.

Para construir las represas se construyeron aldeas de gente en la baja Mesopotamia, así como en Egipto. Esto dio como resultado una producción constante durante el año con un mayor excedente de producción, lo que dio paso a más diversificación del trabajo pues más gente podía dedicarse a producir otros bienes o comerciar con ellos.

El comercio y la navegación tuvieron un impacto muy importante, debido a la rueda y la construcción de barcos de velas. Pero también con la fabricación de armas más resistentes y eficientes también surgió el soldado, los ejércitos y las guerras.

Durante la cultura urbana y gracias al excedente de producción, la gente entró a una forma de vida más avanzada y los primeros pueblos crecieron y se desarrollaron para convertirse en sociedades urbanas complejas tanto en aspectos políticos como en lo económico y social. Además, con el aumento del crecimiento y del desarrollo de los pueblos, la riqueza también aumentó.

Se construyeron grandes obras para el beneficio de los pueblos, se inventó la escritura y se incrementó el comercio sobre todo con pueblos lejanos. También se desarrolló aún más el arte, surgieron las ciencias especialmente la ingeniería y surgió una sociedad muy organizada.

Con el paso del tiempo, algunas familias se harían más ricas que otras gracias al comercio entre los habitantes del mismo pueblo y con otros pueblos más lejanos. En algún momento, una de estas familias se hizo con el control del pueblo, pasando a ser la máxima autoridad y se apoyaría en la religión para justificar su posición social y la acumulación de su riqueza.

Al aumentar el crecimiento y desarrollo de un pueblo, este se convertiría en una especie de urbe o proto-ciudad y se haría más importante y poderoso que los pueblos a su alrededor produciendo un flujo continuo de gente de los pueblos hacia la urbe, lo que aseguraba el crecimiento de la población de la urbe o proto-ciudad. Esta proto-ciudad era organizada en torno a la autoridad y su sede, ya fuera un palacio o un templo principal. Alrededor de esa sede se ubicarían los artesanos y comerciantes. Mientras que a las afueras y en los pueblos cercanos estarían los agricultores y ganaderos.

Para mantener y controlar la población, la autoridad o el monarca tendría a otras personas trabajando bajo su cargo, originando así el surgimiento de los servicios públicos. Para mantener a las personas que prestaban los servicios públicos, se estableció un sistema de impuestos por el que los habitantes de la urbe o proto-ciudad daban a la autoridad cierta cantidad de sus alimentos o de lo que producían y este después lo repartía entre los trabajadores a su cargo, incluyendo también a los sacerdotes, como pago por los servicios públicos prestados. Con el tiempo, las proto-ciudades se desarrollaron tanto que se convirtieron en las primeras ciudades.

1.5 LAS PRIMERAS CIUDADES

Las primeras ciudades eran áreas urbanas con cierta densidad de población dedicadas principalmente a actividades de agricultura y cría, con cierta planificación urbanística, economía un tanto diversificada y comercio. Además de tener algunos centros de poder y administración con la participación política y religiosa.

Estas primeras ciudades se originaron en el Medio Oriente al sur de Mesopotamia, en la región de Sumer y luego se fueron extendiendo dentro del Medio Oriente hacia el norte de Mesopotamia hasta la península Anatolia y después hacia el sur bordeando el lado este del mar Mediterráneo por Siria, Fenicia e Israel hasta llegar a Egipto.

En su lugar de origen, en el Medio Oriente, al sur de la antigua Mesopotamia en la región de Sumer, cerca de la desembocadura del río Éufrates en el Golfo Pérsico a poca distancia del Irak de hoy, había unas pequeñas aldeas hace más de 8 mil años formadas por gente que habían llegado de las regiones vecinas, atraídas por los grandes recursos naturales de la región como el agua abundante y los alimentos incluyendo los frutos silvestres, la pesca y la caza. Esta gente hablaba un mismo lenguaje: el sumerio. De aquellas pequeñas aldeas evolucionarían después en algo como un milenio aproximadamente, las primeras ciudades como las de Eridu, Ur y Uruk.

Por estar tan cerca de la desembocadura del rio Éufrates en el golfo Pérsico, Eridu y Ur tenían partes pantanosa o inundadas, en las que se construyeron canales para ir de un lado a otro. Estas inundaciones convertían la tierra de esta región en muy fértil y productiva. Al principio los frutos silvestres eran muy abundantes, sin embargo, a medida que la población de la ciudad crecía la agricultura por riego se hizo necesaria.

Al principio la gente de *Eridu* vivía en chozas de caña. Pero más tarde, alrededor de unos 7.400 años atrás Eridu se convertiría en una ciudad con varios cambios. La ciudad tenía una extensión de cerca de 10 hectáreas con sus estructuras arquitectónicas hechas con ladrillos de adobe, las cuales incluían además de las viviendas de adobe, un complejo de edificios sagrados como el templo E-Abzu en honor al dios Enki, el dios del agua y de la sabiduría. Este templo era una estructura en forma de pirámide truncada llamado zigurat. También en el complejo de edificios sagrados había otro edificio como el salón de las ofrendas.

Eridu se cree que ha sido la ciudad del famoso diluvio universal de la biblia. Solo que esa gran inundación solo fue algo local en el sur de Sumer. También se cree que fue por allá donde surgió la historia de la construcción de la famosa arca para salvar la vida sobre la Tierra del supuesto diluvio universal. Dada su relación estrecha con la mitología y la magia sumeria, Eridu surgió como un centro de poder religioso.

Sin embargo, la ciudad de Eridu decayó unos 4 mil años atrás y luego fue reconstruida más tarde por el imperio babilónico, pero solo para utilizar sus templos dado su historia religiosa. Sin embargo, mientras Eridu decaía, la ciudad de Ur resplandecía. *Ur,* fue otra de aquellas pequeñas aldeas, cuya formación es contemporánea con Eridu al sur de la región de Sumer. Ambas estaban muy cerca a solo unos 12 km de distancia.

Ur se convirtió en ciudad hace unos 6 mil años y había alcanzado un gran desarrollo, pues además de la agricultura y la cría, surgieron otras actividades importantes como la artesanía y el comercio. Entre los artesanos estaban los alfareros, carpinteros, etc. La comunidad de comerciantes generaba gran actividad comercial dentro y fuera de la ciudad hasta desarrollar el comercio por mar hacia regiones como Irán y Afganistán.

Ur era un importante puerto en el Golfo Pérsico, al que llegaban de varias partes del mundo muchas de las materias primas que Ur carecía pero que necesitaba para su continuo desarrollo. De Irán traían la cornalina, una piedra semipreciosa para hacer adornos y de Afganistán traían el lapislázuli y se cree que también traían el estaño para mezclarlo con el cobre para formar el bronce. Además, traían madera de las montañas Amanus en el sur de Turquía. Esta madera era transportaban por el rio Éufrates hasta Ur.

En Ur también se desarrolló el ladrillo de barro cocido con el que construían sus casas de varias habitaciones alrededor de un patio central. Estas casas estaban muy cercanas unas de la otras con unas calles y callejones muy estrechos. La ciudad también fue amurallada.

Ur tuvo tres dinastías de gobernantes que extendieron su poder hacia la región de Sumer. El primer rey de Ur fue Mesanepada hace unos 4.700 años. Después durante la tercera dinastía surgió el rey Ur-Nammu, quien inició su gobierno hace unos 4 mil años y su dinastía duró un largo tiempo. Durante su reinado, Ur se volvió muy próspera y se construyó la zona sagrada o el témenos de la ciudad. Esta zona estaba amurallada e incluía el Zigurat, el templo de Giparu y el cementerio real.

El Zigurat fue hecho con ladrillos y tenía tres pisos conectados por escaleras exteriores y tenía una altura total de 21 metros. En el tope del zigurat había un santuario para los rituales sagrados, lo que semejaba al zigurat con una montaña sagrada. La gente de Ur veneraba a Nannar, el dios de la Luna.

El Giparu era un templo hecho de ladrillos de barro en honor a la diosa Ningal, la esposa del dios Nannar y estaba ubicado inmediatamente al suroeste del zigurat. Estas dos edificaciones estaban separadas por una calle pavimentada.

El cementerio real de Ur tenía unas 2 mil tumbas donde enterraban a la gente corriente, así como a la realeza. La gente de la realeza era enterrada con sus objetos preciosos de oro y plata, así como otras cosas de valor, de las cuales fueron encontradas algunas de gran importancia durante las excavaciones hechas por arqueólogos de nuestra era, principalmente el arqueólogo británico Leonard Woolley.

Entre las cosas importantes que se encontraron en tumbas de la realeza estaban el estandarte de Ur, los sellos cilíndricos de algunos reyes, liras o arpas y objetos de joyería, estatuillas de divinidades y vasos artísticos de alfarería o de piedra de una sola pieza. Todas estos objetos datan de unos 4.500 años atrás.

El estandarte de Ur es una obra de arte en forma de una caja trapezoidal hecha de madera con sus caras frontales mostrando en franjas horizontales gente, animales y objetos. En una de las caras frontales había escenas de paz por lo que se le llamó la cara de la paz. Mientras que en la otra cara frontal había escenas de guerra y se le llamó la cara de la guerra. Los sellos cilíndricos eran unos instrumentos que habían sido inventados en la ciudad de Uruk y que fueron llevados a Ur. Estos sellos cilíndricos eran tallados en piedra u otros materiales y que se rodaban para hacer impresiones en algunas tablillas de arcilla que podían usarse como una nota de entrega de productos comerciales. Las arpas serían los instrumentos musicales de cuerda más antiguos. Por estos instrumentos se puede deducir que la gente de Ur ya hacía música para ese entonces. También se encontró durante las excavaciones el llamado foso de la muerte en donde se practicaba el sacrificio humano.

Mas tarde, después de inventarse la escritura en Uruk, el rey Ur-Nammu hizo su código de leyes llamado el Código de Ur-Nammu, considerado el más antiguo del mundo, unos 300 años antes que el código del rey Hammurabi de Babilonia. Ur-Nammu fue sucedido por su hijo Shulgi, quien resultó mejor que su padre al consolidar la ciudad y reformar su poder en la región. Shulgi gobernó también por mucho tiempo.

Ur tenía un sistema social estratificado formado por el rey; la máxima autoridad política, militar, religiosa y administrador de justicia; los nobles y sacerdotes; los altos funcionarios con poder económico, social y hasta podían tener tierras; los comerciantes y funcionarios; un grupo de privilegiados que también podían tener tierra e incluían a los escribas; y por último los esclavos que eran por lo general los prisioneros de guerra. Ur llegó a tener unos 65 mil habitantes en la edad de bronce medio.

La ciudad de Ur fue invadida después por Elam, una región al este de Sumer, la cual más tarde se convertiría en el antiguo persa. Durante esa invasión los elamitas quemaron la ciudad de Ur hace unos 4 mil años. Sin embargo, resucitó gracias a la importancia que Ur tenía como centro religioso de la región, pero después fue perdiendo su importancia. Aunque vivió un último gran momento con la reconstrucción de la ciudad y sus templos por los reyes caldeos de Babilonia, hasta desaparecer unos 2.400 años atrás, quizás por un cambio en el cauce del rio Éufrates. Hoy solo ruinas quedaron de Ur, la ciudad que llegó a ser muy importante en la civilización sumeria. Los caldeos eran gente de la baja Mesopotamia, en la región de Summer cerca del golfo Pérsico.

Uruk fue la otra ciudad importante de Sumer a unos 80 km al norte de Ur. Uruk surgió hace unos 6,5 mil años en la orilla oriental del rio Éufrates en el sur de Mesopotamia. Uruk sobresalió por su gran desarrollo hasta convertirse en la sociedad humana más importante del mundo para su época. Fue la primera ciudad de gran importancia y muy por encima de la ciudades anteriores dado su población, estructura y el gran desarrollo de su urbanismo.

Con Uruk se creó el concepto de lo que hoy llamamos ciudad, con todas sus características: economía estable, cultura, religión, escritura, literatura, jerarquías sociales, ocupaciones especializadas, estructuras políticas y arquitectura de gran envergadura.

Uruk inició su gran desarrollo económico como producto del gran auge de su agricultura y cría y el gran manejo de su excedente. Al principio solo producían cantidades limitadas de trigo, cebada y guisantes, además de la cría de ovejas y cabras. Para producir suficiente alimento de forma constante se extendieron hacia tierras más fértiles en la dirección del valle del Tigris. Además de los productos de la agricultura y la cría, también disponían de muchos peces y aves de los ríos y marismas. Ya para esta época se había inventado la cerveza, la cual hasta tenía su propia diosa llamada Ninkasi.

El origen de la cerveza como muchos otros inventos pudo haber sido por casualidad al fermentarse algunos granos de cebada para hacer el pan y que luego al combinarse con agua y con algunas levaduras naturales dieron como resultado una bebida alcohólica: la primera cerveza artesanal. Todo parece indicar que la cerveza se inventó hace más de 6 mil años en Sumer y que luego se esparció por el resto de Mesopotamia hasta llegar a Egipto donde se desarrolló aún más y se empezó a comercializar.

En Uruk, con el tiempo y para aprovechar el agua de las inundaciones de los ríos, se desarrollaron sistemas de irrigación por canales y represas, los cuales incrementarían la producción agrícola a medida que crecía la población. También la cría de animales había prosperado. Y con el desarrollo de la ciudad, su gente empezó a cambiar su forma de vestir con ropa tejida con lana o lino. Con un excedente mayor podían alimentar a una población más grande para que muchas otras persona se dedicaran a otras actividades diferentes a la agricultura y cría. Como resultado se incrementó substancialmente la especialización de la artesanía como la alfarería y la cerámica, así como también el comercio.

En Uruk se construyeron las primeras estructuras arquitectónicas. También se inventó la rueda hace unos 5,5 mil años, la cual fue el motor impulsor del transporte y además fue el gran impulso para el desarrollo a mayor escala de la alfarería con el invento del torno del alfarero. Además, los comerciantes de esta región inventaron un sello cilíndrico, con el cual marcaban los recipientes de arcilla con algún distintivo de su propietario o de su contenido. Este invento del sello cilíndrico daría lugar más tarde al invento de la escritura hace unos 5,3 mil años. Gracias a la escritura hoy podemos saber no solo de Uruk, sino de toda nuestra historia.

La escritura surgió como una forma de hacer seguimiento a las transacciones comerciales del creciente comercio en la ciudad. Y para manejar la economía creciente surgió una clase de administración, la cual manejaba la ya inventada contabilidad. Los detalles de cómo surgió la escritura los veremos más adelante en el subcapítulo 3.1 sobre la "Escritura". La escritura después se expandió por todo Sumer, el resto de Mesopotamia y el resto del Creciente Fértil durante unos dos mil años, con sus variaciones por supuesto.

Según la lista de los reyes, una antigua tableta de piedra grabada en Sumer, Uruk fue fundada por el rey Enmerkar. También fue gobernada por Eanna y después por el más famoso de todos: Gilgamesh, quien nació hace unos 4.700 años. Los templos de Uruk cumplían una función social al ayudar a mantener a la gente unida.

La gente de Uruk construyó templos con ladrillos y adornados con mosaicos coloridos. Uno de esos templo fue para el dios del cielo llamado Anu y el otro para su hija Inanna, la cual más tarde se le llamó Ishtar, la diosa del amor y la guerra. Quien después llegó a ser la patrona de Uruk. La gran ciudad de Uruk se construyó alrededor de sus lugares sagrados, políticos y administrativos como los templos y los edificios públicos. Estos lugares representaban la clase gobernante, alrededor de la cual se levantó la clase trabajadora como los agricultores, ganaderos, artesanos y comerciantes.

En el resto de la ciudad se construyeron casas con patios para los habitantes de Uruk. Por toda la ciudad había canales para la agricultura y el comercio que fluían a lo largo de la ciudad, los cuales hacían lucir a Uruk como la Venecia de hoy.

La ciudad de Uruk desarrolló una compleja estructura social con la clase gobernante encabezada por un rey y por debajo seguían los nobles y los sacerdotes; luego y por debajo de estos estaban los escribas y los funcionarios públicos. En el estrato o clase de más abajo aparecían los agricultores y los ganaderos, artesanos y soldados, y después estaba la clase de los esclavos, a la cual además de la gente capturada como prisioneros de guerra, se le sumaron los criminales o gente que tenían grandes deudas.

La clase gobernante ejercía toda la autoridad y gobernaba Uruk y sus recursos de forma autoritaria forzando al trabajo y al tributo. Esto le permitió al rey gobernante la culminación de proyectos de gran envergadura como la agricultura con riego a gran escala. Uruk también llegó a tener un ejército muy bien desarrollado.

Hace unos 5 mil años Uruk llegó a tener un extensión de unas 600 hectáreas y una población de unos 70 mil habitantes. También estaba rodeada por una muralla de ladrillos de unos 15 metros de alto y unos 9 kilómetros de largo. Esta muralla fue construida por el rey Gilgamesh. Uruk fue la ciudad más grande y desarrollada no solo de Mesopotamia sino del mundo para su época.

El desarrollo de Uruk también incluyó la ciencia, la cual además de la agricultura y cría, también abarcaba las matemáticas, la ingeniería, la astronomía y la literatura, entre otras. La literatura surgió con el poema de Gilgamesh, una de las primeras obras literarias de la humanidad. Gilgamesh fue el gran héroe mítico nacido en Uruk.

Uruk fue una ciudad con un poder central e independiente, constituyéndose en una de las primeras ciudades-estado hace unos 4.900 años. Era una ciudad con instituciones centralizadas que controlaba cada uno de los aspectos de la vida social, económica y política. El desarrollo impresionante de Uruk se propagó por toda Mesopotamia.

Uruk marcó el inicio de la civilización sumeria, la primera del mundo y tuvo gran influencia en toda la región de Sumer y el resto de Mesopotamia debido a todo su desarrollo en cuanto a su gran urbe y progreso. Esto también marcó una referencia, lo cual se refiere como la cultura o el periodo de Uruk. Sin embargo, unos 4 mil años atrás, Uruk empezó a tener problemas debido a las luchas armadas con los elamitas. Pero continúo habitada hasta unos 2.300 años atrás.

Después de Uruk, Ur y *Eridu* también se convirtieron en ciudad-Estados logrando más desarrollo y progreso gracias al auge de la agricultura. Mientras tanto los otros pueblos que habían surgido alrededor también evolucionaron en grandes ciudades como Nippur, Lagash, Larsa y Umma al oeste, y Kish e Isin al norte de Uruk.

El asentamiento de *Nippur* se estableció hace cerca de 7 mil años a la orilla este del rio Éufrates a unos 150 Km al sureste de Bagdad. Mas tarde como ciudad, Nippur también estaba incluida entre las más antiguas de Sumer en Mesopotamia. Nippur durante miles de años fue el centro religioso de Mesopotamia con sus varios templos y edificios públicos. Fue una ciudad altamente alfabetizada y con mucho trabajo para los escribas, quienes lograron dejar miles de documentos escritos en cuneiforme en tablillas de arcilla incluyendo las versiones más antiguas de obras literarias como la Historia de la Creación y la Epopeya de Gilgamesh, así como documentos administrativos, legales, médicos, comerciales y textos escolares.

Nippur tenía un arte muy fino hecho con metales y piedras preciosas, maderas y conchas exóticas, así como un comercio muy desarrollado con Egipto, Irán, e India. Además, Nippur tenía varios templos como el de Ekur en honor al dios Enlil, el dios principal del panteón mesopotámico.

La ciudad llegó a tener una extensión de 135 hectáreas con una población de 40 mil habitantes y estaba también amurallada. Nippur se consideraba una ciudad sagrada, lo que le permitió sobrevivir a varias guerras. La ciudad recibía grandes donaciones de los gobernantes de la región, quienes, según la mitología sumeria, necesitaban el apoyo del dios Enlil de Nippur para lograr y mantener su reinado.

La ciudad durante su largo periodo de existencia llegó a ser de mucha influencia en el poder religioso, intelectual y político de la región. Llegó a ser también centro de convergencia de otras culturas de la región como la sumeria, la acadia y la babilónica. Toda esto fue debido a que tenía una ubicación geográfica muy importante entre las otras ciudades de Mesopotamia.

Sin embargo, unos 4.100 años atrás, el rey Ur-Nammu de Ur reconstruyó el santuario de Enlil de Nippur y después, Hammurabi se convirtió en rey de Babilonia hace unos 3,7 mil años y Babilonia se convirtió en el nuevo centro religioso de Mesopotamia y reemplazó la importancia de Nippur y esta terminó siendo abandonada hace unos 2.800 años.

Lagash fue una ciudad al este de Uruk, cerca de la desembocadura del Éufrates y el Tigris en el golfo Pérsico. Al principio Lagash era un pueblo ubicado al sureste de otro pueblo llamado Girsu, pero luego estos dos pueblos se convirtieron en uno solo bajo el nombre de Lagash, cuya fundación data de unos 7.000 años atrás. Sin embargo, logró su gran desarrollo entre unos 4.500 y 4.300 mil años atrás durante las dinastías de Ur-Nanshe y Urukagina.

Entre las obras de arte más importantes de Lagash se encuentran: la estela de los buitres y el jarrón de plata del rey Entemena, sucesor de Eannatum. La estela de los buitres fue una piedra caliza tallada mostrando algunos buitres y varias batallas y escenas religiosas. Este monumento fue levantado para conmemorar la victoria del rey Eannatum, nieto del rey Ur-Nanshe, sobre la vecina ciudad de Umma en una de las primeras guerras del mundo.

Lagash posteriormente perdió su independencia a manos de los acadios y finalmente quedó bajo el control de Sargón I unos 2.300 años atrás. Sin embargo, después de más de un siglo, Lagash logró otro gran momento con el gobierno de Gudea, hace unos 2.200 años. Este gobernador sujeto a su vez al pueblo guerrero de Guti, el cual controlaba parte de Babilonia desde unos 4.200 mil años atrás. Durante el gobierno de Gudea se construyó el templo en Eninnu dedicado al dios Ningirsu, hijo del dios supremo Enlil.

Larsa fue una ciudad de Sumer a orillas del rio Éufrates que existió hace unos 5.000 años a unos 24 Km al sureste de Uruk. Al principio, unos 4.000 años atrás, Larsa dependía de Ur. Sin embargo, logró independizarse de Ur y formar su propia dinastía con el rey amorreo Naplanum antes de la destrucción de Ur a manos de los elamitas. Con el rey Naplanum, Larsa logró su apogeo haciendo mucho progreso. Larsa se constituyó en ciudad-estado y estaba situada entre dos enemigos: Isin y Elam.

Un siglo más tarde, Larsa obtuvo un gran ascenso político gracias a la dinastía del rey Gungunum, el cual extendió su control hasta las ciudades de Isin, Ur, Uruk, Eridu y Lagash, así como también extendió su control a la capital de Elam. El rey Gungunum se auto proclamó rey de Sumer y Acad, la parte sur de Mesopotamia y después conquistó Nippur y Kish convirtiendo un reino hegemónico en la zona.

Hace unos 3.800 años, un rey que se cree era amorreo llamado Kudur-Mabuk tomó el poder de Larsa y puso en el trono a su hijo Warad-sin. Con él, Larsa logró arrebatar a Isin el control de Nippur hasta que Nippur se independizó en un corto tiempo. Los amorreos eran gente belicosa que ocuparon Siria, Canaán y la región al oeste del rio Éufrates.

Al rey Warad-sin le sucedió Rim-Sin. Durante su reino, Larsa logró su mejor momento. Rim-Sin fue el último gran rey de Larsa, quien logró controlar a Uruk e Isin y con ello tuvo el control de la región de Sumer. Durante este periodo se desarrollaron grandes proyectos de construcción de templos y canales de riego para la agricultura. También floreció el arte y la literatura. Rim-Sin fue el rey más poderoso hasta su caída a manos del rey Hammurabi unos 3.700 años atrás.

Kish fue una ciudad ubicada entre los ríos Tigris y Éufrates, en un punto muy cerca de estos dos ríos, a 13 Km al este de Babilonia en el Irak actual. Kish fue fundada hace unos 5.200 años, pero fue devastada por el gran diluvio de hace unos 4.900 años atrás. Sin embargo, se recuperó y se convirtió en una ciudad prominente al tener la ventaja sobre el caudal de los sistemas de riego de los ríos Tigris y Éufrates, mejor que las otras ciudades ubicadas ríos abajo.

La lista de reyes de Kish enumera unos cuantos, como Jushur, quien sería el primero, seguido por Kullassina-bel, después Etana, etc., pero el único rey que ha sido verificado por la arqueología fue Enmebaragesi, el vigésimo primer rey de la lista. Hace unos 4.300 años, Sargón de Acad se proclamó rey de Kish.

Umma fue otra ciudad sumeria al noreste de Uruk que surgió unos 4.400 años atrás. Fue muy conocida por su largo conflicto fronterizo con Lagash. Sin embargo, al enfrentarse en esta oportunidad el triunfo seria para Umma bajo el reinado del rey Lugalzagesi. Con este rey Umma alcanzó su punto más fuerte hace unos 4.300 años atrás, al conquistar las ciudades de Lagash y Kish para después tomar el control de Ur y Uruk.

Con sus conquistas Lugalzagesi unificó la región de Sumer y luego extendió su dominio hasta las costas del mediterráneo. Su reinado de 25 años terminó cuando cayó ante Sargón de Akkad unos 4.300 años atrás y Umma pasó a ser parte del reino de los acadios. El patrón de Umma fue Shara, un dios menor de la guerra, que según se cree era el hijo de Inanna.

Isin fue un pequeño pueblo que creció hasta convertirse en ciudad unos 4.500 mil años atrás. Estuvo ubicada a 32 Km de Nippur. Su primer gobernante fue Ishbi-Erra hace unos 4 mil años. Isin logró repeler a los elamitas y así logró el control de Ur y Uruk, así como también el centro espiritual de Nippur.

Isin floreció por más de un siglo. Llegó a ser una ciudad-estado con sus templos, edificios públicos y su código de leyes publicado por el quinto rey de Isin Lipit-Ishtar durante su reino desde 3.900 a 2.000 años atrás; un siglo antes que el código de Hammurabi en Babilonia. Isin logró acumular grandes ingresos debido a las lucrativas rutas comerciales hacia el golfo pérsico.

La ciudad de Isin fue muy poderosa, al igual que Larsa, las cuales competían con muchas otras ciudad-Estados para esa época. Sin embargo, hace unos 3.700 años, Isin terminó en manos de Larsa primero y después en las manos de Babilonia. Con la caída de Isin, terminó el poder de Sumer, el cual pasó a sus sucesores los amorreos. Estos que habían estado asentándose en la región por siglos, asimilaron la cultura sumeria y luego fundaron su propias ciudades como Babilonia, Ebla y Hamath.

Las ciudades de Nippur, Lagash, Larsa, Umma, Kish e Isin también se convirtieron en ciudades-estados para formar la civilización sumeria, la primera civilización de Mesopotamia y el mundo. Sin embargo, todas las ciudades-estados de Sumer trataron de competir por el poder de la región. Mientras tanto otras ciudades más al norte de Mesopotamia surgirían y se harían también muy importantes. Entre estas ciudades tenemos: Babilonia, Sippar y Acad.

Babilonia fue una ciudad del centro-norte de Mesopotamia que fue fundada unos 4.300 años atrás por gente que hablaban un lenguaje diferente al sumerio: el acadio. Babilonia estaba ubicada a orillas del rio Éufrates en el Irak de hoy a unos 94 Km de Bagdad. Poco después de su fundación, se inició el reinado de Sargón de Acad, también conocido como Sargón el Grande. Sin embargo, Babilonia se convirtió en una potencia militar bajo la dinastía del rey amorreo Hammurabi unos 3.700 mil años atrás. Babilonia al final de la edad de bronce tenía una población de unos 55 mil habitantes.

Hammurabi luego conquistó las ciudad-Estados de Sumer incluyendo Isin, Larsa, Ur, Uruk, Nippur, Lagash, Eridu, Kish, entre otras, y formó un régimen unificado con el sur y el centro de Mesopotamia, llamando a toda esta región: Babilonia. Así creó el imperio babilónico. También conquistó Elam al este y Mari y Elba al noreste. Hammurabi le dio a Babilonia su gran poder e influencia. Construyó las murallas de la ciudad y creó uno de los códigos de leyes escritos más completos del mundo conocido como el famoso código de Hammurabi.

Este código es considerado como uno de los primeros intentos de legislación de la humanidad que fue escrito sobre una piedra o estela de basalto de 2,25 metros de alto hace cerca de 3.700 años. En la parte superior de la estela aparece el rey Hammurabi recibiendo las leyes del dios Marduk y por debajo de esta escena aparecen las leyes. El código consistía en 282 leyes sobre castigos a los ciudadanos según su estatus social por delitos cometidos. Se considera que el código se fundamente en la Ley del Talión, pues el castigo impuesto es proporcional al delito cometido como un principio de justicia, al que la biblia expresa como: "ojo por ojo, diente por diente".

Hammurabi convirtió a Babilonia en el nuevo centro religioso, reemplazando a Nippur y Eridu. Pero, después de la muerte de su gran rey, Babilonia se derrumbó y se volvió un pequeño reino hasta que fue saqueada unos 3.500 mil años atrás por los hititas procedente de la región de Anatolia en la Turquía de hoy.

Después de los hititas le siguieron los casitas, gente que se cree procedían del suroeste de Irán. Mas tarde, los asirios le siguieron a los casitas y dominaron la región con el rey asirio Senaquerib hace unos 2.700 años. Sin embargo, Babilonia se reveló y Senaquerib hizo saquear y arrastrar la ciudad a las ruinas. Poco después de esto, Senaquerib fue asesinado por sus hijos. Sin embargo, el sucesor de Senaquerib, el gobernante Esarhaddon unos 2.600 años atrás inicio la reconstrucción de Babilonia llevándola a su nivel glorioso de antes. Pero, unos años después, Asurbanipal de

Nínive tomó la ciudad, aunque esta se alzó en contra sin éxito.

Después de la caída del imperio asirio, Babilonia fue gobernada por un caldeo llamado Nabopolassar, quien creó el imperio Neo-Babilónico. Con el hijo de Nabopolassar, el rey Nabucodonosor II, Babilonia inició un periodo de florecimiento convirtiéndose en un estado muy poderoso después de derrotar a los asirios en Nínive hace unos 2.100 años. Durante el imperio Neo-babilónico se construyeron muchos edificios lujosos y se restauraron obras de arte del imperio antiguo.

La obra de arte más famosa de este periodo fue la Puerta de Ishtar, la cual era la entrada principal al centro de la ciudad. El portal estaba decorado con ladrillos esmaltados de azul brillante y adornados con imágenes de toros, dragones y leones. La puerta de Ishtar daba paso a la gran vía procesional de la ciudad, un corredor decorado de media milla que se utilizaba en los rituales para celebrar el año nuevo babilónico. El año nuevo comenzaba con el equinoccio de primavera y marcaba el comienzo de la actividad agrícola.

También en este periodo, se fortificó aún más las murallas de la ciudad con tres anillos de muros adicionales de 12 metros de altura. Nabucodonosor II también construyó una serie de santuarios siendo el más grande el Esagila, un zigurat dedicado al dios Marduk. Se cree que este zigurat pudo haber sido la llamada Torre de Babel de la biblia.

También seria este famoso rey quien construyera los famosos Jardines Colgantes de Babilonia como un obsequio a su esposa Amytis para compensar por su nostalgia de esta por la gran vegetación y montañas con cascadas de su región natal, aunque aún no se ha encontrado evidencia de su existencia en Babilonia. Estos jardines, según se dice, tenían una exuberante vegetación con cascadas en las terrazas del jardín de 23 metros de altura. Tenían plantas exóticas, hierbas y flores con fragancias impresionantes. Esta maravilla de los jardines colgantes debió contar con una gran obra de ingeniería de irrigación para llevar el agua del rio hasta las terraza superiores.

También pudo haber sido durante el reinado de Nabucodonosor II cuando los miles de judíos fueron tomados del reino de Judá de la ciudad de Jerusalén, según la biblia, y que se habían mantenido cautivos por casi un siglo en Babilonia, hasta que mucho después regresaron a su tierra de origen.

Después de la muerte de Nabucodonosor II, Babilonia continuó con su ritmo normal de ciudad importante. Sin embargo, en menos de un siglo, hace unos 2.500 años, el imperio Neobabilónico cayó a manos del rey persa Ciro el Grande. Babilonia pasó al control de los persas. Bajo el dominio de los persas, Babilonia floreció como centro de arte y educación. Las matemáticas, la cosmología y la astronomía lograron grandes desarrollos.

Sin embargo, un par de siglos después, el imperio persa cayó ante Alejandro Magno unos 2.300 años atrás y después de su muerte, Babilonia fue decayendo hasta terminar en ruinas y toda su gloria fue sepultada por el tiempo bajo las arenas de la región.

Las otras ciudades que también existieron al norte de Babilonia fueron Acad, Sippar y Mari. Acad fue una ciudad ubicada en la orilla del rio Éufrates. Los acadios fueron un pueblo nómada de origen semita de la península arábiga, de la región más cercana al mar Mediterráneo que llegaron al Creciente Fértil atraídos por su prosperidad. Se establecieron en el norte de Mesopotamia por la ciudad de Kish. Con el tiempo llegaron a formar una ciudad importante con Kish incluida.

Según la leyenda *Acad* fue fundada por el rey Sargón el Grande, quien gobernó por más de medio siglo, hace unos 4,3 mil años atrás. La ciudad de Acad fue la sede del imperio

Acadio, el primero del mundo, el cual gobernó toda la región de la antigua Mesopotamia. Sin embargo, antes de Sargón, el rey Lugalzagesi de Uruk había logrado unificar bajo su gobierno a la región de Sumer. Pero este fue derrotado por Sargón, quien impuso su dominio a mayor escala y mejorando el modelo de Uruk. Sargón conquistó todo el sur de Mesopotamia, parte de Siria, Anatolia y Elam, lo que más tarde sería el Irán occidental. También estableció la primera dinastía o sucesión de reyes semitas. Sargón fue considerado el fundador de la tradición militar de Mesopotamia.

La ciudad de *Sippar* estaba ubicada al suroeste de Bagdad de hoy. Sippar era parte de la primera dinastía de Babilonia, pero después hace unos 3.200 años fue saqueada por el rey elamita Kutir-Nahhunte. Luego se recuperó, pero más tarde fue tomada por el rey Tiglath-Pileser I de Asiria. Sin embargo, alrededor de unos 2.800 años atrás el rey Nabu-apla-iddina de la octava dinastía de Babilonia reconstruyó el gran templo de Shamash.

Mari fue una ciudad ubicada cerca de las orillas del rio Éufrates al norte de Mesopotamia cerca de la Siria de hoy. Surgió durante la edad de bronce en donde se trabajaba el cobre y el bronce hasta llegarse a constituir en un gran centro comercial entre Babilonia al sur de Mesopotamia y las Montañas Taurus ricas en recursos de la Turquía de hoy. Mari se mantuvo como centro importante del norte de Mesopotamia por unos 1.200 años hasta que llegó el rey Hammurabi de Babilonia y destruyó la ciudad unos 3.700 años atrás.

Otras de las ciudades que se desarrollaron en el norte de Mesopotamia en la región de Asiria fueron: Ashur, Nínive y Dur-Sharrukin. La ciudad de *Ashur* estaba ubicada en la orilla del rio Tigris. Al principio era parte de Babilonia y luego fue la primera capital de Asiria hasta unos 2.900 años atrás. Pero más tarde Asiria con su capital Asur fue tomada y destruida por los medos, quienes eran procedentes del actual Irán hace unos 2.600 años atrás.

Los medos también tomaron a *Nínive*, la cual fue la ciudad más antigua y poblada del imperio asirio. Nínive llegó a tener unos 100 mil habitantes en la edad del hierro, hace unos 2.700 años. Estaba situada a la orilla del río Tigris en donde se interceptaban importantes rutas comerciales del norte-sur y este-oeste de la región.

Dur-Sharrukin fue una ciudad situada al noreste de Nínive. Construida por el rey Sargón II de Asiria hace unos 2.700 años atrás. Era una ciudad amurallada con 7 puertas fortificadas. También tenía el templo del dios Nabu, el palacio real y muy buenas casas para los oficiales importantes. Dur-Sharrukin llegó a su fin con la muerte en batalla de Sargón II.

Las primeras ciudades se originaron en el sur de Mesopotamia, en la región de Sumer y luego se fueron extendiendo hacia el norte de Mesopotamia. También aparecieron ciudades en Egipto, en el otro extremo de la Media Luna Fértil.

En Egipto encontramos que sus primeros habitantes llegaron del desierto del Sahara y se asentaron a las orillas del rio Nilo. Estos primeros habitantes se fueron organizando en un tipo de provincias llamados nomos, los cuales llegaron a formar dos reinos gobernados cada uno por un faraón. Estos dos reinos eran: el Alto Egipto en el sur y el Bajo Egipto en el norte. El Alto Egipto estaba formado por 22 provincias, siendo las importantes Hieracómpolis, Abidos y El Kab. Su faraón usaba una corona blanca; mientras que el Bajo Egipto estaba formado por 20 provincias, de las cuales las más importantes fueron Buto, Sais, Menfis, Merimde. Su faraón usaba una corona roja.

Sin embargo, unos 5.100 años atrás, el faraón Menes del alto Egipto invadió el bajo Egipto y unificó los dos reinos y desde entonces el faraón uso una corona blanca y roja, convirtiéndose en el primer el faraón de la primera dinastía de las treintas que gobernaron a Egipto hasta que los persas conquistaron a Egipto.

Mas tarde, las primeras ciudades continuaron extendiéndose hasta salir del Medio Oriente y llegar a la India y China. Mientras que por el norte del Mediterráneo las primeras ciudades salieron hacia el Egeo y los Balcanes hasta llegar a Europa. Y después por el resto del mundo hasta formar las primeras civilizaciones.

2

LAS PRIMERAS
CIVILIZACIONES

En este capítulo estaremos hablando sobre las primeras
civilizaciones incluyendo la de Mesopotamia, Egipto, India,
China, así como también las otras culturas y civilizaciones
occidentales como la cultura Fenicia, la civilización Griega,
la cultura Hebrea, el imperio Romano, y las culturas
Americanas como la Maya, la Azteca y la Inca.

Las primeras civilizaciones fueron las de
Mesopotamia y Egipto en la Media Luna Fértil del Medio
Oriente. Las de Mesopotamia incluían la civilización
Sumeria, la Acadia, la Babilónica y la Asiria. Después
surgieron las civilizaciones de la India, China y más tarde, las
otras culturas y civilizaciones alrededor y más allá del mar
Mediterráneo.

La civilización se originó en Summer, Mesopotamia
una región con abundante agua, pero no tenía madera ni
piedra para construir edificaciones, ni tampoco metales para
fabricar herramientas y armas. Sin embargo, los Sumerios
para lograr su gran desarrollo utilizaron lo único que tenían
disponible: el agua y el barro. Con su única materia prima
formaron la arcilla, con la cual fabricaron sus ladrillos para
iniciar la construcción de su gran arquitectura. Mas tarde,

obtuvieron otras materias primas como la madera y los metales cuando desarrollaron la capacidad de traerlas de otros lugares. Desde Sumer la civilización se extendió por el resto de Mesopotamia y el mundo.

2.1   LA CIVILIZACION MESOPTAMICA

Mesopotamia, la región al suroeste del continente asiático, en el Creciente Fértil, entre los ríos Tigris y Éufrates; estaba conformada por dos grandes regiones: al norte, en la parte montañosa, estaba Asiria y Acad; mientras que al sur, en la parte pantanosa, en la desembocadura de los ríos Tigris y Éufrates, estaba Sumer.

Mesopotamia llegó a tener el clima y los recursos para albergar los inicios de nuestra civilización a través de su gente, la cual se había establecido en esta región desde hace unos 16 mil años, viviendo de la recolección de frutos salvajes, de la caza y de la pesca, y formando pequeños asentamientos con chozas circulares. Unos 6 mil años más tarde, esta gente formó comunidades agrícolas y vivía de la agricultura y la cría de animales. Estas comunidades agrarias comenzaron de manera dispersa en el norte de Mesopotamia y se fueron extendiendo hacia el sur hasta la región de Sumer en donde lograron un gran desarrollo hasta convertirse en las primeras ciudades.

Summer era una región con abundante agua y frutos y animales silvestres, pero carecía de madera y piedra para construir edificaciones, ni metales para fabricar herramientas y armas. Sin embargo, los sumerios se las arreglaron muy bien para tener un gran desarrollo utilizando la arcilla como su gran materia prima, con la cual fabricaban sus ladrillos de adobes para iniciar la construcción de su gran arquitectura.

Sobre las otras materias primas como la madera, los metales y piedras preciosas; desarrollaron la capacidad de traerlas de otros lugares. Mesopotamia fue la primera civilización en desarrollarse, según los hallazgos arqueológicos encontrados hasta ahora. El origen de esta civilización se remonta a casi unos 6 mil años atrás. Empezando en el sur de Mesopotamia, específicamente en la región de Sumer, en donde se desarrolló un sistema urbano que dio origen varios adelantos técnicos. Ese gran desarrollo dio inicio a la civilización sumeria, la primera del mundo, la cual se extendió por el resto de Mesopotamia: Babilonia, Acad y Asiria.

Sobre la civilización mesopotámica estaremos cubriendo en detalles, su sociedad y desarrollo, su religión, las ciencias, su arte y sus imperios.

La Sociedad y su Desarrollo

En Mesopotamia surgieron los primeros inventos que nos cambiarían la vida para siempre. Entre estos inventos tenemos: el ladrillo de adobe y el arco arquitectónico para construir las primeras casas en las primeras ciudades. Además, se inventó la rueda, los veleros, los mapas, la escritura, las leyes escritas, las ciencias, el sistema sexagesimal y hasta el concepto del tiempo. Mesopotamia inició el desarrollo de la civilización en el Medio Oriente, la cual luego se propagó por el resto del mundo.

Las primeras ciudades sumerias, como Eridu, Ur, Uruk y Nippur datan de unos 7 mil años atrás. Mas tarde surgen las ciudades de Lagash y Kish. Todas ellas se convirtieron en ciudades-estado y hablaban el lenguaje sumerio.

Uruk fue la más importante debido a su gran desarrollo. Esta ciudad, era ya unos 5,2 mil años atrás, un importante centro urbano. Su crecimiento fue el producto de la fusión de asentamientos para crear la ciudad. Unos 5 mil años atrás, Uruk era una mega ciudad, con un área de unas 225 hectáreas y unos 50 mil habitantes. Uruk tenía grandes murallas para proteger la ciudad. Además, tenía sus zigurats, unas estructuras en forma de pirámide truncada en cuyo tope estaban unas plataformas en donde funcionaban los templos y centros de adoración. La ciudad tuvo varios gobernantes, pero el más famoso fue Gilgamesh. El desarrollo de Uruk luego se fue esparciendo por el resto de las ciudades que conformaban el territorio de Mesopotamia.

La civilización mesopotámica hizo grandes progresos en lo económico, político y social. En lo económico, introdujeron grandes avances en la agricultura, la base de su economía. Se cultivaban cereales como trigo y cebada, además de uvas y palmeras. Se utilizaba el arado tirado por bueyes y la hoz para segar. Los sumerios lograron tener un buen dominio del agua de los ríos, al punto de ser capaces de construir diques para contener las inundaciones y canales de riego para una agricultura de regadío para obtener grandes cosechas. La otra parte de su economía la constituía la cría de animales, principalmente ovejas para el alimento y vestido de la población, bueyes para el trabajo de la agricultura y burros para el transporte de los productos agrícolas principalmente.

En lo político y lo social, fueron los primeros en crear ciudades organizadas e independientes llamadas ciudad-Estados regidas por un gobernador llamados *Patesi*. Este era considerado como un representante de dios, quien se encargaba de regular las actividades necesarias para el buen funcionamiento de la ciudad como la distribución del agua, la conservación de los canales, la defensa de la ciudad y la administración de justicia.

Con el tiempo, el Patesi tomó el título de rey y conformaba la parte alta de las clases sociales. Después le seguían los sacerdotes, quienes controlaban el poder económico de los templos y los grandes propietarios de tierras. Luego estaba la parte del pueblo, formado por los pequeños propietarios y arrendatarios de tierras, quienes eran hombres libres que con sus impuestos debían mantener la administración y el templo. Por último, en la escala social estaban los esclavos, a cuya condición habían pasado por deudas o por ser prisioneros de guerra.

Las ciudad-Estados tenían sus propias leyes. Las normas por las que se regían, se grababan en piedras o estelas que se colocaban a la entrada de la ciudad. Algunas de ellas han llegado a hasta la actualidad, como la estela del Código de Hammurabi de unos 3,7 mil años atrás. En esta estela aparece el dios Shamash entregando las leyes al rey Hammurabi.

La Religión

En cuanto a la religión de la civilización mesopotámica, esta era politeísta ya que su gente creía y rendía culto a varios dioses que representaban las fuerzas de la naturaleza como el Sol, la Luna y las estrellas. Para adorar a sus dioses al principio construyeron los zigurats en el sur específicamente en Sumer, unas importantes estructuras arquitectónicas de ladrillo. Los zigurats eran templos construidos en honor a los dioses y su cúspide era utilizada como altar para la adoración y la ofrenda a los dioses. Debido a su altura y sus techos abiertos, estos templos también sirvieron como los primeros observatorios astronómicos. Los templos albergaban el poder religioso y alrededor de ellos, se agrupaban las instituciones del poder político y administrativo.

Entre los dioses más importantes estaban: Anu dios del cielo; Enlil, dios de las tempestades y los vientos; Enki dios de los ríos; Sin el dios de la luna; Ishtar diosa de la guerra y del amor; Shamash dios del sol y la justicia. Además, existían los dioses protectores y casi cada ciudad tenía uno. Marduk era el protector de Babilonia, así como el dios Asur era el protector de la capital de Asiria. Los dioses mesopotámicos eran concebidos a imagen y semejanza de los seres humanos.

Las Ciencias

En Mesopotamia se desarrollaron las ciencias y el arte. Las ciencias incluían las matemáticas, astronomía, medicina, ingeniería, etc. En cuanto a las matemáticas, los babilónicos destacaron en geometría y álgebra. Hace unos 4,5 mil años ya se había desarrollado en Babilonia el sistema sexagesimal, el cual tiene como base el número 60 y era usado para medir el tiempo. Mas tarde, unos 4,0 mil años atrás surgió el sistema decimal con base a 10; el cual era utilizado en el comercio y la contabilidad. También desarrollaron sistemas de numeración con los cuales podían sumar y restar, pero no multiplicar ni dividir. Para poder realizar estas dos últimas operaciones desarrollaron tablas de multiplicar y dividir. Mas adelante, también desarrollaron tablas para sacar raíces cuadradas y cubicas. También ya sabían trabajar con las fracciones.

También desarrollaron los babilónicos un sistema de medidas de longitud, área, peso y volumen. La unidad estándar de longitud más pequeña era el *Digito*, equivalente a 1,65 centímetros. La unidad de área era el *Sar*, equivalente 36 metros cuadrados. La medida de peso era el *Gin* equivalente a 8 gramos. La medida de volumen era el *Sila* equivalente 0,82 litros. También tenían una medida agraria llamada *Gur*, la cual era aproximadamente igual a unos 250 kilos de granos. Este sistema de medidas fue clave para el desarrollo que alcanzaron los mesopotámicos en el comercio con otras regiones. Aunque aún no existía la moneda como la conocemos hoy, pero si utilizaban barras de metal con una marca indicando su peso, lo cual se usaba como moneda en los intercambios comerciales. El concepto de moneda surgió en Babilonia.

En cuanto a la astronomía, surgió con una larga serie de observaciones de los cielos desde lo alto de los zigurats. Para ese entonces se había desarrollado una forma simple del reloj de sol. Los primeros astrónomos eran sacerdotes ligados al poder político. Estos estudiaron la trayectoria de la luna en el cielo y detallaron su movimiento cíclico con el objeto de predecir los *eclipses*, pues estuvieron intrigados por la desaparición de la luna durante esos eventos, ya que temían que, en uno de esos eclipses, su civilización pudiera desaparecer también junto con la luna. Los mesopotámicos establecieron que los eclipses lunares tenían una periodicidad de 18 años aproximadamente.

También en sus observaciones, detallaron la trayectoria que el Sol, la Luna y la de los planetas, vistos desde la Tierra, recorrían en el firmamento. De esta manera inventaron el *Zodiaco*, como una zona del firmamento a través de la cual pasa la eclíptica o la trayectoria elíptica del Sol alrededor de la Tierra. El Zodiaco se divide en 12 partes iguales que representan cada una a una constelación identificada con sus respectivos signos: Aries, Tauro, Gemines, Cáncer, Leo, Virgo, Libra, Escorpio, Sagitario, Capricornio, Acuario y Piscis.

Además, los Mesopotámicos hicieron importantes observaciones basadas en los movimientos de la Luna y de los planetas. De estas observaciones lograron relacionar las fases y ciclos del calendario lunar con las estaciones del año reguladas por el curso del Sol. Así, lograron determinar el *año solar* con una diferencia de solo cuatro minutos.

En cuanto a la medicina, los Mesopotámicos creían mucho en sus dioses para sanar algunas de sus enfermedades. Sin embargo, también solían consultar a un médico para ciertas otras enfermedades. Este médico era capaz de observar los síntomas de esas enfermedades, formular un diagnóstico y administrar una solución terapéutica a base de sustancias minerales disueltas o trituradas. Mesopotamia fue la cuna de las primeras civilizaciones en desarrollar los primeros instrumentos quirúrgicos.

En la ingeniería, Mesopotamia también hizo grandes alcances en la irrigación y la agricultura, en la construcción de sistemas de canales, diques, compuertas y almacenamientos de agua. La preparación del terreno para la construcción de estas obras requería de instrumentos de nivelación, varillas de medición, dibujo y mapeo.

El Arte

En cuanto al arte mesopotámico, este estaba representado por obras como sellos cilíndricos, estelas, esculturas en relieve, tumbas artísticamente decoradas, etc.; realizadas en los diferentes pueblos o regiones de Mesopotamia. El arte se realizaba en base a los recursos naturales de los que se disponía tales como piedras, conchas, mármol, alabastro, piedra caliza, etc. El arte de la región de Sumer está muy bien representado por el *Estandarte de Ur*, el cual es una caja de forma trapezoidal con dos paneles: delantero y trasero, de tres bandas cada uno. Uno de los paneles representa la guerra y el otro la paz. Esta obra fue hecha con conchas, lapislázuli y piedra caliza con el propósito de representar la conquista de una civilización y la serenidad de la victoria.

La obra más importante del arte Acadio está representada por la *Estela de la Victoria de Naram-Sin* en Sippar, la cual fue la primera obra artística que representó a un hombre como sinónimo de un dios. En esta obra hecha de arenisca, Naram-Sin se muestra físicamente por encima de todas las figuras de la estela, estableciéndose, así como la persona más importante. También lleva una corona de cuernos y se encuentra de pie bajo las estrellas que están lo suficientemente cerca del gobernante para hacer ver lo cerca que estaba del cielo. La obra pretende hacer ver la divinidad de Naram-Sin.

En cuanto a la obra más representativa del arte de Babilonia tenemos a la Puerta de *Ishtar*. Esta es sin duda alguna, una de las obras más impresionantes y conocidas del arte mesopotámico. Está hecha de ladrillos azules y decorada alternativamente con imágenes de dragones y ganado salvaje. Fue mandada a hacer por el rey Nabucodonosor II y fue considerada en su época como una de las 7 Maravillas del Mundo. Esta puerta fue dedicada a la diosa babilónica Ishtar y tuvo un papel importante en las festividades religiosas de la Antigua Babilonia.

La obra más importante del arte hitita es la *Estela de Hammurabi*, la cual representa el conjunto de leyes que el rey hitita Hammurabi de Babilonia impuso y promulgó entre los ciudadanos de su reino. Es el primer código de leyes escrito de la historia y un magnífico ejemplo de cómo la sociedad dependía del arte para lograr organización, estructura y educación. Hammurabi creía que había sido elegido por dios para hacer cumplir sus leyes divinas, para mostrar esta relación con la divinidad, el rey hitita ordenó la confección de una escultura que le representara a él mismo dialogando con lo divino justo encima del listado o código de leyes que impuso.

El arte Asirio está representado por la *Estatua de Lamassu*, la cual es una combinación del cuerpo de un toro con las alas de un águila y la cabeza coronada de un hombre, representando la protección definitiva contra el mal. Esta estatua fue muy utilizada como protector permanente de muchos pueblos del Creciente Fértil.

Los Imperios

Al principio, a medida que algunos de nuestros antepasados se hacían más sedentarios y se establecían en alguna parte tomando un lote de tierra para trabajarla y así producir su propio alimento, algunos otros que aun andaban como nómadas alrededor y al llegar a ese lote de tierra tomada por otros humanos, los nómadas tendían a tomar los alimentos y algunas otras cosas que veía en esa tierra. Pero los que habían tomado esa tierra antes, la sentían como su propiedad y todo lo que en ella estuviera por lo que la defenderían hasta con su vida. Esto originaría unas de las primeras disputas y peleas entre los seres humanos.

A medida que los pueblos se desarrollaban y prosperaban, estos eran de gran atractivo de los amigos de lo ajeno que de alguna forma trataban de satisfacer su necesidades básicas de alimentación y protección con el menor esfuerzo posible. Esto trajo como consecuencia que los pueblos se prepararan para defenderse, surgiendo así los primeros soldados. Con el tiempo estos pueblos prosperaron hasta convertirse en ciudades y que, con el descubrimiento de los metales, especialmente del hierro, lograron formar las primeras civilizaciones. Esto resultó en la formación de los primeros ejércitos armados con lanzas, hachas, dagas, puñales y espadas, y además, protegidos con cascos y escudos, dando inicio a las guerras para defenderse.

Con el tiempo las guerras se harían más frecuentes logrando que surgiera la cultura de la guerra, la cual sería usada por algunas ciudades o territorios para extender su dominio territorial y así obtener espacios irrigados o estratégicos, o lograr más alimentos para sostener el crecimiento de su población. También, las guerras serían usadas para hacer frente a la coerción permanente de algunos grupos dominantes, o para rechazar a otros pueblos merodeando en los límites de sus valles fluviales con la intención de apoderarse de sus recursos. Todo esto estimuló una cultura militar de gran envergadura, lo que hizo surgir el mandato y la obediencia para formar líderes y seguidores.

La primera guerra de gran envergadura se originó en Mesopotamia entre las ciudades sumerias de Lagash y Umma hace 4,5 mil años y duró más de un siglo. Esta guerra ha quedado representada en la Estela de los Buitres de Lagash como conmemorativo del rey Eannatum de Lagash.

Las guerras hechas por una cultura militar de gran envergadura dieron paso al inicio de los imperios como una forma de organización política constituida por el poder de un estado que domina otros estados o territorios conquistados. El poder del imperio es ejercido por un rey, monarca o emperador, el cual ejerce todo tipo de autoridad. Los primeros imperios del mundo surgieron en Mesopotamia, entre los cuales figuran: el acadio, el babilónico y el asirio.

El primer imperio fue el acadio entre 4,3 y 4,2 mil años atrás. Los acadios eran nómadas originarios de la península arábica y que se movieron hacia Mesopotamia durante la prosperidad de esta región. Su primer monarca y el primero de la historia fue Sargón, quien logró conquistar y unificar el sur de Mesopotamia bajo su mandato. Se cree que Sargón surgió después de ser un sirviente del rey Ur-Zababa de Kish y que luego se reveló contra este y se quedó con el trono. Después de hacerse con el poder adoptó el nombre de Sargón. La sucesión del poder por sus descendientes o dinastía de Sargón de Acad tuvo varios gobernantes y fue la primera dinastía de la historia que dominó pueblos de diferentes culturas. La caída del imperio acadio se precipitó hace unos 4,2 mil años con las invasiones de un pueblo llamado Guti del este del rio Tigris con gente que vivían en los Montes Zagros.

El imperio babilónico data de entre 3,8 y 2,5 mil años atrás. Este imperio fue uno de los más importantes del mundo pues Babilonia, su capital, era una ciudad muy sofisticada con grandes desarrollos en obras de arquitectura y en las ciencias. El imperio se extendió desde Sumeria en el sur hasta Asiria en el norte. La influencia de los pueblos del imperio llevó a Babilonia a convertirse en el centro cultural más poderoso de su tiempo. Sin embargo, a pesar de esa influencia, Babilonia conservó su idioma nativo, el acadio y escribían en cuneiforme, el sistema de escritura de los sumerios. Babilonia también tenía una organización política muy avanzada. Era una monarquía controlada por un rey, quien estaba a cargo de administrar y dirigir al pueblo. Además, existían otros grupos de cierto poder como los sacerdotes, los militares, los comerciantes y propietarios de edificaciones, y por último estaban los esclavos.

El imperio Babilónico se dividió en dos partes: el primer imperio antiguo o Paleo-babilónico y el segundo o nuevo imperio también llamado Neo-babilónico. El primer imperio estuvo conformado por los amorreos, quienes eran de un pueblo de origen semita formados a su vez por tribus nómadas muy agresivos que vivían en Siria y Canaán. El rey más famoso del imperio antiguo fue Hammurabi, quien gobernó por 42 años hasta hace 3,7 mil años.

Hammurabi es muy conocido por su famoso código de leyes. También puso en marcha sistemas de defensa muy eficientes, administración de justicia, recaudación de impuestos, control del comercio y la agricultura. Durante el imperio antiguo florecieron en Babilonia las artes y las ciencias. Después de la muerte de Hammurabi, Babilonia sufrió varios ataques hasta que finalmente la ciudad fue saqueada hace 3,6 mil años atrás cuando los hititas, procedentes de Anatolia, invadieron a Babilonia y la saquearon.

Sin embargo, no fueron los hititas, sino los casitas procedentes del este quienes tomaron el poder. Durante los siguientes 440 años los reyes casitas gobernaron a Babilonia hasta que fueron expulsados unos 3,1 mil años atrás.

Babilonia se vio sumergida en una época de turbulencia y caos hasta hace unos 3 mil años. Los asirios del norte saquearon a Babilonia y después tomaron el poder, pero el imperio asirio estaba en pleno declive y luego hace unos 2,6 mil años llegó un general llamado Nabopolassar, nativo de caldea, una región al sur de Babilonia y reconquistó y restauró Babilonia, con lo cual comenzó el periodo de mayor grandeza de la historia de Babilonia: el imperio nuevo.

El imperio nuevo o Neo-babilónico comenzó unos 3,9 mil años atrás y terminó unos 2,5 mil años atrás. Durante este periodo Babilonia logró conquistar pueblos vecinos para establecer su dominio y hacer importantes progresos en la economía y en la arquitectura. Nabopolassar quien gobernó unos 20 años hasta 3,6 mil años atrás, convirtió a Babilonia en un nuevo y poderoso imperio. Este gran rey derrotó a los asirios y tomó sus tierras. Mas tarde, su hijo Nabucodonosor, 2,6 mil años atrás había derrotado al ejército egipcio en la batalla de Carchemish y fue coronado rey un poco después. Su reinado duró hasta 2,5 mil años atrás. Este fue el rey que llevó al nuevo imperio babilónico al punto más sobresaliente. Nabucodonosor continuó la obra de su padre y reconstruyó a Babilonia con unas murallas más fuertes, nuevos palacios y templos, además de los bellos jardines colgantes de Babilonia para su esposa. Nabucodonosor amplió las fronteras del imperio al derrotar a Siria y Fenicia en las orillas del Mediterráneo. Y luego siguió hacia el sur para conquistar los reinos de Israel y Judá, conquistando a Jerusalén en menos de unos 2,5 mil años atrás. Tras esta conquista, el rey de Judá y miles de ciudadanos judíos fueron llevados encadenados a Babilonia. Unos 10 mil años después, Jerusalén se rebeló, la ciudad fue saqueada y de nuevo muchos de sus ciudadanos fueron deportados a Babilonia. Después de Nabucodonosor la gloriosa historia de Babilonia fue declinando. Su último rey fue Nabonido, un personaje anciano y misterioso quien gobernó por unos 17 años hasta 2,5 años atrás. Este imperio llegó a su fin cuando cayeron ante los persas.

Otro de los imperios importantes que surgió en Mesopotamia fue el Imperio Asirio hace unos 4,0 mil años atrás. Los asirios, eran nómadas semitas bastante violentos y belicosos, que se habían asentado en varios pueblos a las orillas del rio Tigris en Mesopotamia donde fundaron la ciudad de Asur en honor a su dios y la convirtieron en su capital. Asur era el nombre del dios de la vida y representaba la creación de todo. Con el tiempo los asirios se expandieron por Mesopotamia hasta convertirse en imperio y competir más tarde con el imperio babilónico. El imperio asirio fue el más violento en la historia de la humanidad por sus campañas brutales y devastadoras. Su forma de gobierno era soberano dominante y teocrático. Todo el poder era ejercido por un rey, quien influía en toda la religión. El imperio se dividía en provincias gobernadas por prefectos. Los asirios vivían del cobro de tributo de todas las provincias, así como de la actividad agrícola y comercial, esta última contaba con una cámara de comercio que concedía préstamos, regulaba los intereses y resolvía problemas de tipo financiero.

Este imperio se caracterizó por una cultura de guerras violentas y crueles y se convirtió en una potencia en la región. Sin embargo, durante el reinado de Senaquerib, el hijo de Sargón II, mudó la capital a Nínive convirtiéndola en una gran urbe. Mas tarde, Esarhaddon el hijo de Senaquerib logró avanzar con sus ejércitos hasta Menfis la capital de Egipto para ese entonces y conquistarla.

Luego el descendiente de Esarhaddon, Asurbanipal siguió avanzando hasta Tebas, Egipto y hacia el otra extremo hasta Susa, Elam. Con esta avanzada el imperio Asirio logró extenderse aún más. A Asurbanipal se le atribuye la construcción de la gran biblioteca en su palacio de Nínive. Tras la muerte de Asurbanipal comenzó la caída del imperio, el cual llegó a su fin hace 2,6 mil años atrás después de haber dominar por más de un milenio. La civilización Mesopotámica inició el desarrollo de la civilización en el Medio Oriente y luego se propagó por Egipto y el resto del mundo.

2.2   LA CIVILIZACION EGIPCIA

Egipto, el país situado en el noreste de África y rodeado por Libia, Sudan, el mar Rojo y el mar Mediterráneo; fue la cuna de otra de las primeras civilizaciones que se desarrolló en torno al río Nilo, el cual es el rio más largo del mundo con más de 6.500 kilómetros de recorrido desde su nacimiento en el Lago Victoria en el corazón de África hasta el norte del continente donde lleva sus aguas para terminar vertiéndolas al Mar Mediterráneo.

El Nilo tiene crecidas de aguas en los meses de verano por el ritmo de lluvias propio de un clima tropical. Con las lluvias se inundaban sus orillas y se depositaba un limo que convertía en muy fértiles las tierras alrededor del rio. Precisamente, fue la fertilidad del rio lo que hizo posible que la gente que habitaba estas tierras pudiera vivir de la recolección de los frutos silvestres, además de la caza y la pesca. Egipto siempre ha sido fértil gracias a su rio, incluso durante el periodo glaciar aún tenía una muy rica flora y fauna. Gran parte de los primeros pobladores de Egipto llegaron del desierto del Sahara a medida que la desertización se incrementaba.

Egipto estuvo dividido en dos regiones bien diferenciadas, aunque unidas por el río. Estas dos regiones eran: el Alto Egipto y el Bajo Egipto. El Alto Egipto estaba ubicado en el sur, en el valle dominado por el desierto, cuya única franja cultivable eran las tierras que quedaban al descubierto cuando las aguas del río se retiraban. El Alto

Egipto estaba formado por 22 provincias, siendo las más importantes: Hieracómpolis, Abidos y El Kab. Su faraón usaba una corona blanca. Mientras que el Bajo Egipto estaba en el norte en el delta del Nilo. El Bajo Egipto estaba formado por 20 provincias, de las cuales las más importantes fueron Buto, Sais, Menfis, Merimde. Su faraón usaba una corona roja.

La civilización egipcia se inició hace unos 5,2 mil años, al agruparse los pueblos asentados a las orillas del Nilo tanto en el Alto como el Bajo Egipto. La unificación del Alto y Bajo Egipto por su primer rey, el legendario rey Menes del Alto Egipto, echó las bases para un poderoso imperio: el Antiguo Egipto, cuya capital se estableció en la ciudad de Menfis. Después de la unificación, los faraones del territorio unificado llevaron las dos coronas combinadas en una: la blanca del Alto Egipto y la roja del Bajo Egipto como símbolo de las dos regiones del imperio.

La historia de la organización política del Antiguo Egipto comenzó con la unificación del país hace unos 5 mil años atrás. Menes inició un imperio gobernado desde la ciudad de Menfis. El territorio unificado se dividía en 42 departamentos o provincias llamadas nomos: 22 en el alto Egipto y 20 en el bajo Egipto. Estos nomos eran gobernados por representantes del faraón llamados nomarcas. El nomarca era el jefe de la administración de los nomos y era responsable por la irrigación, el rendimiento agrícola y el almacenaje de la producción agrícola, así como también de la recaudación de impuestos y de fijar los límites de las propiedades después de la inundación anual del Nilo.

También se caracterizó esta etapa por la construcción de las grandes pirámides como obras arquitectónicas símbolos de Egipto, las cuales fueron hechas de piedra caliza para que sirvieran de hogar a los faraones después de su muerte. Entre las pirámides más importantes están la del faraón Zoser en Saqqara, y las de Keops, Kefrén y Micerino en Guiza. La construcción de las pirámides de Egipto muestra la gran capacidad técnica y organizativa de su gente para esa época. Las pirámides fueron obras de gran envergadura. La pirámide de Zoser fue la primera en construirse y la más famosa. Era una pirámide escalonada cuyo arquitecto fue el famoso Imhotep. Las pirámides de Keops, Kefrén y Micerino levantadas en la meseta de Guiza cerca del Cairo son del tipo de construcción clásico con caras lisas. Las pirámides de Egipto son consideradas hoy como una de las 7 maravillas del mundo.

Cabe destacar, sin embargo, que antes de las pirámides tal como las conocemos hoy, durante la antigüedad, los egipcios construían sus tumbas hechas de adobe o de piedra, las cuales eran como una pirámide truncada llamadas mastabas. Después del imperio antiguo, se empezaron a enterrar a los faraones en las pirámides, las cuales consistían en mastabas unas sobre otras.

El gran desarrollo de Egipto ha estado asociado siempre a la particularidad de su río, que al proporcionar buenas cosechas favorecía el aumento de la población. Los primeros pueblos lograron gran desarrollo hasta convertirse en las primeras ciudades, las cuales continuaron evolucionando hasta convertirse en grandes urbes. Entre esas primeras ciudades se encontraban: Menfis, Tebas, Guiza y Saqqara.

Menfis fue construida por los reyes de la primera dinastía egipcia en el Bajo Egipto y fue uno de los centros religiosos importantes de esa época. Menfis fue la primera capital de Egipto y estaba ubicada aproximadamente a 15 millas al sur del moderno Cairo. Los dioses más adorados en Menfis eran los del trio de dioses o tríada que consistía en el dios Ptah, su esposa Sekhmet y Nefertum, su hijo. De la entonces célebre ciudad de Menfis, hoy solo quedan ruinas.

Tebas estaba situada en el Alto Egipto y fue una de las ciudades más notables del antiguo Egipto. También fue la ciudad capital de las dinastías dominantes del Medio y Nuevo Reino. Sus dioses más adorados estaban representados por la tríada formada por Amón, Mut y su hijo, Jonsu. En Tebas se encuentran los importantes templos de Karnak y Luxor. También se encuentra frente a la ciudad, en la orilla occidental del río Nilo, la necrópolis del desierto conocida como el Valle de los Reyes y Reinas. Esta necrópolis alberga una gran cantidad de monumentos, tumbas y templos. Es aquí donde se encuentra la famosa tumba de Tutankamón.

Guiza, también ubicada en el Bajo Egipto, era una ciudad necrópolis para la realeza del Reino Antiguo. Guiza es famosa por la Gran Esfinge y las pirámides construidas allí. La Gran Esfinge de Guiza es una escultura monumental con cuerpo de león y cabeza humana, que está orientada hacia el este y tiene unos 20 metros de alto y 70 de largo. La Gran Esfinge fue esculpida sobre un montículo de roca caliza hace unos 4,5 mil años. Al principio la Esfinge estuvo pintada de color rojo vivo y el adorno de su cabeza estaba pintado con franjas amarillas y azules.

La Gran Pirámide de Keops también construida en Guiza es una de las últimas siete maravillas antiguas del mundo, que se eleva a unos 137 metros. Las otras pirámides conocidas de Guiza incluyen la Pirámide de Kefrén y Micerino.

Saqqara estaba ubicada en el Bajo Egipto. Esta ciudad fue utilizada como un antiguo cementerio. Entre las estructuras más famosas se encuentra la pirámide escalonada de Zoser, también conocida como la tumba escalonada. Cerca de 20 antiguos reyes egipcios construyeron sus pirámides, que sirvieron de necrópolis para los reyes que vivieron y murieron en Menfis. El progreso continuo del desarrollo de estas ciudades las convirtió en grandes urbes y así echar las bases de la civilización.

La civilización egipcia es muy conocida en el mundo contemporáneo, además de su gran esfinge y sus pirámides, por su momificación, la cual era usada para preservar los cuerpos de la gente al morir. Al principio, los primeros habitantes de Egipto enterraban a sus muertos en pequeños pozos o fosas en el desierto en donde el calor y la sequedad de la arena absorbían los fluidos corporales y deshidrataban los cuerpos rápidamente evitando su descomposición. Esto daba a los cuerpos de los fallecidos un aspecto todavía de personas vivas durante muchos días. Estos muertos se convirtieron en momias naturales.

Más tarde, los egipcios comenzaron a enterrar a sus muertos en cofres para protegerlos de los animales salvajes del desierto. Sin embargo, pronto observaron que los cuerpos dentro de los cofres se descomponían con mayor facilidad debido a que no estaban en contacto directo con el calor y la sequedad de la arena desértica. Esta observación, hizo que los egipcios buscaran por siglos perfeccionar las técnicas para preservar los cuerpos de los muertos. Estas técnicas se fueron desarrollando hasta tal punto que se podía mantener un aspecto vivo de los muertos por años.

El proceso de momificación incluye un embalsamamiento y limpieza del cuerpo, una vez realizado se envuelve al fallecido con telas y bandas de lino. Este proceso se llevaba a cabo en las casas de la muerte y la gente que lo hacía se convirtieron en verdaderos artistas. El proceso contaba de 5 pasos: se envolvía el cuerpo durante 70 días para deshidratarlo con un manto impregnado con una resina de natrón, un mineral salino de carbonato de sodio hidratado; se le extraían las vísceras y el cerebro, excepto el corazón y los riñones; se lavaba y purificaba el cuerpo con ungüentos, resinas y perfumes; se envolvía el cuerpo en vendas y se colocaba en un sarcófago, el cual se enterraba en la tumba y con él sus objetos de gran valor, así como también comida, bebida, ropa y hasta dinero para que los pudiera utilizar en la otra vida, según su creencia.

La momificación se hacía porque los antiguos egipcios creían en la vida después de la muerte. Cuando alguien moría, su alma abandonaba su cuerpo para después volver a él una vez que el fallecido fuera enterrado. Sin embargo, el alma debía ser capaz de encontrar y reconocer su cuerpo para entrar en él y de este modo vivir eternamente. Por eso al muerto se le abría la boca antes de ser enterrado para que pudiera comer, beber y para que el alma entrara de nuevo en el cuerpo.

Las vísceras que se extraían del cuerpo de los muertos durante el proceso de momificación eran guardadas al principio en unas vasijas llamadas *vasos canopos*, pero después con el tiempo las vísceras se devolvían al cuerpo una vez extraídas y disecadas. Dado lo laborioso y costoso de la momificación, esta con el tiempo solo sería accesible para las clases altas.

La civilización egipcia que duró casi 3,5 mil años alcanzó su más grande esplendor con el imperio antiguo entre 4,8 y 4,2 mil años atrás. En el que todo el poder del estado estaba representado en el faraón. Esa etapa se caracterizó por un estricto control de la producción agrícola. Con sus grandes avances en la agricultura y cría, los egipcios lograron desarrollar una gran cultura con una amplia gama de actividades económicas como la producción de alimentos, técnicas de irrigación, la minería y el comercio.

Además, habían desarrollado grandes avances en su estructura política, religión, escritura, literatura y las ciencias como las matemáticas, la astronomía y la medicina. Egipto, también destacó notablemente por su arte, especialmente la arquitectura en relación con el mundo de los dioses, los templos y las tumbas de los muertos.

La organización de la sociedad egipcia puede representarse mediante una pirámide en cuya cúspide estaba el faraón, considerado como un dios, hijo del Sol al que se debía obedecer y rendir culto. De él procedía toda autoridad del sistema de gobierno, el cual era monárquico al ser dirigido por el faraón, absolutista ya que el faraón tenía todos los poderes y teocrático porque el faraón era visto como un dios. El faraón era un juez supremo, jefe del ejército, y dueño de todo el territorio. De manera que la economía también dependía de él. Sus poderes debían renovarse cada 30 años.

Los sacerdotes ocupaban el lugar inmediatamente inferior, quienes como guardianes de los templos disponían de sus riquezas, que comprendían numerosas tierras con sus consiguientes campesinos para cultivarlas. Luego estaban los funcionarios de la administración, entre los que destacaban los escribas, los jefes militares y los nomarcas, es decir, todos aquellos grupos que estaban muy cerca del faraón. Los escalones más bajos lo ocupaban el resto del pueblo formado por los artesanos y los campesinos. Estos eran hombres libres obligados a pagar tributos al faraón, bien en especie como entregar una parte de la cosecha o en trabajo como participar en la construcción de las obras públicas. La mayor parte de los campesinos eran los llamados *Felah* que cultivaban las tierras propiedad del faraón o del templo, en teoría eran hombres libres, pero en la práctica estaban sometidos a la voluntad de los dueños de la tierra. Por último, los esclavos, que habían llegado a esta condición por ser prisioneros de guerra.

La principal fuente de riqueza egipcia era la agricultura, dedicada principalmente al cultivo del trigo, la cebada, la uva y el lino. También se dedicaban a la ganadería y la pesca. Como la mayor parte de las tierras pertenecían al faraón o a los templos, las cosechas se depositaban en silos o almacenes que eran controlados por los sacerdotes, escribas o funcionarios del faraón. Los intercambios comerciales con el exterior eran monopolio del faraón y se realizaba por medio de caravanas que a través del desierto llegaban hasta el actual Líbano.

La cultura egipcia se destacó por varios aspectos singulares principalmente por su escritura y su religión. También tuvieron un desarrollo artístico importante del que han quedado huellas en la arquitectura, la escultura y la pintura. Egipto desarrolló su propia escritura, la cual al principio era figurativa, pues cada figura representaba una idea. Luego, se mejoró con signos y símbolos para convertirse en jeroglífica con más de 500 signos y con ella se grababa en piedras y paredes de los templos y pirámides para dejar testimonio de la historia de Egipto.

La religión egipcia era politeísta pues creían en varios dioses. Adoraban a *Ra* el dios del Sol y la vida. Ra se representaba con cabeza de halcón y el disco solar encima, además era el dios principal del imperio. También adoraban a *Osiris*, dios de la agricultura y la resurrección; a *Isis*, la diosa de la fertilidad y del amor; a *Horus*, dios del cielo con cabeza de halcón, hijo de Isis y Osiris; a *Amón* dios del viento, quien se fusionó con Ra y se convirtió en el dios Amón-Ra, el más importante de Egipto. Los egipcios celebraban varios rituales para pedirle a sus dioses por las crecidas del Nilo para la agricultura.

El ocaso del antiguo Egipto terminó en una transición marcada por el debilitamiento de la monarquía frente al creciente poder de los gobernantes locales o nomarcas. Esta nueva situación terminó con el traslado de la capital a la ciudad de Tebas durante la época del Imperio Medio. En esta etapa el espíritu conquistador de los faraones y la creación de un ejército estable produjeron una notable extensión de los territorios del rey hasta la región de Nubia al sur de Egipto.

Sin embargo, después ocurrió la invasión de los Hicsos cuando la capital de Egipto era Avaris, ubicada en el delta del Nilo del Bajo Egipto. Avaris fue un centro de comercio muy activo durante el dominio de los hicsos, incluyendo el comercio con regiones del Mar Egeo entre Grecia y Turquía. Los Hicsos eran un grupo nómada de extranjeros de varias parte del oriente del Creciente Fértil, que llegaron y se establecieron en el delta del Nilo y que luego tomaron el control. Al cabo de un tiempo sumieron a Egipto en un periodo de debilidad política. Sin embargo, bajo su dominio, aportaron cierta tecnología como el arco compuesto, la armadura de escamas hechas principalmente de metal, dagas y espadas curvas hechas de bronce, la utilización del caballo y los carros de guerra.

Finalmente, los egipcios terminaron expulsando a los invasores para abrirse hacia la etapa más brillante de su civilización: el imperio nuevo. La capital del imperio nuevo estuvo en Tebas donde ejercían una considerable influencia los sacerdotes del dios Amón. A él dedicaron los egipcios dos de las más importantes obras de la época: los imponentes templos de Karnak y Luxor.

Amón era una deidad del imperio antiguo elevado a la posición de patrono de Tebas. Después de la invasión de los hicsos el dios Amón adquirió gran importancia hasta el punto de fusionarse con el dios del Sol, Ra y así formar Amón-Ra, el dios principal en el panteón egipcio. Sin embargo, la supremacía de Tebas se vio interrumpida con la llegada al trono del faraón Akenatón considerado por algunos como un hereje y por otros como un gran revolucionario.

El nombre original de Akenatón fue Amenhotep IV, pero como estaba en desacuerdo por tanto poder que tenían los sacerdotes de Amón, cambió el culto a Atón, una deidad basada en el disco solar. Y también cambió su nombre a Akenatón. Este faraón introdujo la primera religión monoteísta: el Atonismo con su dios Atón. Y como si fuera poco, también trasladó la capital del imperio a su ciudad de Amarna, lejos de Tebas. Por supuesto, estos cambios no les gustaron a los sacerdotes de Amón, quienes se sintieron amenazados con perder su poder.

Amarna fue una ciudad mandada a construir por Akenatón para que fuera la nueva capital de Egipto. La nueva ciudad tenía grandes estelas esculpidas y grandes edificios como el gran templo de Atón, sin techo para que entrara la luz del Sol; también tenía la ciudad los palacios reales y administrativos. Después de la muerte de Akenatón, Amarna fue destruida

Akenatón también sobresalió por su Gran Esposa Real Nefertiti, quien ha sido muy conocida por su belleza y sus grandes dotes de gobernante. Asimismo, sobresalió por su sucesor Tutankamón, quien restableció el orden tradicional. Este joven rey fue muy famoso por su máscara funeraria. De esta forma el imperio nuevo siguió adelante hasta Ramsés II cuyo reinado supuso el destello final de esa etapa del antiguo Egipto.

La época tardía del Antiguo Egipto se extendió desde la caída del imperio nuevo hasta su incorporación al imperio romano, hace entre unos 3,1 y 2,3 mil años. Al principio esta nueva etapa se caracterizó por una sucesión de dominaciones extranjeras que debilitaron a Egipto presagiando así su decadencia. Una de esas dominaciones fue la de los asirios que invadieron a Egipto unos 3,1 mil años atrás, tomando el control de Menfis, la capital para ese entonces y después tomaron a Tebas. Sin embargo, después de este tenebroso periodo y tras lograr echar a los conquistadores asirios Egipto logró una especie de renacimiento conocido como época Saita, pues el gobernador de la ciudad de Sais en el delta del Nilo acudió al rescate del país.

Pero la prosperidad de Egipto fue nuevamente interrumpida hace unos 2,5 mil años al ser invadido por los persas con su rey Ciro II el Grande, el cual pasó a ser parte del imperio Aqueménida, el más grandes de los imperios persas. Egipto duró 35 años bajo el dominio persa con cierta estabilidad hasta que el pueblo egipcio se reveló contra Darío I, el rey persa para ese entonces, pero esta rebelión fue reprimida por Jerjes el hijo de Darío I. Después, Jerjes invadió Grecia, pero los persas fueron repelidos por una alianza entre las ciudades griegas de Esparta y Atenas. Esta última se convirtió después en una potencia naval y enemiga de los persas. Finalmente, los persas fueron derrotados por Egipto gracias a una alianza con las ciudad-Estados griegas de Esparta y luego con Atenas.

Egipto después fue conquistado por Alejandro Magno de Macedonia, región de Grecia unos 2,3 mil años atrás. Con la victoria de Alejandro sobre los persas en Egipto, Alejandro Magno fue nombrado faraón en Menfis y Egipto entró en la llamada época ptolemaica estableciendo su capital en Alejandría, un pequeño pueblo que después se convirtió en un gran centro comercial e intelectual. La dinastía ptolemaica gobernó a Egipto desde la muerte de Alejando Magno hasta hace un poco más 2 mil años.

Los dominadores griegos promovieron grandes templos como los de la isla de File en el Nilo de Egipto, a la vez que propiciaron la penetración de la cultura clásica. Finalmente, Egipto fue anexado al imperio romano durante el reinado de Cleopatra, su última Reina. Sin embargo, el mundo continuaría dando paso a otras civilizaciones.

La cultura neolítica que había surgido en el Medio Oriente se esparció por India, China y el resto del mundo. Lo primero en esparcirse fue la agricultura y la cría de animales. Con estas dos actividades el mundo basaría su economía en la producción de alimentos y con el excedente surgiría el comercio para seguir moldeando la economía del mundo. Sin embargo, cada una de estas regiones desarrollaría sus propias costumbres y tradiciones, así como sus creencias.

2.3   LA CIVILIZACION INDIA

India es un país al sur del continente asiático con dos ríos de gran importancia, el Indo, de donde surgió el nombre de la India, y el Ganges. Ambos ríos eran fundamentales, ya que se desbordaban todos los años, depositando sedimentos fértiles, lo que transformaba las cuencas de estos ríos en un gran potencial agrícola y la base para el desarrollo de los primeros pueblos a orilla del rio Indo entre los cuales estaban Harappa y Mohenjo-Daro. De ellos, se derivaron el resto de los pueblos y las primeras ciudades de las cuales surgiría la civilización incluyendo los pueblos y ciudades que se formaron alrededor del rio Ganges. La civilización india empezó a surgir hace menos de 5 mil años y evolucionó siguiendo el modelo de las civilizaciones de Mesopotamia y Egipto de la Media Luna Fértil, en el Medio Oriente.

La civilización india tenía una organización social con cierta distinción de clases a diferencia de las civilizaciones del Medio Oriente. La sociedad se dividía en cuatro castas: los brahmanes, los chatrias, los vaisías y los sudras.

Los brahmanes eran una especie de sacerdotes encargados de enseñar la parte espiritual al pueblo y llevar a cabo las distintas ceremonias y ritos religiosos. Los chatrias representaban a los guerreros y también se encargaban de la parte administrativa para asegurar que se cumplieran los decretos y mandatos del monarca. Los vaisías se dedicaban a la agricultura y cría, el comercio y la artesanía principalmente. Los Sudras representaban la casta más baja, compuesta de campesinos, indígenas y hasta esclavos.

En cuanto a la organización política de la civilización india, vemos que, al principio, los indios no conformaron una nación única y unida, sino que más bien eran un conjunto de pueblos independientes con al menos tres entidades políticas principales: los reyes, los sacerdotes y los aristócratas feudales.

Los reyes eran quienes gobernaban los pueblos como autoridad absoluta y monárquica y que tenía origen divino, supuestamente. En algunas ocasiones estos reyes hasta se peleaban por preservar y extender su territorio. Después de los reyes, estaban los sacerdotes, quienes ayudaban al rey del pueblo en la administración, incluyendo la justicia. Mas abajo, estaban los aristócratas feudales, quienes tenían cargos de funcionarios con rango menor, pero que podían ser dueños de enormes feudos.

La economía de la civilización india se basaba principalmente en la agricultura, la cría y el comercio. Sus principales productos agrícolas eran: cebada, trigo, algodón y sésamo. En cuanto a la cría de animales, criaban cabras, bueyes, camellos, búfalos, etc.

También, desarrollaron el arte de la hilandería, para la confección de textiles de lana y algodón. Y trabajaron la metalurgia con materiales como el cobre, el estaño y el plomo. Además, usaban oro, plata, marfil y piedras preciosas para hacer sus adornos. El comercio interno y externo de sus productos les proporcionó importante progreso económico.

La cultura de la civilización india es una mezcla de sus costumbres y tradiciones de su gente, fusionadas a través del tiempo y que incluye sus creencias, arquitectura, literatura, arte y su música.

En cuanto a sus creencia, la religión de la civilización india, originalmente incluía el brahmanismo, el hinduismo y el budismo. El brahmanismo era una religión monoteísta y fue la primera entre los indios antiguos. Esta religión se basaba en la adoración del dios supremo Brahma, considerado el creador de todas las cosas, incluyendo los otros dioses, los seres vivos y también su alma, la cual se creía inmortal y, por lo tanto, después que la persona moría, su alma reencarnaría en otra persona, si había sido buena, o en un animal, si había sido mala.

El hinduismo surgió como una mezcla de otras prácticas religiosas, principalmente del brahmanismo y abarca una series de prácticas rituales como la oración, meditación, peregrinaciones, etc. El hinduismo está basado en la importancia de la conducta del individuo y cómo esta afecta sus vidas y la de otras personas, ya que las consecuencias de estas conductas se representan con lo que se conoce como Karma, el cual sostiene que todo lo que se hace en una vida se pagaría en la siguiente, pues en el hinduismo se cree en la reencarnación, la cual se basa en el renacimiento una y otra vez en distintos cuerpos, seres y ambientes, todos condicionados por la vida y conducta que se haya llevado en la anterior. El libro sagrado del hinduismo es conocido como el Veda. Para algunos de sus practicantes, el hinduismo es considerado como una filosofía de vida. Este prohíbe comer carne de vaca, el cual es considerado por los hinduistas como un animal sagrado. También prohíbe el casamiento entre personas pertenecientes a castas diferentes.

El budismo nace del personaje llamado Siddhartha Gautama o Buda Gautama, quien se convirtió en mendigo con la firme creencia de que había sido escogido, por lo que adoptó el nombre de Buda, que significa "el iluminado". Buda se dedicó a predicar sus doctrinas en contra del brahmanismo, condenando cosas como la diferencia social y el racismo. Una de sus creencias afirma que el alma se puede guiar al Nirvana, o paraíso, a través del amor, el bien, la caridad y otras buenas virtudes. El budismo sostiene que la felicidad duradera puede ser alcanzada a través de nuestra conducta en el presente, sin importar el pasado ni el futuro.

En la cultura religiosa de la India se adora a distintos dioses, entre los más destacados están: Brahma, el dios creador del universo y forma parte de la trinidad Trimurti, junto a los dioses Visnú y Shiva. Otros dioses de la india incluyen a Rama que representa a un protector, Indra que era el dios de la guerra, el rayo, el cielo, la tormenta y la atmósfera. Y Agni que es el dios del fuego.

En cuanto a su arquitectura, la India cuenta con monumentos impresionantes asociados al aspecto religioso como el Taj Mahal, el Jama Masjid, el Fuerte Amber y el Qutab Minar. El Taj Mahal es, sin ninguna duda, el monumento más sobresaliente y fascinante de la India. Fue construido entre los años 1632 y 1653. Es considerado Patrimonio de la Humanidad. El Jama Masjid es una mezquita impresionante, construida entre los años 1644 y 1658 en la cima de una pequeña colina, lo cual le da la capacidad de ser vista desde muchos puntos de la ciudad de Delhi. El Fuerte Amber es un complejo palaciego situado en la ciudad de Amber. El Qutab Minar es la torre de ladrillos más alta del mundo y está situada dentro del complejo Qutab en Delhi. También ha sido reconocido como Patrimonio de la Humanidad.

La literatura de la India es tan vieja como su civilización y estaba escrita en el idioma sánscrito, de ahí que a veces se le llame literatura sánscrita. Al principio, se utilizó la literatura para plasmar ideas sobre sabiduría, religión y el culto en textos como los Veda del hinduismo. Después, se escribieron otros textos como los llamados Mahabharata y Ramayana, dos obras poéticas de gran importancia en esta cultura, los cuales fueron escritos en sánscrito épico. Cabe mencionar que el idioma inicial de la civilización india, fue el proto-índico o idioma de Harappa o de Mohenjo-Daro, por ser en estas primeras ciudades donde este idioma se originó.

En cuanto a su arte, los indios desarrollaron pinturas, esculturas, alfarería, cerámica, tapices, hilados. En cuanto a la música india se hacía al principio con instrumentos de viento, como una especie de trompeta, y de percusión, como una especie de tambor llamado tavil.

La civilización india, como las demás civilizaciones del mundo, hizo importantes aportes a la ciencia como en las matemáticas y la medicina.

2.4 LA CIVILIZACION CHINA

La civilización china surgió hace un poco más de 5 mil años en las cercanías del río amarillo o Hoang-Ho y del río azul o Yangtzé. Alrededor de estos ríos que nacen en las montañas del Tíbet y desembocan en el mar Amarillo, se fueron formando los primeros pueblos que después fueron evolucionando en las primeras ciudades para dar paso al surgimiento de la civilización china.

La organización social de esta civilización estaba conformada por el emperador en el tope de la pirámide, pues este era considerado de origen divino. Luego le seguían los nobles, quienes incluían a los terratenientes y jefes militares a cargo del ejército. Mas abajo estaba la burocracia formada por los funcionarios de confianza del emperador incluyendo los gobernadores, jueces, funcionarios policiales, recaudadores de impuestos y supervisores de las labores agrícolas. Ellos se encargaban principalmente de vigilar la agricultura y controlar el regadío. Después estaban los campesinos, comerciantes y artesanos, quienes eran los funcionarios del imperio encargados de algunas funciones agrícolas, comerciales y artesanales. Y finalmente estaban, en la parte más baja, los esclavos quienes eran los prisioneros de guerra.

En cuanto a la organización política de la civilización china, esta se caracterizó por estar formadas por dinastías dominadas por emperadores con poder y autoridad absoluta. Este era sucedido por un heredero, generalmente su primogénito varón. Luego, se estableció la burocracia china formada por funcionarios públicos. En cuanto a las dinastías tenemos las de la etapa antigua de unos 4.100 años atrás que incluía las siguientes dinastías: Xia la primera dinastía china, la Shang y la Zhou. Mientras que en la etapa imperial aparecen las dinastías de los emperadores que sometieron al pueblo bajo un gobierno central. Las dinastías imperiales incluyen las de los emperadores: Qin, Han, Sui, Tang, Song, Yuan, Ming y la de Qing, la última dinastía china que terminó en guerras como la del Opio y la guerra contra Japón.

La economía de los chinos se basaba principalmente en la agricultura, cultivando principalmente arroz en el río Yangtzé. También criaban animales para comer y para la carga, con los que transportaban los productos hacia las ciudades vecinas para su comercialización. Posteriormente, se comenzó a desarrollar la metalurgia para hacer armas y herramientas de trabajo para la agricultura y otras tareas caseras. Los materiales provenían de la minería que se fue desarrollando en yacimientos cercanos, donde se explotaba minerales importantes como el hierro, cobre, oro y plomo. También los chinos desarrollaron la porcelana y la seda, productos con los que los chinos incrementaron su comercio hasta extenderse por el Mediterráneo.

La religión de la civilización china es más bien considerada como una filosofía de vida para su gente. Estas incluyen el confucionismo, el taoísmo y el budismo de la india. Estas formas de religión han tenido gran impacto en la cultura china. El confusionismo representa la doctrina impartida por Confucio, un importante pensador y filósofo chino. Entre sus enseñanzas destacan la importancia de la buena conducta, la preservación de la tradición y la dedicación al estudio y la meditación. El taoísmo es una filosofía que surgió a partir de Tao Ching, cuyo pilar fundamental es el Tao o camino a seguir para vivir en armonía.

En cuanto a la cultura de su civilización, los chinos también sobresalieron en aspectos como su escritura, su pintura, su música y su arquitectura, los cuales tienen gran influencia de la historia tradicional china transmitida a través del tiempo. La escritura china representa uno de los aspectos culturales más característicos de esta civilización, pues además de un medio de comunicación, también es considerada como un arte. La escritura china está compuesta por un sistema de caracteres que transmiten ideas, anagramas, imágenes y palabras. La pintura china se desarrolló gracias a la caligrafía, la cual se hacía usando las herramientas de la escritura china: el pincel, el tintero, la tinta y el papel. Luego que se desarrolló la caligrafía china surgió la idea de utilizar esas técnicas para la pintura como los retratos, las flores y pájaros, los paisajes y los animales. La música china se basa en el aspecto sagrado, político y popular de las tradiciones chinas, usando instrumentos tradicionales que producen un ritmo, tono y compás muy propios de su cultura.

Su arquitectura incluye importantes monumentos chinos como la Gran Muralla, las Pagodas y el Ejército de Terracota o Mausoleo de Qin Shi Huang. La Gran Muralla fue construida para proteger la región norte de los ataques de otros pueblos. Tiene aproximadamente 7.000 km de largo pasando por varias provincias de China. Las Pagodas son edificios de varios pisos con techos superpuestos uno encima de otro. Fueron hechos con fines religiosos, especialmente como parte del budismo. El Ejército de Terracota o Mausoleo de Qin Shi Huang es el recinto donde el emperador Qin edificó su tumba y la de su familia junto a otras 400 tumbas más, además del impresionante ejército de terracota que mandó construir durante su gobierno.

La civilización china ha hecho a través de su evolución grandes inventos como la imprenta, la brújula y su porcelana. El invento de la imprenta surgió después del papel para escribir, el cual al principio se hacía utilizando la corteza morera y después se hizo de bambú y más tarde se hacía con el arroz. Con la aparición del papel, no tardó en aparecer la tinta china, la cual se llegó a utilizar en el procesos de la imprenta para la escritura de cartas y documentos. Además del papel de escribir, también hicieron el papel moneda, libros, naipes y calendarios. Los chinos también idearon una especie de brújula para poder predecir acontecimientos futuros, basado principalmente en el arte llamado Feng Shui. Este se utilizaba especialmente para poder decidir cuáles eran los mejores lugares para vivir o para edificar. En cuanto a sus productos de porcelana, los chinos lograron hacer mucho progreso en el comercio de este renglón debido a su calidad y sus diseños muy llamativos.

2.5   OTRAS CULTURAS Y CIVILIZACIONES

Además de las primeras civilizaciones de Mesopotamia, Egipto, India y China; también surgieron otras culturas y civilizaciones con la influencia de las primeras civilizaciones, como la cultura fenicia, la civilización griega, la cultura hebrea, el imperio romano y las de las culturas americanas.

Los Fenicios

Los Fenicios fueron un pueblo semita del Medio Oriente procedentes posiblemente de las costas del golfo Pérsico que se habían asentado en Asia Menor, a orillas del Mar Mediterráneo y al Oeste de Siria. Allí. alrededor del III milenio a.C. fundaron su pueblo al cual los griegos llamaron

Fenicia, por el color púrpura o púnico que en griego se escribe "phoniniks". Sin embargo, los fenicios se llamaban a sí mismo: cananeos o hijos de Canaán como también se menciona en la biblia.

Fenicia estaba ubicada al oeste de Siria, en lo que en la actualidad es el Líbano. Su territorio solo comprendía una estrecha faja de unos 50 km de ancho por 200 km de largo, limitando por el norte con Siria, por el sur con Palestina, por el este con las montañas del Líbano, y por el oeste con el mar Mediterráneo.

El territorio de Fenicia era muy montañoso y poco apto para desarrollar la agricultura, por lo que los fenicios se tuvieron que lanzar al mar y hacerse grandes marineros, eficientes comerciantes y buenos colonizadores. Dado lo montañoso de su territorio, en Fenicia crecían en abundancia los cedros, los cuales les proporcionaban la madera para la construcción de sus barcos, con los cuales surcaron los mares.

Los Fenicios fueron grandes navegantes por lo que lograron expandirse y colonizar muchos lugares alrededor de su territorio, extendiendo su influencia económica y cultural por sus colonias alrededor del Mar Mediterráneo. Dadas las grandes distancias que los fenicios tenían que recorrer para comercializar sus productos, tuvieron la genial idea de tener bases a lo largo de las costas de su área de comercio. Así, los fenicios crearían algunas colonias en tierras extranjeras como Gades en la actual Cádiz, Málaga al sur de España y Cartago al norte de África. Sin embargo, a veces solo era necesario obtener alguna concesión por medio de negociaciones con la gente de algún territorio civilizado para establecerse en ese lugar para desarrollar depósitos, mercados públicos o algún otro tipo de negocio para comercializar sus productos. También llegaron a establecer factorías en territorios no muy civilizados, para comercializar mercancías por medio del trueque. En algunos casos, estas factorías tenían fortificaciones para su defensa en caso de ataque.

Por lo accidentando de su territorio, Fenicia estaba dividida en pequeñas ciudades-estados, en cuyas costas, los fenicios establecieron puertos seguros e importantes, tales como Biblos, Sidón, Tiro y Arad. Biblos y Sidón estaban ubicadas en penínsulas, mientras que Tiro era una isla. Ya hacia el año 3.000 a.C. Biblos era la ciudad-Estado más importante de Fenicia, que mantenía relaciones comerciales con Egipto, intercambiando sus cedros con los papiros de ese país.

La evolución histórica de Fenicia estuvo definida por la evolución de Sidón, Tiro y de Cartago. La ciudad-Estado de Sidón, se destacó como centro de importancia naval y comercial de los fenicios entre los siglos XV y XIII a.C. Los barcos de Sidón navegaron por la cuenca oriental del Mar Mediterráneo para llenar sus bodegas con mercancías procedentes de Chipre, Rodas, Asia Menor, Grecia, Islas del Mar Egeo y costas del Mar Negro. Los sidonios establecieron concesiones en países civilizados y factorías en los pueblos no muy civilizados, en donde obtenían esclavos, pieles y metales, a cambio de los productos de su industria. Sin embargo, los sidonios no formaron colonias. La importancia de Sidón llegó a su fin cuando los filisteos saquearon y destruyeron la ciudad de Sidón, en el siglo XII a.C.

La ciudad-Estado de Tiro predominó por la hegemonía comercial de los fenicios entre los siglos XII y VII a.C. Tiro heredó el espíritu aventurero y comercial de los sidonios. Los tirios extendieron su hegemonía marítima hacia la cuenca occidental del Mediterráneo, incluyendo el sur de Italia, las Islas de Malta, Sicilia, Cerdeña, Córcega, la costa sur de España y norte de África cruzando el estrecho de Gibraltar. Llegaron hasta las costas de Inglaterra por el norte, las Islas Canarias por el sur y las Islas Azores por el oeste. Los tirios no se conformaron con las relaciones comerciales;

también se establecieron en algunos lugares estratégicos, fundando ciudades y colonias. Pero, después los asirios, los caldeos y los persas sometieron a los tirios, dando lugar al surgimiento de otro pueblo de comerciantes como Cartago.

Después de la decadencia de Tiro, Cartago al norte de África, se convirtió en una de las ciudad-Estados más importantes y prósperas del Mediterráneo entre los siglos IX y II a.C. Su dominio comercial abarcó desde Sicilia hasta las costas españolas. Sus grandes rivales fueron los griegos y posteriormente los romanos, quienes destruyeron la ciudad de Cartago, en el año 146 a.C. durante las Guerras Púnicas.

La organización social de los Fenicios estaba conformada por la realeza o clase de los gobernantes, en el tope, seguidos por la clase de los funcionarios incluyendo los asambleístas. Luego le seguían la clase de los trabajadores libres, formada por los comerciantes, pequeños propietarios y artesanos. Mas abajo, estaban los trabajadores asalariados como los campesinos y los siervos. Y finalmente estaban los esclavos. Cabe mencionar que en Fenicia la mujer podía participar en actos económicos y sociales.

Socialmente, los Fenicios se mezclaron más que ningún otro pueblo con gentes de otros lugares donde se asentaron. Los Fenicios frecuentemente se casaban con nativos de los lugares donde se asentaban.

En cuanto a su organización política, Fenicia era gobernada por una monarquía como el resto de la parte occidental del mundo para ese entonces. Esa monarquía era hereditaria con funciones altamente importantes y contaba con una asamblea de notables que asistía al monarca en sus funciones. Los nobles ancianos de la asamblea podían tomar decisiones en ausencia del monarca. Sin embargo, a medida que los fenicios se hacían más pudientes por la creciente actividad comercial, ellos podían optar en conformar el gobierno y convertirlo así en una oligarquía, en la cual el poder estaba en manos de dos magistrados llamados jueces o *sufetes*, quienes, se cree, eran elegidos cada año. También existía un Senado conformado por 300 miembros vitalicios y un Consejo con 104 miembros que conformaban un tribunal de inspección pública, ante la cual, los generales y funcionarios daban cuenta de su actuación en el cargo. Finalmente funcionaba una Asamblea del pueblo, cuya relación con el resto de las instituciones no estaba muy clara.

Las ciudad-Estados Fenicia en el oriente eran políticamente independientes unas de otras y sus territorios sobre el que cada una de ellas ejercía su dominio era bastante pequeño, excepto las ciudad-estados más grandes como Tiro y Sidón.

Los Fenicios desarrollaron una intensa actividad económica en la parte industrial, comercial, transporte y empresarial. En la parte industrial, los fenicios desarrollaron tres grandes industrias: la del tejido y el teñido, la del vidrio y la de los metales. En la industria del teñido fabricaban tintes, especialmente el tinte púrpura, el cual obtenían del caracol marino del género múrex. Con este tinte elaboraban tejidos finísimos de color púrpura, los cuales eran muy bien cotizados por la nobleza del mundo antiguo. En la industria del vidrio, crearon el vidrio blanco cristalino, el cual también podía ser de otros colores, dependiendo de la combinación de la arena fundida con los óxidos metálicos. En cuanto a la metalúrgica, fabricaron armas de bronce y hierro; joyas de oro y plata; también utensilios de cobre y bronce.

En la parte comercial, Fenicia fue una sociedad muy mercantilista, llegando ser una auténtica potencia económica mundial para su época. Fueron creadores de empresas industriales, navieras, constructoras y comerciales. Desarrollaron la técnica del comercio internacional.

Entre los productos con los que los Fenicios comercializaban estaban los productos forestales, mineros, agrícola y sus derivados, marinos, ganadería y sus derivados, manufacturas, metalúrgicos, etc.

Entre los productos forestales se incluían los cedros y resinas vegetales. Entre los productos mineros estaban el oro, la plata, el bronce, obsidianas, piedras preciosas, betún, estaño, plomo, malaquita. Los productos agrícolas y sus derivados comprendían higos, dátiles, uvas, aceitunas, cebada, trigo, granadas, aceite, vino, miel, etc. Los productos marinos incluían peces, pulpos, moluscos. Los productos de la ganadería y sus derivados incluían caballos, ganado vacuno y caprino, leche, quesos, lana. Productos manufacturados como copas de alabastro y piedra, telas y ropa, sillas, mesas, productos metalúrgicos, cerámicas, adornos, productos textiles, tintes de purpura, productos de hierro, perfumes, bálsamos, tapices, papiros, productos de vidrio, barcos, tecnología de navegación, ingeniería e industria de construcción

En cuanto al transporte para la comercialización de sus productos, los fenicios desarrollaron el transporte marítimo y por supuesto puertos seguros, así como el transporte terrestre. Para el transporte marítimo, desarrollaron la navegación con rutas comerciales que recorrían el Mediterráneo en todas las direcciones, el Mar Egeo y parte del Atlántico. Por vía marítima, traían de Europa: plata, hierro, plomo, estaño, ámbar, cereales y lana. Mientras que del África traían: marfil, oro, plumas de avestruz y el papiro. En cuanto al transporte terrestre, este era utilizado para traer en caravanas vinos, aceites, especias, perfumes, telas, etc. de Arabia, Mesopotamia, Persia e India.

Para el transporte marítimo construían sus barcos con su propia madera de cedro, los cuales impermeabilizaban con betún. Estos barcos eran impulsados por remos y por una vela cuadrada. Como no conocían la brújula para ese entonces, navegaban muy cerca de las costas durante el día. De noche se guiaban observando la posición de las estrellas. Sus barcos eran de dos tipos: el de carga y el de guerra. Los de carga eran anchos para mayor capacidad, pero eran lentos.

Los barcos de guerra incorporaban un espolón, un invento revolucionario para su época, con el que podían envestir y dañar los barcos enemigos.

En la parte empresarial, los Fenicios crearon grandes empresas con mano de obra y capital de la gente para producir en serie y obtener beneficios en común. Por ejemplo, se cree que fueron empresas Fenicias las que, por encargo del Rey Salomón, construyeron el famoso templo de Jerusalén, en un periodo de 7 años.

La cultura Fenicia fue una mezcla de otras culturas. Fue una cultura que tubo influencias recíprocas con otros pueblos. Por ejemplo, los Fenicios tuvieron influencia de la cultura griega. Sin embargo, también tuvieron influencia sobre la griega; así como también sobre otras culturas como la egipcia, asiria, etrusca y romana.

El arte de la cultura fenicia que más destacó fue el artesanal, pues sus productos fueron de un alto valor para su comercialización con otras culturas o pueblos. Produjeron escultura, cerámicas, joyas, etc. Con respecto a la arquitectura construyeron templos como el de Biblos. Pero el gran legado de los fenicios fue su alfabeto. Los fenicios inventaron su propio alfabeto. Sin embargo, al principio, a finales del III milenio a.C. los fenicios utilizaban la escritura cuneiforme, en tablillas de arcilla, por la influencia de Babilonia. Posteriormente, utilizaron la escritura jeroglífica de Egipto. Del alfabeto fenicio se derivaron el alfabeto griego y el latino. El alfabeto fenicio estaba compuesto de 22 signos o letras consonantes, que representaban sonidos elementales de la voz humana, con los cuales se podían escribir cualquier palabra. Después, fue mejorado por los griegos, quienes les agregaron las cinco vocales.

La religión de los Fenicios era politeísta, pues se adoraba a varios dioses. Entre sus dioses principales se incluían: Baal dios de la lluvia y la guerra. Baal representaba el Sol. Otro dios importante fue Astarté representante de la

Luna y diosa de la madre naturaleza y la fertilidad. Estos dioses recibían otras denominaciones según los sitios donde se les adoraba.

Después de todo su esplendor, Fenicia pasó a enfrentar serias dificultades, debido a la presión de Egipto, Asiria, Babilonia y Persia. Finalmente cayó ante Grecia en manos de Alejandro Magno en el año 332 a.C. La primera ciudad fenicia en ser tomada por el rey de Macedonia fue Tiro, las demás ciudades se fueron rindiendo una por una. Posteriormente, la gran Fenicia pasó a ser parte de Roma con excepción de Cartago, la cual llegó a ser una gran potencia, que se disputó la isla de Sicilia con los griegos y se enfrentó, en las guerras púnicas, a Roma que terminaría por aniquilarla.

La Civilización Griega

Los primeros habitantes de Grecia fueron gente procedentes de la Media Luna Fértil y se fueron adentrando en el mar Mediterráneo hasta irse asentando en la isla de Creta en el mar Egeo hace unos 5 mil años. Con el tiempo Creta fue prosperando hasta llegar a niveles de una civilización hace unos 4 mil años. La civilización de Creta se desarrolló cuando los Aqueos, un pueblo de guerreros procedente de la península de los Balcanes invadieron y sometieron a los nativos cretenses. La civilización cretense es también llamada Minoica por el mitológico rey Minos de Creta.

Los cretenses se expandieron por el mar Egeo y llegaron al Peloponeso, una península al sur de los Balcanes. Al sur del Peloponeso estaba ubicada Micenas, la cual con el tiempo también prosperó hasta convertirse en civilización unos 3,6 mil años atrás. Esta civilización terminó cuando los dorios procedente del norte la invadieron y la destruyeron. En la civilización micénica surgió la primera escritura silábica del lenguaje griego, a la cual se le llamó Lineal B. Esta civilización es también llamada Creto-micénica por la influencia de la civilización cretense y ambas son llamadas civilizaciones egeas por desarrollarse alrededor del mar egeo.

Dada la ubicación geográfica de Grecia, en tierras montañosas y áridas, que hacían muy difícil la comunicación terrestre, los griegos tuvieron que dominar la navegación para comunicarse con el resto de su territorio y comercializar para sobrevivir. Así también lograron expandir su territorio.

Los griegos también se expandieron por Anatolia o Asia menor, y por el sur de Italia y Sicilia. Para ese entonces aparte de los cretenses y los micénicos, Grecia estaba conformada también por otras aldeas o pueblos como los Aqueos, Dorios, Jonios, Eolios y Arcadios. Estas pequeñas aldeas eran liderizadas por algún patriarca y vivían de la agricultura y cría. Con el tiempo, estas pequeñas aldeas fueron creciendo hasta transformarse en ciudades-estados independientes llamadas *Polis*, las cuales transformarían la vida social y política griega.

En la organización social de las Polis estaban en el tope, los nobles quienes tenían el poder político y económico basado en la posesión de las tierras y la actividad agrícola; la burguesía formada por los funcionarios de las autoridades políticas y económicas, algunos de los cuales eran elegidos al azar mediante un sorteo, para lo cual diseñaron unas máquinas de adjudicación para estos cargos. Mas abajo de la pirámide social estaban los comerciantes, artesanos y agricultores; y finalmente estaba la clase de los trabajadores o proletariado y los esclavos.

En cuanto al aspecto político, cada polis tenía sus propias leyes, organización interna y también tenía su propio gobierno y ejércitos. Los tipos de gobiernos abarcaban desde la monarquía hasta la creación de la democracia. Esparta por ejemplo era gobernada por reyes y construyeron grandes ejércitos para lo cual educaban y entrenaban a su pueblo hasta convertirlo en los famosos guerreros espartanos, quienes peleaban hasta vencer o morir. Atenas, por el contrario, llegó a tener un gobierno democrático, el primero del mundo, y su gente era más pacífica, lo que les permitió estudiar para entender su mundo a través de su pensamiento. Atenas llegó a ser el símbolo de la cultura griega. Los atenienses eran los intelectuales. Estas dos polis: Atenas y Esparta eran las más importantes. Otras que también resaltaron fueron Tebas y Corinto.

La necesidad de buscar nuevas tierras para cubrir las necesidades básicas de su gente, debido a su crecimiento demográfico, llevaron a los griegos a la fundación de colonias independientes, lo que suponía un despegue económico. Esta colonización se vio favorecida con el desarrollo de los soldados de infantería llamados la Hoplita; las embarcaciones de tres niveles de remo llamadas Trirreme, las cuales eran parecidas a las embarcaciones fenicias; y la introducción de la moneda para las transacciones comerciales.

Los griegos, pelearon muchas guerras como las Guerras Médicas contra el temible imperio persa hace 2.492 años. Los espartanos conformando un ejército al mando del rey Leónidas lograron enfrentar con éxito a miles de invasores persas y vencerlos a manos de su jefe Darío I en la primera guerra médica. Después vino la segunda guerra médica hace 2.480 años bajo el mando del rey persa Jerjes hijo de Darío. Sin embargo, Grecia encabezada por Esparta y Atenas los volvió a derrotar en la batalla de Maratón.

Atenas logró un gran auge, bajo el gobierno de Pericles, pero Esparta quería liberarse del poder de Atenas, pues estas dos polis siempre rivalizaban por el poder. Y después de haber sido aliados, iniciaron la larga guerra del Peloponeso, que concluyó con la derrota de Atenas. Luego Esparta se debilitó después de su guerra con Tebas y Atenas resurgió.

Después, unos 2.323 años atrás, Alejandro Magno, hijo de Filipo, rey de Macedonia, al norte de Grecia, quiso prepararse para el combate, cuando solo era un joven de apenas 20 años, y así continuar la labor de su padre de pelear por la entonces deprimida Grecia, hasta acabar con el imperio persa. En sus guerras Alejandro liberó a Asia menor del dominio de los persas, conquistó a Egipto y Babilonia y llegó hasta la India. Alejandro unió el mundo occidental con el oriental. Construyó un imperio con el que logró unir a Grecia. Alejandro fue llevando la cultura griega a todos los lugares conquistados. Después de una docena de años en campañas militares, Alejandro Magno, murió.

La civilización griega se destacó enormemente por el pensamiento filosófico basado en la razón y el saber. Tenían la convicción de llegar a conocer el mundo a través del pensamiento. El pensamiento filosófico, fue desarrollado ampliamente en Atenas por filósofos como Sócrates, Platón y Aristóteles. Sócrates es considerado el padre del pensamiento moderno. Su discípulo Platón y el discípulo de este, Aristóteles también destacaron en el campo filosófico.

Con este tipo de pensamiento, los griegos abrieron el camino hacia la ciencia: la filosofía o el arte de pensar, las matemáticas, la astronomía, la física, la medicina y la política. Entre los científicos griegos más destacados tenemos a: Tales de Mileto, Pitágoras y Arquímedes. Tales fue matemático, astrónomo y físico que vivió en la polis de Mileto. Pitágoras fue matemático con grandes aportes en la geometría y la aritmética. Es muy famoso por el teorema que lleva su nombre. Arquímedes fue matemático, físico, astrónomo e inventor. Es famoso por su principio de Arquímedes, el cual establece que todo cuerpo sumergido en un fluido experimenta una fuerza o empuje vertical hacia arriba igual al peso del volumen del fluido desplazado. Este principio aún sigue vigente hasta el día de hoy. Además, Arquímedes formuló las leyes de la palanca, sobre la que pronunciara la famosa frase: "Denme un punto de apoyo y moveré el mundo". Los griegos también se destacaron en la medicina, con Hipócrates, el gran médico griego considerado el padre de la medicina, quien tenía una visión propia y muy analítica e intuitiva para el descubrimiento y los avances de la medicina.

Otro personaje del pensamiento griego que también se destacó fue Homero, el autor de las poesías épicas: la Ilíada y la Odisea. La Ilíada narra la destrucción de Troya por parte del héroe griego Odiseo mejor conocido como Ulises, usando el famosos caballo de Troya. Mientras que la Odisea narra el regreso de Ulises a casa desde Troya. Estas dos obras constituyen las dos grandes piezas de la literatura griega y la base de la literatura occidental.

La escritura griega se basaba en su alfabeto, el cual tuvo su origen en el fenicio, con una mejoría al agregarle las cinco vocales. Para escribir usaban instrumentos afilados sobre piedras o tablillas de arcilla húmeda. Sobre estas tablillas podían borrar y reescribir. Mas tarde, también escribían con tinta sobre papel papiro y de pergamino. Con su escritura escribían sus leyes para que sus ciudadanos se mantuvieran informados para reafirmar el concepto de su democracia. También escribieron su propia historia.

Aunque todas las polis eran diferentes, sin embargo, se identificaban por sus semejanzas: hablaban el griego y practicaban la misma religión, la cual era politeísta, pues creían en una docena de dioses que, según la mitología griega, vivían en el Monte Olimpo. Los griegos creían que el rey Minos era hijo de la princesa fenicia llanada Europa, de donde procede el nombre del continente europeo, y que Zeus era el padre de todos los dioses. También creían que en una oportunidad Minos recibió un toro blanco como un regalo de Poseidón, el dios de mar y hermano de Zeus, para que Minos lo ofreciera en sacrificio, pero Minos se quedó con el toro blanco y ofreció en sacrificio a otro toro. Cuando Poseidón se enteró de lo ocurrido se enfureció y decidió castigar a Minos, hechizando a su esposa, Pasífae para que sintiera incontrolables deseos sexuales por el toro. Pasífae, en su deseo desmedido por ser poseída por el toro, acude a Dédalos, inventor griego que le fabricó una armadura con forma de vaca. De esta unión nació una criatura con cuerpo humano y cabeza de vaca que dio origen al minotauro. Otros dioses populares fueron Afrodita, Apolo, Atenea, y Ares.

Entre las polis se llegaron a formar unas asociaciones cercanas y duraderas de grupos de ciudad-estados llamadas *anfictionías*, cuyos habitantes se reunían periódicamente, alrededor de un santuario común a fin de compartir en fiestas y celebraciones relacionadas con un culto común.

Los griegos vivían de la agricultura y la cría, la metalúrgica, la artesanía, el comercio y la exportación. De su agricultura producían uvas y olivas, de los que obtenían vino y aceite para su consumo y exportación, también criaban animales de carga como el caballo, los productos de su artesanía incluían máscaras del oro que traían de Egipto, de la metalurgia obtenían armas de bronce y después de hierro.

Llevaban un dieta muy mediterránea basada principalmente en mariscos, pescados, granos, semillas, verduras y frutas. Su forma de vestir era también muy sencilla, pues solo usaban unas batas túnicas de lana y lino principalmente. En sus momentos de esparcimientos, disfrutaban de sus obras de teatro llamadas *Orquestras*. Estos teatros eran construidos al aire libre, encima de una montaña. Las graderías de estos teatros eran de forma semicircular, en las que aprovechaban la inclinación natural del terreno para permitir a todos los espectadores ver y oír las escenas sin obstáculos. Los teatros tenían un acústica excepcional y cada espectador, aun en la última fila de la gradería, podía oír cada palabra perfectamente. El origen del teatro fue religioso; las primeras actuaciones se originaron como ceremonias vinculadas a los dioses, especialmente a Dionisio el dios de la agricultura y el vino. Sin embargo, después, sirvieron de escenario para las famosa comedias o tragedias griegas.

La civilización griega también se destacó por su arquitectura y el arte de embellecer sus obras. En cuanto a la arquitectura desarrollaron en las ciudades un recinto sagrado en lo alto de una colina llamado *Acrópolis*. En la acrópolis de Atenas, por ejemplo, estaba el tesoro de la ciudad, además de grandes templos para ritos religiosos como el Partenón, construido por Pericles, el primer presidente democrático de Atenas en honor a Palas Atenea, la diosa de la belleza y la sabiduría, protectora de Atenas.

Además de la acrópolis construían otros recintos sagrados llamados los *Santuarios* como el de Delfos dedicado al dios Apolo en donde se hallaba el oráculo, el cual era un lugar para consultar a los dioses. Los consultantes eran desde reyes hasta gente pobre y se reunían con una sacerdotisa a quien les hacían sus consultas, pero antes los consultantes ofrecían algún sacrificio y pagaban por la consulta. Se cree que la sacerdotisa después de comunicarse con Apolo, recibía un mensaje sobre la consulta, el cual era descifrado con la ayuda de los sacerdotes y comunicado a los consultantes. El oráculo de Delfos jugó un papel muy importante en los asuntos de las guerras y las colonizaciones. Llegó a ser el centro religioso del mundo griego.

Otro santuario muy famoso es el de Olimpia dedicado al dios Zeus en donde se celebraban los juegos olímpicos cada cuatro años. Los primeros juegos olímpicos se celebraron unos 2.776 años atrás. En estos juegos iban participantes de todas las ciudades griegas y mientras se celebraban los juegos se prohibían las guerras entre los pueblos griegos. Y el premio para el ganador era una corona de olivo. Pero eso llenaba al ganador de gloria.

En cuanto al arte de embellecer, los griegos eran amantes de la belleza. Por eso lograron destacar tanto en este arte, especialmente en la elaboración de las estatuas de sus dioses y sus héroes, con unas esculturas que representan la belleza humana con sus proporciones correctas. Como el

Hermes de Olimpia, el Discóbolo, el Doríforo y la Venus de Milo. En cuanto al arte para embellecer sus edificios más importantes podían usar columnas con tres tipos de diseños principales: el dórico, el más simple; el jónico; y el corintio, el más sofisticado. Para resaltar la belleza de su cerámica, las pintaban con motivos relacionados con las epopeyas literarias y aspectos de su vida cotidiana.

La cultura griega es considerada como la base de la civilización occidental, la cual aún se mantiene latente hoy en día. Los griegos inventaron la democracia con el objetivo de representar al pueblo, conocer sus necesidades y dar respuesta a sus demandas. La ciencia desarrollada por los griegos es el principal pilar del conocimiento y las enseñanzas de hoy con lo que estudiamos el mundo y el espacio. Los griegos también desarrollaron los primeros mapas del mundo con longitudes y latitudes, descubrieron que la Tierra era redonda. También descubrieron la trayectoria elíptica que los planetas hacen cuando giran alrededor del Sol. Diseñaron varios inventos como la máquina de vapor, la bomba de agua, la catapulta, el chaleco para la protección de sus soldados. La civilización griega, fue la gran civilización occidental. Pero toda su grandeza llegó a su fin con la muerte de su gran rey Alejando Magno y un nuevo imperio surgió: Roma.

Los griegos se llamaban a sí mismos helenos y a su territorio lo llamaban Hélade. Sin embargo, fueron los romanos quienes llamaron a los helenos griegos y a su territorio Grecia. El imperio romano que surgió después tuvo una gran influencia de la civilización griega.

La Cultura Hebrea

Para hablar de la cultura hebrea tendremos que recurrir a la fuente más importante sobre su historia: la biblia. Y lo haremos dado la importancia del legado espiritual del pueblo hebreo en la cultura universal.

Los hebreos eran gente nómada de raza semita de la Media Luna Fértil del Medio Oriente, que creían en un solo dios, vivían del pastoreo y del cultivo, moraban en tiendas y tenían rebaños de ovejas y cabras. Además, usaban asnos y mulas como medio de transporte y carga. Esta gente era oriunda de la región de Mesopotamia y que, guiados por Abraham, según la biblia, salieron de su tierra natal alrededor del año 2.000 a.C. en busca de la tierra prometida, que, según la Biblia, dios le había prometido a Abraham.

Abraham era uno de los hijo de Taré, quien era descendiente de la décima generación de Noé. Este y su familia fueron los sobrevivientes del gran diluvio ocurrido en la región de la baja Mesopotamia. Abraham era casado con Sara y dado que ella no podía tener hijos, Abraham tuvo un hijo llamado Ismael con la sierva de Sara llamada Agar. Después dios le concedió un milagro a Sara para que tuviera un hijo llamado Isaac con su esposo Abraham.

Los hebreos con sus rebaños y pertenencias, juntos a Abraham y su familia se fueron trasladando a lo largo del rio Éufrates hasta llegar a Harán, al norte de Mesopotamia en donde se asentaron por algún tiempo. Harán estaba ubicada en lo que es hoy Turquía en la frontera con Siria.

Desde Harán algunas de las tribus hebreas cruzaron el rio Éufrates y abandonaron así su región en busca de la tierra prometida. Para ello, tomaron rumbo al sur hasta llegar a Canaán. Al llegar a la tierra prometida, los hebreos encontraron a los cananeos, otros pueblos que ya habitaban la región de Canaán. Pero con el tiempo se mezclaron con los otros pueblos cananeos y tanto los hebreos como los otros cananeos se fueron adaptando unos a los otros y se convirtieron en agricultores sedentarios.

La región de Canaán estaba situada entre el mar Mediterráneo y el rio Jordán e incluía a otras regiones como

Fenicia en el norte y Palestina en el sur. Además, comprendía tres regiones: Galilea al norte con su capital Nazaret; Samaria al centro con su capital Samaria; y Judea al sur con su capital Jerusalén.

Canaán estaba atravesada de norte a sur por el río Jordán, el cual nace en el monte Hermón y desemboca en el mar Muerto, a 400 metros bajo el nivel del mar. Canaán en la actualidad es el territorio donde están ubicados Israel, Palestina, Gaza y Cisjordania.

La región de Canaán, en su mayor parte era árida o desértica; pero también tenía colinas cubiertas de bosques, como los montes Tabor, Nebo y los Olivos. Su clima era caluroso y seco. Sin embargo, sus suelos eran propicios para el pastoreo y el cultivo de vid, higuera, olivo y legumbres. Sus tierras fértiles eran escasas y se encontraban a lo largo del río Jordán. Aquí los hebreos se volvieron más sedentarios gracias a la agricultura, vivían en casas de piedra más cómodas que las tiendas a las que estaban acostumbrados. Allí formaron sus pueblos y su cultura.

Con el transcurrir del tiempo, los hijos de Abraham dieron origen a los árabes y los judíos. Isaac el segundo hijo de Abraham tuvo dos hijos gemelos llamados Jacob y Esaú. Jacob, también llamado Israel tuvo doce hijos, los cuales, posteriormente, les dieron nombre a las doce tribus de Israel. Uno de los hijos de Jacob, José, se cree fue uno de los primeros hebreos en establecerse en Egipto.

Según la biblia, José, era el consentido de Jacob, lo que provocaba la envidia de sus hermanos, quienes terminaron vendiéndolo a unos mercaderes y que luego lo llevaron a Egipto, en donde gracias a su capacidad de leer los sueños, se convirtió en ministro del faraón. José creó reservas de grano que salvaron a los egipcios de una hambruna. Mientras tanto en Canaán se produjo una gran sequía y sus hermanos, quienes lo habían vendido, se llegaron a Egipto en busca de grano. José los perdonó y los invitó a quedarse con él, iniciando la presencia hebrea en Egipto.

Aparentemente, en casos de hambruna, la población de Canaán emigraba a Egipto en busca de alimento, porque en ese país las cosechas eran abundantes y no dependían de las lluvias, sino de la crecida del Nilo.

También se cree que hubo un episodio de emigración masiva de gente semita como los hebreos desde Canaán hacia Egipto en búsqueda de una vida mejor. Esta gente se asentó en el Delta del Nilo, región que luego dominó. Se cree que ellos fueron los hicsos, quienes después gobernaron a Egipto. Por esta razón fueron conocidos como los soberanos egipcios de origen extranjero. Aprovechando que Egipto estaba gobernado por los hicsos, de su misma raza semitas, algunas tribus hebreas pudieron haberse ido a establecerse en Egipto.

Pero dado que los hicsos tenían como dios principal a una divinidad extranjera, eso provocó un conflicto con los egipcios y los hicsos fueron expulsados a Canaán y los hebreos quedaron en cautiverio para luego ser esclavizados hasta que llegara Moisés y los liberara.

Moisés había nacido en Egipto de padres hebreos, siendo su padre descendientes de Jacob. También tuvo un hermano llamado Aaron. Moisés era parte de la segunda generación de hebreos nacidos en Egipto. También era parte de la familia del faraón, pues una princesa de esta familia fue quien lo recogió desde una cesta en la que era arrastrado por las aguas del rio Nilo. Fue esta princesa, quien le puso el nombre de Moisés, que quiere decir salvado de las aguas. La madre de Moisés lo había puesto en la cesta para protegerlo ante la amenaza del faraón de matar a todo niño varón hebreo.

Cuando adulto, Moisés pudo ver como trataban a los esclavos hebreos. Ante un brutal castigo a uno de los esclavos por parte de la gente del faraón, Moisés mató al egipcio torturador y luego tuvo que salir de Egipto y se fue a Madián, donde conoció al sacerdote del pueblo, quien lo adoptó como hijo y le dio trabajo como supervisor de rebaños. Moisés después se casó con Séfora, la hija mayor del sacerdote, quien le dio un hijo llamado Gerson. En Madián, Moisés vivió durante cuarenta años.

En una ocasión cuando Moisés había llevado a su rebaño al monte Sinaí, dios le habló y le dijo que liberara a su pueblo. Moisés obedeció y se regresó a Egipto y se reunió con su hermano Aaron para hablar con los hebreos sobre el plan. Pero el faraón no estaba dispuesto a dejar ir a los esclavos hasta que dios le envió la diez plagas.

Moisés luego inicio el éxodo con los hebreos hacia la tierra prometida, pero fueron perseguidos por el ejército del faraón sin éxito, pues dios separó las aguas del mar Rojo para que pasaran los hebreos solamente, según el relato bíblico. En su recorrido por el desierto, dios le dio los diez mandamientos a Moisés en el monte Sinaí. Moisés inició y condujo el éxodo para liberar al pueblo hebreo hasta Canaán. Sin embargo, Moisés murió antes de entrar a Canaán y Josué lo reemplazó para completar la misión.

En Canaán, los hebreos se habían organizado en doce tribus que conformaron el reino unido de Israel y así los hebreos pasaron a llamarse también israelitas. Los primeros reyes de Israel fueron Saúl, David y Salomón.

Saul organizó durante su gobierno un ejército que les permitió a los hebreos vivir en paz y mantener a los filisteos y a los nómadas del desierto lejos de sus fronteras.

El rey David estableció un poderoso ejército con el cual sometió a sus enemigos. Fue el creador del Estado Hebreo y el fundador de la capital del reino a la cual llamó Jerusalén, ciudad a la que llevó el Arca de la Alianza, la cual era un cofre de cedro, donde los hebreos guardaban los diez mandamientos. David fue famoso por su valiente hazaña de dar muerte con su honda al gigantesco guerrero filisteo llamado Goliat.

A la muerte de David le sucedió en el trono su hijo preferido Salomón, quien durante su reinado logró obtener un gran desarrollo económico, principalmente en la actividad comercial, con cuyas ganancias construyeron en siete años, con artesanos cananeos y fenicios, el templo de Jerusalén en donde se guardaba el Arca de la Alianza.

Después de la muerte del rey Salomón, surgieron algunas rivalidades entre las tribus del reino unido de Israel, lo que produjo su división en el reino de Israel y el de Juda. El reino de Israel quedó formado por diez tribus con los nombres de los diez hijos de Jacob, teniendo como su capital Samaria. El reino de Judá estaba conformado por las otras dos tribus con los nombres de los hijos de José, teniendo su capital Jerusalén. Los hebreos de Juda pasaron a llamarse también judíos.

Después de esta división del reino unido de Israel, los dos reinos formados, fueron tomados por los grandes imperios de la época. Israel fue conquistado por el imperio asirio, en el año 722 a.C. Sin embargo, Judá, se libró de la conquista asiria por más de un siglo, pero en el año 597 a.C. el emperador Neo-babilónico Nabucodonosor sometió al reino de Judá y llevó al pueblo judío al cautiverio en Babilonia. Mas tarde, cuando Ciro el grande destruyó el imperio Neo-babilónico, Ciro les permitió a los hebreos a retornar a su Juda. Pero no todos los hebreos regresaron por temor a ser esclavizados y siguieron dispersándose.

Mas adelante, en el año 70 a.C. en tiempo de los romanos, bajo el gobierno del emperador Tito, estos destruyeron Jerusalén y expulsaron a los hebreos, los cuales en esta ocasión se dispersaron por el Mediterráneo hacia todo el mundo. Esta dispersión es lo que se conoce como la diáspora. Sin embargo, gracias a sus creencias y costumbres, sobre todo a su fe en su dios, la comunidad hebrea logró sobrevivir y mantener su cultura.

La cultura hebrea tuvo características muy particulares en cuanto a su organización social, política, económica y religiosa. El aspecto social de los hebreos giraba en torno al grupo familiar, el cual era de naturaleza patriarcal, pues el padre adoptaba la figura de máxima autoridad. Abraham fue el primer patriarca hebreo. También existían en la sociedad hebrea, los esclavos, los cuales se conseguían por medio de la compra o porque eran tomados como prisioneros de guerra.

En cuanto a la organización política de los hebreos, sus tribus eran gobernados por los ancianos a quienes se les llamaban patriarcas. El Patriarca era el jefe y como tal, ejercía la máxima autoridad sobre las personas y bienes. También era el padre de la tribus, juez, sacerdote y jefe del ejército. Entre los patriarcas destacaron: Abraham, Isaac, Jacob, José y Moisés.

Mas tarde, cuando los hebreos se constituyen como nación por primera vez en el siglo XII y se establecen como las doce tribus de Israel, cada tribu era gobernada por un jefe militar y religioso llamado Juez. Adoptaron la forma de vida sedentaria formando pueblos y ciudades.

Posteriormente, para unificar y defender su nación contra sus enemigos: los filisteos de la costa y los nómadas del desierto, los hebreos decidieron ser gobernados por reyes, siguiendo el ejemplo de las monarquías de Egipto y Mesopotamia.

En cuanto a la organización económica de los hebreos, esta tuvo cambios importantes cuando se establecieron en Canaán. De pastores nómadas se hicieron sedentarios y se dedicaron a la agricultura y la ganadería. En la agricultura sobresalieron en el cultivo del trigo, la cebada, la vid, el olivo, las higueras, legumbres y lentejas. En la ganadería pastoreaban rebaños de ovejas y cabras, con la ayuda de caballos, camellos y bueyes.

La industria artesanal también prosperó con la producción de cerámica y la confección de tejidos, tanto de lino como de lana. Sin embargo, la actividad más importante de la economía hebrea fue el comercio, pues los pueblos hebreos se ubicaban entre Mesopotamia y Egipto, lo cual era un paso obligado de los mercaderes que transitaban por esa zona. El comercio les permitía exportar vinos y aceites e importar metales preciosos, marfil y especias exóticas, que ellos no tenían. Comercializaban mediante caravanas por tierra y por medio de embarcaciones con los pueblos del Mediterráneo, siguiendo las prácticas de los fenicios.

Sobre el aspecto religioso, los hebreos eran totalmente monoteísta. Creían en un solo Dios, el cual posee atributos como el amor, poder, justicia, y sabiduría. Este dios no tenía representación visual, lo que implica que los hebreos no eran idolatras. Sus creencias están contenidas en los diez mandamientos.

En cuanto al arte, los hebreos destacaron en la música, siendo Samuel el creador de una escuela de música. Usaban instrumentos musicales como las trompetas, la flauta, el tambor, el arpa y los cuernos de animales llamados shofar. En época del rey David, la música y la danza estuvieron a cargo de los religiosos. La danza luego fue excluida, pero persistieron en las ceremonias, la música y los himnos.

Los aportes de la cultura hebrea a la cultura universal incluyen aspectos fundamentales de carácter religioso, vigentes hasta el día de hoy día. Entre sus aportes tenemos: el monoteísmo, la biblia y el Decálogo. En cuanto al monoteísmo, el pueblo hebreo tuvo la convicción de creer en un solo dios cuando el resto del mundo para su época era politeísta. Esta fe dio origen a las tres religiones más grandes del mundo actual: el judaísmo, el cristianismo y el islamismo.

La Biblia fue otro de sus grandes legados. La palabra Biblia viene de la palabra del idioma griego Biblos, que significa libro y su plural es biblia. En efecto, la biblia es el conjunto de Libros Sagrados. Por su profundo contenido religioso, filosófico y literario, la biblia está considerado como la obra más importante de la humanidad.

El Decálogo contiene los diez mandamiento, el primer código moral escrito para tratar de manejar las emociones de lo gente.

En la actualidad, el pueblo judío, después de haber tenido diferentes dominaciones, se encuentra establecido en parte del territorio de Palestina, como resultado del esfuerzo realizado por los Sionistas, para obtener un territorio, el cual surgió en 1948; después de la Segunda Guerra Mundial. Así ocuparon el Estado de Israel, con su capital en Jerusalén, contando con la oposición de los estados árabes vecinos. Desde entonces han tenido una serie de enfrentamientos bélicos, con sus vecinos, los árabes, como los de 1949, de 1956, de 1973 y, en la actualidad, se encuentran en conflicto con los palestinos que reclaman su territorio, a pesar de esto, Israel ha alcanzado apreciable desarrollo en lo político, social y económico.

El Imperio Romano

El imperio romano ha sido la base de la cultura occidental de nuestra civilización actual. Con el fin de poder entenderlo mejor nos remontaremos a sus meros inicios cuando Roma fue fundada. Luego veremos su expansión, el inició del gran imperio, su auge y su caída.

La Fundación de Roma

Según la mitología, Roma fue fundada en el año 753 a.C. en la colina del monte Palatino a orillas del río Tíber, cerca del Mar Mediterráneo en la península Itálica al sur de Europa. Entre los primeros pobladores de Roma se encontraban los etruscos, quienes ya estaban en esa región cuando se fundó Roma. También habían llegado otros pobladores procedentes del interior de la península y muy cerca de Roma como los de los montes albanos y sabinos, y los latinos, procedente del pueblo de Latina también cerca de Roma. Además, llegaron otros pueblos como los antepasados de los griegos que se habían establecido al sur de la península. También llegó gente de diferentes pueblos alrededor del Mediterráneo. Desde el sudeste francés y el noroeste italiano llegaron los ligures, así como también los galos, provenientes de lo que hoy es Francia quienes en el siglo VI saquearon a Roma, lo que obligó a los romanos a construir murallas alrededor de la ciudad. Todos estos pueblos se fueron uniendo para formar la ciudad de Roma.

Los etruscos eran habitantes de Etruria, en Toscana, una región del centro de la península Itálica. Desde la Toscana, se fueron extendiendo alrededor de Roma. En una región llamada Lacio, al sur de Toscana, los etruscos se aliaron con los latinos y formaron una Liga Latina. Los etruscos fueron un pueblo muy próspero, desarrollado y avanzado en lo cultural, militar, social, político y económico. Tenían un ejército muy bien organizado y entrenado. Los etruscos fueron los que habían asimilado la cultura griega y que después la introdujeron a los romanos. Construyeron ciudades amuralladas e introdujeron el arco para construir monumentos y puentes. Fueron grandes artistas en escultura y pintura. Desarrollaron la metalúrgica, pues su región era rica en depósitos de minerales como el hierro, el níquel y el cobre, con los cuales hacían herramientas y obras de arte para ser vendidos a los griegos y a los fenicios. En el aspecto político, los romanos tuvieron mucha influencia de los etruscos, tanto que algunos de sus primeros reyes fueron etruscos, de los que aprendieron mucho. También los romanos aprendieron de los etruscos, su organización, su arquitectura y su formación militar. La cultura etrusca fue la base de la romana.

Expansión de Roma

Con el tiempo, Roma se extendió hasta ocupar otras seis colinas más para un total de siete y llegar a convertirse en una ciudad-Estado con una monarquía como forma de gobierno. Y más tarde, en el año 509 a.C. Roma ya se había constituido en una república y después en un imperio en el año 27 a.C.

La Monarquía Romana se inició con el gobierno del rey Rómulo, su fundador, según la mitología, en el año 753 a. C y terminó en el año 509 a.C. con la expulsión del rey Tarquino el Soberbio. Durante este periodo Roma fue gobernada por 7 reyes que pertenecían a las dinastías latina y etrusca. En la monarquía, además del rey, también estaba la Asamblea Popular y el Senado. El rey era la máxima autoridad con poder absoluto. Era también sacerdote supremo, juez y jefe militar. La asamblea popular era convocada por el rey para debatir las leyes para su aprobación o rechazo. La asamblea estaba formada por ciudadanos libres en la edad militar. El senado aconsejaba al rey y presentaba los candidatos para la sucesión del trono real. El senado estaba conformado por 300 patricios ancianos.

La República Romana se inició en el año 509 a.C. Durante este periodo Roma se convierte en la primera potencia del mundo, con numerosas colonias conquistadas en Europa, Asia y África; gracias a su política expansionista y al hecho de contar con un poderoso ejército, disciplinado y muy bien organizado. Durante la Republica Romana también se fortalecieron sus instituciones políticas y lograron difundir su cultura. Sin embargo, durante este periodo surgieron varios problemas sociales, como la lucha entre ricos y pobres y las rivalidades entre caudillos ambiciosos que se disputaban el poder.

Durante la república se conservó el Senado de la monarquía y se desarrollaron y modificaron otras instituciones. Surgieron los Cónsules como autoridades que ejercían funciones de gobierno, militares y de administración de justicia. En este periodo el rey fue sustituido por dos cónsules, que se controlaban mutuamente. Al término de su gobierno tenían que dar cuenta al senado sobre sus funciones. En caso de amenaza o peligro nacional, los cónsules podían nombrar un dictador, con poderes absolutos, cuya función no podía durar más de seis meses.

Las asambleas eran ahora de tres tipos: la asamblea Curial, la Centurial y la Tribal. La asamblea Curial era conformada por gente de clase alta llamados los patricios y era convocada por el rey. El voto de la mayoría de las curias constituía el voto del pueblo.

La asamblea Centurial estaba conformada por militares, que se reunían por grupos de 100. Al jefe de cada grupo se le llamaba Centurión. Estas asambleas eran convocadas y dirigidas por los cónsules. Con el voto mayoritario se aprobaban las leyes y elegían a los cónsules.

La Asamblea Tribal estaba conformada por la plebe y se agrupaban por tribus. Esta asamblea era presidida por un *Tribuno*, o representantes de los plebeyos, quienes defendían sus derechos ante el senado y los cónsules. Los acuerdos de los tribunos tenían carácter de ley. Los tribunos eran elegidos en las asambleas Tribales, en número de dos.

Además, surgieron unos magistrados encargados de velar por el funcionamiento del gobierno como los censores, cuestores, pretores y ediles. Los censores, se encargaban de hacer el censo de las personas y de sus bienes. También cuidaban de la educación y las buenas costumbres del pueblo. Los cuestores eran los contadores que recaudaban los impuestos y administraban el tesoro público. Los Pretores eran funcionarios que administraban justicia y fueron ellos los forjadores del *Derecho Romano*. Los ediles conformaban la organización municipal y se encargaban de velar por la vigilancia de los mercados, la limpieza de las calles, mantenimiento de los caminos y carreteras y la organización de los juegos olímpicos.

Una institución que jugó un papel muy importante, sobre todo durante la política de expansión de la república romana, fue el ejército. Este era el motor principal para las guerras y las conquistas. Estaba formado por ciudadanos entre los 17 y 46 años, quienes conformaban la guardia nacional. El ejército estaba organizado en legiones de 6.200 hombres cada una, y luchaba en forma cerrada con mucha mayor eficacia que el ejército griego. Con esta poderosa maquinaria Roma pudo conquistar territorios e imponer su autoridad.

La expansión romana se inició con la conquista de los pueblos que vivían en la península Itálica, de la que Roma formaba parte. Entre estos pueblos estaban: los latinos, los samnitas, los etruscos y los tarentinos. Los latinos fueron convertidos en colonos y después suministraban hombres al ejercito romano. Los samnitas que vivían en las regiones montañosas del centro de Italia, quienes habían formado un ejército poderoso, con el que conquistaron la región de Campania dentro de la península italiana y otros territorios al sur de la península. Sin embargo, esta invasión originó la guerra con los romanos, quienes terminaron imponiéndose y ocupando además de la Campania, otras regiones alrededor. Los etruscos, que vivían al norte de Roma y quienes después del acoso de los galos del norte y los romanos del sur, fueron anexados a la República Romana. Los tarentinos que eran del sur de la península Itálica y procedente de Grecia, ante el avance arrollador de los romanos contrataron un ejército mercenario de 25 mil soldados y unos cuantos elefantes, con los que inicialmente lograron aplastar a los romanos. Pero después de sus victorias iniciales fueron vencidos y Roma con esta victoria terminó dominando toda la península Itálica. Los pueblos vencidos se convirtieron en colonias aliadas con derechos cívicos, de participación en el ejército y de usufructo de las utilidades que les brindaban las conquistas.

Una vez conquistado el territorio de la península Itálica, la República Romana se lanzó por la conquista del mar Mediterráneo, lo cual hicieron en dos partes: primero conquistaron la parte occidental y luego la parte oriental. La conquista del Mediterráneo Occidental empezó con las guerras de Cartago, llamadas también *Guerras Púnicas*, por la denominación que se les daba a los cartaginenses y a sus antepasados los fenicios por el color rojo purpura que usaban para teñir sus telas. Estas guerras fueron tres, se llevaron a cabo entre los años 264 y 146 a.C. y fueron causadas por el interés de Roma en tomar la isla de Sicilia en manos de Cartago, después que Roma había conquistado la península Itálica. Durante la primera guerra púnica, Roma venció a Amílcar Barca, al mando del ejército cartaginense, por lo que Cartago tuvo que ceder Sicilia a Roma. Después, Cartago atacó la ciudad de Sagunto, aliada de los romanos, iniciando así la segunda guerra púnica. Durante esta guerra, los cartaginenses estuvieron al mando de Aníbal, hijo de Amílcar Barca, quien, con unos 26 mil soldados y 40 elefantes, cruzó España, los Pirineos y los Alpes. Sin embargo, debido a las inclemencias del clima y lo accidentado del trayecto, la mitad de los soldados murieron. Pese a la adversidad, Aníbal el gran estratega cartaginense, con el apoyo de los galos aniquiló tres ejércitos romanos, en Trebia, Trasimeno y Cannas. Con esta hazaña, Roma quedó sitiada pero no vencida gracias a sus murallas. Pero después de varias derrotas, el ejército de

Cartago se debilitó, mientras que los romanos se reorganizaron e invadieron a Cartago. Ante esta situación Aníbal se regresó a Cartago para defenderla; pero fue vencido en Zama, al sur de Cartago en el año 202 a.C. Con la victoria de la segunda guerra púnica, Roma obtuvo la supremacía sobre Cartago, el Mediterráneo Occidental, España, Francia, Inglaterra y el norte de África. La tercera guerra púnica fue iniciada por los romanos, quienes ante el temor de que el valiente Cartago renaciera, incendiaron y destruyeron la ciudad totalmente. Después de Sicilia, Roma también tomó a Cerdeña y Córcega.

Después de la conquista de la península Itálica y el Mediterráneo Occidental, los romanos se lanzaron a la conquista del Mediterráneo Oriental tomando Macedonia, Epiro y luego Grecia en Europa; y a Pérgamo, Siria y Palestina en Asia. El dominio del imperio romano abarcaba las costas del Mar Mediterráneo, específicamente: el sur y oeste de Europa, el norte de África y el oeste de Asia.

La expansión de Roma traería sus consecuencias principalmente en lo político y en lo social. En lo político, Roma tras todas sus conquistas, se convirtió en la primera potencia del mundo antiguo, dueña de extensos territorios con grandes riquezas. Los territorios conquistados se convirtieron en provincias romanas. Las autoridades y funcionarios públicos romanos llegaron a corromperse por falta de control en un territorio tan basto. Después, aparecieron los caudillos con ansias de poder, lo que desató guerras civiles. En lo social, surgieron grandes desigualdades entre la gente. La riqueza, el poder y prestigio que Roma había ganado se concentró solo en una élite de la sociedad. La mayoría de la clase media había desaparecido, pues gran parte murió en las batallas y los pocos que regresaron, vendieron sus pequeñas propiedades a los más pudientes. Los esclavos aumentaron dado al gran número de prisioneros de guerra, lo que intensificó el negocio de venderlos. Los pobres se levantaron contra los ricos y el senado, originando muchas luchas sociales.

Las consecuencias que trajo la expansión de Roma sumergieron la república en una profunda crisis. Para solventar esta situación, la republica implantó desde el año 60 hasta 43 a.C. un triunvirato, una forma de gobierno integrado por tres mandatarios. Este primer triunvirato estuvo conformado por Pompeyo, Julio Cesar y Craso. Sin embargo, Julio Cesar, uno de los más grandes militares romanos de esa época, fue la figura más importante de todo la vida republicana de Roma. Julio Cesar conquistó las Galias, Francia, Bélgica, parte de Holanda, Alemania y Suiza. En Alejandría, Egipto destronó a Tolomeo y restauró en el trono a Cleopatra, una joven egipcia de apenas 22 años con quien tuvo un hijo. Julio Cesar después fue a Asia Menor y tras de lograr otra victoria, regresó victorioso a Roma donde fue proclamado como Dictador Vitalicio. Pero más tarde, sus enemigos lo asesinaron en el senado en el año 44 a.C. Fue apuñalado por un amigo suyo llamado Marco Bruto. Julio Cesar como guerrero conquistó muchas regiones importantes. Como estadista logró el reparto de tierras entre sus soldados y los pobres y dispuso que la tercera parte de los trabajadores agrícolas fueran libres. También estabilizó la moneda basándose en el patrón del oro. Reformó el calendario de 355 días del año lunar, en 365 días del año solar y denominó con su nombre al mes de Julio.

Después de la muerte de Julio Cesar siguieron unos tres años de disputas, a lo que siguió la formación del segundo triunvirato con Marco Emilio Lépido, Marco Antonio y Octavio, quienes se repartieron el gobierno de la forma siguiente: A Lépido le tocó gobernar África, pero después se retiró a la vida privada. A Marco Antonio le tocó gobernar el Oriente y Egipto, en donde conoció a Cleopatra y se casó con ella. A Octavio, sobrino heredero de Julio Cesar, le tocó el Occidente incluyendo España y el norte de

África. Octavio quería ser dictador de Roma. Después de haber derrotado a Marco Antonio en Egipto y haberlo acusado de traidor, ambos Marco Antonio y su esposa Cleopatra se suicidaron. Con el dominio de Egipto, Roma se convirtió en el mayor imperio del mundo. Y Octavio asumió todos los poderes del imperio romano bajo el cargo de emperador. Con esto terminó la republica romana y se inicia el Imperio Romano.

El Gran Imperio

El imperio romano empezó en el año 29 a.C. con el gobierno de Augusto Octavio y concluyó con Rómulo Augústulo en el año 476 d.C. El imperio abarcaba territorios en Europa, África y Asia. Entre estos territorios se incluían: Britania, Galia, España, Suiza, los países situados al sur del rio Danubio, Italia, Grecia, Turquía, Asia Menor y el norte de África.

Octavio fue el primer emperador de Roma con el nombre de Augusto Octavio, asumiendo todos los poderes. Además, el senado le concedió Augusto Octavio todas las atribuciones y acataba sus órdenes. Como emperador, Augusto Octavio reorganizó el imperio, introduciendo algunas reformas. Entre las reformas políticas, el emperador era la máxima autoridad política, religiosa y militar. El senado acataba las órdenes del emperador. Sin embargo, cedió algunas provincias a los senadores, a las que se les llamó Provincias Senatoriales. También creó las Prefecturas para velar por el bienestar de la población.

Después de la muerte de Augusto Octavio, le siguieron en el poder una serie de dinastías, las cuales se pueden agrupar en dos etapas: el alto y el bajo imperio. En el alto imperio entre el año 29 a.C. y el 284 d.C., Roma tuvo un gran auge. Esta etapa del imperio va desde Augusto Octavio hasta antes de Diocleciano. Mientras que el bajo imperio entre el año 284 y el 476 d.C., desde Diocleciano hasta Rómulo Augústulo, es la etapa que marcó la decadencia del imperio hasta la crisis que produjo su final.

Auge del Imperio

El Imperio Romano, sobresalió debido a su gran organización política, social, económica y por el desarrollo de su cultura. En cuanto a su sistema político, este era centralizado, pues el emperador era la máxima autoridad y era parte de la toma de todas las decisiones. Después del gobierno, estaba el senado y después la asamblea. El senado era un consejero del emperador con poco o ninguna autoridad para tomar decisiones. La asamblea era más bien una tradición, pues esta tampoco tenía ningún poder. Sus miembros estaban bajo la autoridad del emperador y eran elegidos por este.

La sociedad del imperio romano estaba conformada por los patricios, los plebeyos y los esclavos. Los patricios eran una clase muy privilegiada que agrupaba a los miembros de las familias más antiguas y aristocráticas de Roma, incluyendo a los poseedores de tierras; los plebeyos eran los campesinos, comerciantes y artesanos; y los últimos en la pirámide social, eran los esclavos, quienes eran propiedad de la gente a quien servían. Se dedicaban a servicios domésticos, agricultura, minería, artesanías y construcciones. Para el imperio romano, dentro de la familia el rol más importante era el del padre.

La economía del imperio se basaba en la agricultura y cría, la artesanía, la minería, el comercio y la recolección de impuestos. En la agricultura cultivaban frutas, hortalizas, cereales, vid y olivo. Construyeron embalses y acequias para el riego, araban con un arado de hierro y usaban abono. Criaban vacas, ovejas y cerdos. La producción artesanal también formaba parte de su economía. En este rubro, producían tejidos, perfumes, joyas, productos de cuero, de vidrio y de herrería. La minería prosperó gracias a los minerales de las provincias conquistadas y a la disponibilidad de gran cantidad de esclavos. Los romanos también explotaron la sal para conservar sus alimentos y más tarde la comercializaron.

El comercio era otra de las bases económicas del imperio, el cual se incrementó con el intercambio de productos como metales, piedras preciosas, especies, sedas y perfumes, con tierras lejanas, gracias al dominio que tenían de su flota marítima y a la red de calzadas. Para sus transacciones comerciales usaban monedas como el áureo de oro, el denario de plata, el sestercio de bronce, el dupondius de bronce y el as de cobre. Y por supuesto, la economía del imperio también estaba apoyada por los tributos o impuestos del pueblo romano.

En cuanto a lo cultural, el imperio romano también sobresalió en las letras y filosofía, en urbanismo y la arquitectura y sus costumbres. En las letras y la filosofía, surgió la poesía con poetas como Pablo Virgilio Marón, el mejor poeta latino, autor de las obras: La Eneida, Las Bucólicas y Las Geórgicas. La historia, sobresalió con Tito Livio, el mejor historiador romano, con su obra: Historia de Roma. Otros historiadores que también sobresalieron fueron: Pablo Cornelio Tácito y el greco-romano Lucio Plutarco. En la filosofía destacaron: Lucio Séneca, el emperador y filosofo Marco Aurelio, y el filósofo Epicteto, quien fue esclavo de Nerón. En la oratoria sobresalió Marco Tulio Cicerón, el orador más grande de Roma, con sus famosas obras: Las Catilinarias y Las Filípicas.

En cuanto el urbanismo, el imperio romano tuvo un gran desarrollo. Las ciudades fueron el centro político, económico y cultural. Estas ciudades estaban en continuo progreso. A medida que pasaba el tiempo iban dejando su aspecto de pueblo para convertirse en ciudades con estructuras de cuadriculas, organizadas a partir de dos calles principales: el *cardo*, que era una calle de norte a sur y el *decumano* que era una calle de este a oeste. A estas calles les seguían las demás. En la intercepción del cardo y el decumano estaba ubicado el foro y a su alrededor estaban los principales edificios públicos. Las viviendas del imperio dependían de las posibilidades económicas de la gente. Los de mayor nivel económico podían vivir en casas individuales llamadas *domus*, mientras que los más humildes vivían alquilados en edificios de varios pisos llamados *insulae*. Por seguridad, las ciudades se rodeaban de murallas.

La vida cotidiana de los romanos dentro de la ciudad era muy diferente a la vida de estos en el campo. En la ciudad la gente vestía con dos o tres prendas y usaba calzado. Su alimentación dependía de su nivel económico, pero generalmente hacían tres comidas al día: desayuno, almuerzo y cena, siendo esta última la principal. En el campo, la gente normalmente trabajaba en la agricultura y vivía en el campo en condiciones no tan cómodas como en la ciudad.

Dentro de las nuevas ciudades, floreció la arquitectura gracias al aporte de los etruscos con el arco, la bóveda y la cúpula con los que construyeron edificios armoniosos usando ladrillos, piedras y hormigón. Entre estos edificios estaban templos, anfiteatros, teatros, palacios, circos, foros, basílicas, termas. Los templos más importantes fueron: el Panteón de Roma y el templo de Vesta de forma circular. Los Anfiteatros y Circos eran grandes obras circulares construidos para brindar espectáculos al pueblo. Los más importantes fueron: el Coliseo Romano y el Circo Máximo. El primero era para la lucha de gladiadores y el enfrentamiento con fieras, con una capacidad de hasta 110 mil espectadores. El segundo era el Circo Máximo con pista de arena para carreras de carruajes tirados por caballos con capacidad para 300 mil espectadores. Las Termas eran unos edificios que tenían baños de agua caliente o fría, biblioteca, sala de reunión y conciertos. Las principales termas fueron: la de Caracalla y la de Diocleciano en Roma. Los romanos también sobresalieron en la construcción de otras obras grandes como calzadas para la comunicación y el comercio entre las ciudades, puentes y acueductos para llevar el agua a la gente.

En cuanto a la escultura, los romanos esculpieron bustos y estatuas de bronce o mármol de sus dioses y emperadores, como las estatuas del emperador Augusto y la de Marco Aurelio.

Con respecto a su religión, los romanos eran al principio politeístas, pues adoraban a varios dioses como Júpiter, el que era el más poderosos de todos, dios del cielo y los fenómenos celestes. Marte, dios del ejército, Juno, diosa de las madres, Cares la de la cosecha, Minerva la de la inteligencia, Mercurio el del comercio, Vulcano, el del fuego y Neptuno el dios del mar. En los templos, los romanos ofrecían sacrificios, ofrendas y plegarias para solicitar favores de los dioses. Algunos sacerdotes del templo llamados *augures* se especializaban en adivinar el futuro. En sus casas, los romanos tenían un pequeño santuario. Sin embargo, años más tarde, en el 313 d.C. el emperador romano Constantino con el Edicto de Milán convirtió el cristianismo en la religión oficial del imperio romano. En el año 391 d.C. el emperador Teodosio prohibió el politeísmo y el cristianismo se convirtió en única religión del imperio romano.

Caída del Imperio

La decadencia del Imperio Romano empezó en el año 284 d.C. debido al debilitamiento del imperio por las crisis internas y sus divisiones. La primera división fue la del emperador Diocleciano cuando en el año 293 a.C. creó una tetrarquía, una forma de gobierno con cuatro gobernantes en el periodo del bajo imperio. Sin embargo, en esta tetrarquía, el poder seguía estando en manos de Diocleciano. Pero la otra división hecha por el emperador Teodosio antes de su muerte, en el año 395 d.C., si involucraba la división marcada del territorio romano en dos partes. Teodosio dividió el imperio entre sus dos hijos. Arcadio y Honorio. Arcadio, el mayor, gobernó el Imperio Romano de Oriente: que comprendía los territorios de Grecia, Macedonia, Turquía, Siria, Palestina y Egipto. La capital de esta parte del imperio fue Constantinopla en lo que es hoy Estambul. Honorio el menor, reinó en el Imperio Romano de Occidente; en los territorios donde en la actualidad se encuentran Italia, Francia, España, Portugal, Inglaterra y el norte de África. La capital de esta parte del imperio fue la ciudad de Milán, pero en la práctica siguió siendo Roma. Además de la división anterior, también ocurrió otro evento que precipitó el imperio a su fin. En el año 475 d.C. llegó al poder del imperio romano de occidente su último emperador Rómulo Augústulo, un niño de apenas 15 años, durante cuyo ineficiente gobierno, el gran Imperio Romano; caracterizado por su gran poder político y militar, sus conquistas territoriales y sus guerras victoriosas; se precipitó a su fin.

El imperio fue perdiendo territorios y después fue atacado y conquistado por un emperador bárbaro llamado Odoacro, poniendo fin al Imperio Romano. Aunque la parte del imperio conquistado fue la occidental, pero esta era la parte donde estaba el gran poder de todo el imperio. Con este evento se inició la edad media. Sin embargo, la parte oriental del imperio duró casi mil años más bajo el nombre de imperio Bizantino hasta que llegó a su fin en el año 1453 de nuestra era con la caída de Constantinopla en manos del Imperio Otomano y con este evento se inicia la edad moderna.

El legado del imperio romano, aun se puede ver hoy, sobre todo la parte occidental de nuestra civilización. En los territorios de sus conquistas, dejaban la huella de su cultura:

su lengua, sus costumbres y sus construcciones. Entre los aspectos de su legado tenemos: el derecho romano, el idioma latín, sus construcciones y el cristianismo. El Derecho Romano es un conjunto de leyes escritas en las que se establecen los derechos y deberes de los ciudadanos a fin de lograr una mejor convivencia entre ellos. Se consolidó en el año 439 a.C. como la Ley de las XII Tablas durante la época de la Republica Romana. Muchos de sus principios aún están vigentes todavía hoy en Europa. El idioma latín que era la lengua que hablaban los romanos, se comenzó a difundir debido a la expansión romana. El latín después se transformó en la base de otros idiomas como el español, el portugués y el francés. Otros de los legados del imperio romano fueron sus grandes construcciones como los teatros, anfiteatros, circos, templos, termas, acueductos y puentes. También entre sus legados está el cristianismo, el cual se convirtió en la religión del imperio en el año 380 y luego se extendió por todo el mundo.

Las Culturas Americanas

Los habitantes del continente americano, quienes habían llegado hacen unos 35 mil años, desarrollaron varias culturas entre las más importantes están la cultura Maya, la Azteca y la Inca. Sin embargo, este continente permaneció desconocido hasta la llegada de los europeos.

América, el Nuevo Continente

Al congelarse el polo norte, durante la última glaciación, se expuso el puente de hielo del estrecho de Bering y así los seres humanos, ya convertidos en Homo Sapiens, provenientes de Siberia en la parte noreste de Asia lograron, hace unos 35 mil años cruzar dicho estrecho hacia un nuevo continente que hoy llamamos América. Sin embargo, también se cree que después de Bering, los humanos pudieron haber seguido la ruta costera del océano Pacífico para evitar caminar los largos trayectos cubiertos de hielo. A estos primeros humanos en América les llevaría unos 25 mil años para establecerse en este nuevo continente de norte a sur atraídos por un clima más favorables y una gran abundancia de comida.

En el continente americano existen todos los climas y paisajes de la Tierra. Además de sistemas montañosos muy importantes como las Montañas Rocosas, la Sierra Madre y la Cordillera de los Andes. También existen extensas llanuras en la vertiente atlántica, donde desembocan ríos tan caudalosos como el Mississippi, en la parte norte del continente o Norteamérica y el Rio Orinoco y el Amazonas en la parte sur o Suramérica.

Los primeros habitantes de América eran nómadas y andaban en pequeños grupos de un lugar a otro en busca de comida. Cazaban animales como venados y mamuts y también pescaban y recogían frutos silvestres. En Norteamérica, los primeros americanos encontraron recursos para su supervivencia por lo que se asentaron en algunos lugares como Clovis y Folsom en lo que hoy es Nuevo México, Estados Unidos entre 15 y 10 mil años atrás. Alrededor de estos asentamientos fueron encontradas algunas piezas que caracterizan a estas culturas como sus puntas de lanzas de piedra, las cuales eran hechas con un grado de perfección y belleza no común para esa época. Estas puntas tenían canales tallados con mucha precisión.

En su búsqueda de un clima más cálido y con más abundancia en alimentos, los primeros americanos continuaron desplazándose hacia el sur hasta llegar a la parte central del continente, lo que hoy se llama Centroamérica, donde decidieron asentarse. Allí, con el tiempo, aprendieron a cultivar la tierra, hacer tejidos para confeccionar sus vestimentas y desarrollar la cestería y la cerámica. Así fueron haciéndose más sedentarios para desarrollar en la región sureste de los estados mexicanos de Veracruz y Tabasco, los primeros pueblos y su respectiva cultura: la Olmeca, la primera de todas las culturas avanzadas del continente americano. Los olmecas construyeron importantes centros ceremoniales en varios asentamientos como La Venta en el estado de Tabasco, San Lorenzo y Tres Zapotes en Veracruz.

La olmeca fue una cultura organizada. En lo social, los olmecas tenían básicamente dos clases sociales: la clase gobernante en el tope y la clase de los plebeyos en la parte de abajo formada por los campesinos. En cuanto a su religión, eran politeístas pues creían en varios dioses, incluyendo al dios de la serpiente emplumada. Tenían también animales sagrados como el jaguar, sapos, caimanes, etc.

Sus gobernantes creían tener poderes sobrenaturales, pues creían que eran como descendientes de sus dioses y así los consideraba la gente. El gobierno era teocrático, encabezados por sacerdotes con una élite guerrera y algunos plebeyos.

En cuanto a su economía, esta era basada en la agricultura con el cultivo del maíz principalmente, aunque también practicaban la caza y la recolección de frutos silvestres. Además, practicaban el comercio mediante el intercambio de productos con los pueblos vecinos.

En cuanto a su arte, resaltaron las famosas cabezas olmecas talladas en piedra de varias toneladas de peso y de hasta cuatro metros de altura. Estas piedras eran traídas desde canteras de más de cien kilómetros de distancia. Estas piedras también eran utilizadas en la construcción de templos y otras esculturas.

Los olmecas además desarrollaron su propia escritura silábica representada por jeroglifos. También tenían una representación numérica, la cual ya usaba el cero. Y además tenían un calendario astral de mucha precisión.

Con el tiempo, la cultura olmeca fue dando paso a otras culturas. Aproximadamente en el año 2000 a.C. surgieron las primeras sociedades urbanas con diversas formas de organización como la de los mayas y la de los aztecas, en la región de Centroamérica o Mesoamericana, y la de los incas, en la región andina de Suramérica.

Estas primeras sociedades urbanas eran mucho más organizadas jerárquicamente, pues tenían organizaciones económicas, políticas y sociales parecidas a las que existieron en el Medio Oriente. Para las culturas americanas su religión regía la mayor parte de los actos de su vida cotidiana, y su arte alcanzó un alto nivel de desarrollo. Las culturas de Norte y Centro America desarrollaron sistemas de escritura y de numeración.

En estas sociedades, se usó la construcción de obras de riego y la aplicación de otras técnicas agrícolas, las cuales favorecieron el crecimiento constante de la producción agrícola y de la población. Esto condujo al desarrollo de ciudades con una organización social jerarquizada.

Entre estas sociedades los guerreros y los sacerdotes conformaban el grupo privilegiado y ejercían el gobierno. Pero, la mayoría de la población estaba compuesta por campesinos y trabajadores urbanos, que tenían que pagar impuestos en productos y trabajo.

Estas sociedades estaban organizadas y gobernadas por fuertes estados teocráticos, en los cuales toda la autoridad residía en los sacerdotes. El gobernante era considerado como un dios y todo giraba en torno a él. Las primeras ciudades se organizaron alrededor del centro ceremonial o templo de la población.

Los templos eran edificios donde se llevaban a cabo funciones religiosas, así como también funciones económicas, pues en ellos se almacenaban y distribuían los productos tributados por los campesinos. Fue así como estas sociedades fueron desarrollando aún más sus culturas como la maya, los aztecas y los incas como las más importantes.

La Cultura Maya

Los mayas se asentaron alrededor del año 3000 a.C. en Mesoamérica y se extendieron por la península de Yucatán desde México hasta Guatemala y Honduras. En esta región construyeron enormes templos para sus ceremoniales religiosos y a sus alrededores desarrollaron grandes ciudades con plazas, palacios, pirámides, campos deportivos, acueductos y desagües. Las ciudades mayas más importantes fueron Chichén Itzá, Calakmul, Palenque y Mayapan, en México. Además de Uaxactún y Tikal en Guatemala. Los mayas llegaron a ocupar un tercio del territorio de Mesoamérica.

La sociedad maya estaba integrada inicialmente por nobles y plebeyos. Los nobles era la clase gobernante con muchos privilegios, los cuales se transmitían por herencia. Esta clase social sabía leer y escribir. Los plebeyos o el pueblo constituían la mayor parte de la sociedad, quienes hacían trabajos agrícolas, de pesca, de caza y de edificaciones. Además, estaban los esclavos, quienes eran los prisioneros de guerra o delincuentes.

Con el crecimiento de la población con el tiempo surgieron otros estratos sociales como una clase media formada por artesanos, algunos funcionarios y sacerdotes, comerciantes y soldados. Los sacerdotes se dedicaban a funciones del gobierno y a las ceremonias religiosas. Además, se encargaban del estudio del calendario y el conocimiento de los ciclos de la agricultura. Los sacerdotes eran historiadores, astrónomos y matemáticos.

En cuanto a su organización política, el poder estaba a cargo de una monarquía, la cual era hereditaria por los miembros de familia descendiente de un antepasado común.

El monarca maya era considerado como un intermediario entre los seres humanos y el mundo sobrenatural. Las ciudad-Estados de los mayas, eran gobernadas por un líder local, quien a su vez reportaba a un funcionario regional.

La base de la economía maya era la agricultura con cultivos de maíz y frijol principalmente, así como también de tabaco, calabaza, algodón, tomate, cacao y yuca. Además de la agricultura disponían de otros recursos naturales como la piedra caliza para la construcción, la obsidiana de roca volcánica para fabricar sus herramientas y armas, y la sal para conservar los alimentos.

También podían obtener otros productos como jades y plumas de quetzal para adornar los trajes de la nobleza maya, y conchas marinas que se usaban como trompetas. Otra actividad de su economía fue el comercio entre las ciudad-estados.

En cuanto a su religión, los mayas adoraban a varios dioses relacionados con la naturaleza como el sol, la luna, la lluvia y el maíz. Además, creían en un mundo supernatural en el existían varios dioses, a los cuales tenían que satisfacer con ofrendas ceremoniales y prácticas rituales incluyendo sacrificios humanos como la decapitación y la extracción del corazón a personas vivas para alagar a sus dioses. Los mayas también creían que ellos eran descendientes de los dioses.

La arquitectura de la cultura maya, era básicamente religiosa y en ese sentido construyeron edificios con piedras caliza y con ladrillos de barro cocidos. Entre sus edificios estaban sus templos y sus palacios. Los templos eran construidos en la cumbre de las pirámides para sus centros consagrados al culto. Los palacios estaban en los estratos más abajo y se cree que eran residencias de los sacerdotes.

Los centros sagrados más importantes fueron Copan, Tikal, Piedras Negras, Chichen Itzá, Uxmal y Mayapán. También destacaron los edificios del Palacio del Gobernador en Uxmal y la Torre de Caracol en Chichen Itzá. Crearon estatuas sofisticadas y relieves tallados en piedra.

Otro de los logros de la cultura maya fue su escritura, la cual usaba como símbolos los jeroglifos mayas con los que llegaron a escribir en papel hecho de la corteza de árbol sus propios libros conocidos como códices. También desarrollaron un sistema de calendarios con los que registraban con mucha precisión los ciclos de la luna y los del sol, los eclipses y los movimientos de los planetas.

Además, alcanzaron gran desarrollo en las matemáticas y en la astronomía. En las matemáticas desarrollaron un sistema de numeración vigesimal o en base a 20, el cual también incluía el cero. Los números del 1 al 4 eran representados con un punto por cada valor del número, el numero 5 era representado con una raya horizontal por cada valor de los múltiplos de 5. El resto de los numero se podían representar por combinaciones de puntos y rayas.

En la astronomía los mayas hicieron observaciones detallada de los cuerpos celestes como el Sol, la Luna, y Venus con los que realizaron numerosos descubrimientos relativos al movimiento de los planetas y llegaron a predecir los eclipses y las lluvias. Pero el propósito principal de sus observaciones era comprender los ciclos de tiempos pasados y proyectarlos hacia el futuro para hacer sus profecías

La cultura maya empezó su decadencia a finales del siglo IIIX y ya para finales del siglo IX había llegado a su fin. Al comienzo de la decadencia las principales ciudades mayas de la parte sur de su territorio de tierras bajas en Centroamérica fueron misteriosamente abandonadas. Se cree que para ese entonces los mayas habían agotado los recursos naturales en esa región hasta el punto de que ya no era posible mantener una población tan grande.

También se cree que la región pudo haber sido afectada por algunos cambios ambientales catastróficos, como un período extenso de intensa sequía, la cual podría haber afectado a ciudades como Tikal, donde el agua de lluvia era necesaria para el consumo humano, así como para irrigar los cultivos. Sin embargo, en las tierras altas de la península de Yucatán, algunas ciudades mayas como Chichén Itzá, Uxmal y Mayapán, continuaron floreciendo hasta el año 1500, cuando llegaron los españoles. La última ciudad maya cayó en el año 1697.

La Cultura Azteca

Los aztecas, después de haber recorrido varios lugares, se asentaron definitivamente, a principios del siglo XIV d.C., en el valle de México, en donde fundaron su ciudad capital Tenochtitlán, construida sobre las aguas del lago Texcoco. La comunicación dentro de la ciudad se realizaba mediante canales. En el centro de la ciudad se encontraban más de 70 edificios, entre los cuales se hallaban el templo, los palacios de los señores, una cancha de pelota y abundantes jardines y huertos.

En la región donde se habían asentado los aztecas, había otros pueblos, con quienes lucharon para apropiarse de las mejores tierras y tener el control de la región. Con el tiempo, dominaron toda la región dando muestra de su gran poderío, gracias a su gran ejército. Los aztecas dominaban todo el territorio de México. Eran un pueblo muy guerrero, pues desde muy pequeños, enseñaban a los niños a ser soldados. Entre sus armas estaban: escudos, arcos y flechas.

Los aztecas se expandieron y conquistaron muchos pueblos y ciudades, los cuales tenían que pagarles impuestos. Los aztecas se convirtieron en un poderoso imperio, por lo que muchas de las ciudades bajo su dominio, se rebelaron contra ellos. De hecho, a la llegada de los españoles a México, algunas de estas ciudades se aliaron con éstos para derrotar a los aztecas. Sin embargo, las ciudades aztecas estaban unidas no sólo por una lengua común y por sus costumbres, sino que, en el aspecto político y en el religioso, dependían de un fuerte poder central cuya sede se encontraba en Tenochtitlán.

El estado azteca tuvo una importante fuerza militar con la que practicaban la guerra de conquista para lograr su gran expansión territorial. La máxima extensión de sus dominios se produjo en tiempos de Moctezuma, el emperador azteca hasta la llegada de los españoles.

En la sociedad azteca había básicamente dos grupos sociales: los nobles y los trabajadores. Los nobles eran el grupo privilegiado conformados por el emperador, los sacerdotes, los guerreros y los funcionarios del gobierno. Ellos poseían la mayoría de las tierras, no pagaban impuestos y controlaban el estado. Los trabajadores constituían la mayor parte de la población y formaban el grupo de los no privilegiados. Eran los campesinos, los comerciantes y los artesanos, quienes tenían que pagar impuestos y tenían la obligación de trabajar en la construcción de edificios y templos de la nobleza. También existían en la sociedad azteca los esclavos, quienes en su mayoría eran prisioneros de guerra.

La agricultura fue la base de la economía azteca. Entre sus productos más importantes de su dieta diaria estaban el maíz y el frijol. También cultivaban tabaco, cacao, algodón, agave, tomate, papa, yuca, cebolla, limón, etc. En la agricultura, el riego y las siembras en terrazas, eran prácticas muy usadas. Pero la técnica de las chinampas era la más utilizada. Las chinampas eran balsas de tierra que flotaban en los lagos y sobre las cuales se cultivaba. El comercio también era una actividad muy importante. Los aztecas intercambiaban productos como el cacao, gemas, algodón y plumas preciosas con pueblos de diferentes regiones.

En cuanto a su organización política, el Estado azteca fue teocrático, pues estaba gobernado por un emperador, quien era el jefe supremo, jefe militar, político y sumo sacerdote considerado como un dios. El cargo del jefe supremo era hereditario. Además del jefe supremo, estaban los sacerdotes, quienes tenían a su cargo funciones de gobierno como la preparación de las ceremonias religiosas y de los rituales. Los sacerdotes eran también los encargados de controlar el cumplimiento de las normas y de hacer justicia. Las leyes del Estado azteca eran muy severas y los castigos variaban según el delito y el infractor. Además, los sacerdotes eran los que poseían el conocimiento. Conocían la astronomía, la medicina y la escritura. Sin embargo, la mayoría de la población no tenía acceso a estos conocimientos. Había además unos funcionarios que dependían directamente del emperador y que controlaban y centralizaban el almacenamiento de los productos recaudados como impuestos.

La religión de los aztecas formaba gran parte de sus vidas. Creían en varios dioses, siendo Quetzalcóatl, la serpiente emplumada, uno de sus dioses principales. Este era el dios de la vida, la luz, la fertilidad y el conocimiento. Los aztecas acostumbraban a hacer sacrificios humanos en nombre de sus dioses. Uno de ellos, consistía en sacarle con un cuchillo de sílex el corazón a una persona viva para ofrecerlo a los dioses.

Las creencias de los aztecas los llevó a desarrollar ciertos presagios y profecías sobre su futuro. Uno de estos presagios anunciaba que el retorno del dios Quetzalcóatl se produciría al final del reinado de Moctezuma y lo haría bajo la forma de un hombre blanco. En efecto la profecía se habría cumplido, según sus creencias, con la llegada de Hernán Cortés a México en 1519.

Hernán Cortés al mando de 11 naves y 600 hombres llegaron a la capital azteca, Tenochtitlán, México. Cortés y su gente portaban armas de fuego y montaban a caballos: dos grandes novedades no vistas por los mexicanos de ese entonces: la pólvora y el caballo. Esto por supuesto atemorizó a los primeros pueblos con los que los españoles entraron en contacto. Uno de ellos, fueron los tlaxcaltecas, un pueblo que había sido sometido por los aztecas. Este pueblo se alió con las tropas invasoras por el descontento con los aztecas, lo cual favoreció a los españoles.

Moctezuma envió embajadores ante Cortés con oro y plata para que detuviera el avance. Pero eso, lo que hizo fue aumentar aún más la codicia de los españoles. Y Cortés tomó prisionero a Moctezuma. Poco tiempo después, empezó la matanza de muchos miembros de la nobleza azteca por parte de los españoles en el Templo Mayor. Eso provocó la sublevación del pueblo, liderado por Cuauhtémoc. Los españoles fueron sitiados y Cortés obligó a Moctezuma a hablar con su pueblo para detener el ataque. Pero los guerreros aztecas con flechas y piedras hirieron de muerte al propio Moctezuma y Cortés huyó. Los otros españoles fueron apuñalados mientras huían y sólo unos pocos de ellos, incluyendo a Cortés, lograron escapar.

Luego las tropas españolas se reorganizaron y con el apoyo de los tlaxcaltecas, lograron aplastar a la resistencia azteca en Tenochtitlán. Una vez sometida toda la región, el rey Carlos V de España recompensó al conquistador Cortés con tierras y riquezas y lo nombró Gobernador y Capitán General de Nueva España. México se convirtió desde ese entonces en uno de los centros del imperio español en América.

La ayudante en la traducción de los españoles, era una mujer llamada Malinche, quien fue la hija de un cacique mexicano entregada a Cortés como esclava. Ella hablaba la lengua náhuatl de los aztecas y la maya. Entre los españoles había un sacerdote que hablaba la lengua maya. Este sacerdote entonces traducía al español, lo que Malinche traducía de la lengua azteca a la maya.

La Cultura Inca

Antes de los incas, existieron otras culturas en el antiguo Perú como la cultura Chavín en el pueblo de Chavín de Huántar; la cultura Nazca famosa por las líneas de Nazca hechas con mucha precisión en las Pampas de Nazca para representar figuras enigmáticas incluyendo animales, seres mitológicos y algunos diseños geométricos, todos hechos a una escala gigantesca; la cultura Mochica, la cual destacó por sus cerámicas, así como también por su arquitectura representadas por la Huaca del Sol y la de la Luna. También existió la cultura Tiahuanaco, la cual se desarrolló en el altiplano andino o la meseta del Callao de hoy, cerca del lago Titicaca, donde se puede ver una de las obras de arquitectura más interesantes de esta cultura como lo es La Portada del Sol, además de otras edificaciones muy antiguas. La cultura Tiahuanaco es reconocida como una de los precursoras de la cultura incaica.

Los incas se asentaron en un lugar de la cordillera de los Andes, en lo que hoy es Perú, desde donde dominaron a otros pueblos de la región mediante la guerra de conquista. Establecieron su capital en la ciudad de Cuzco, que, en su idioma, el quechua, quería decir el centro de su mundo.

Desde su capital, cerca del año 1200; empezaron su expansión por la región occidental de Suramérica, a lo largo de la costa del océano Pacífico y la cordillera de los Andes y ocuparon los territorios de lo que es hoy Bolivia, Chile y parte de Argentina al sur y Ecuador y Colombia al norte. Los incas se convirtieron en un poderoso imperio y a medida que se expandían fueron imponiendo su cultura incluyendo su lengua quechua, la cual aún se usa en comunidades originarias suramericanas.

Se cree que Manco Cápac fue el fundador del Imperio incaico, en el año 1200; aproximadamente y que también fue su primer emperador, a quien le sucedieron 13 emperadores más incluyendo a Atahualpa, el último emperador. El territorio inca en su totalidad fue llamado por ellos Tahuantinsuyo, el cual se dividía en cuatro regiones llamadas "suyos", las cuales eran gobernadas por funcionarios del emperador inca.

El dominio de los incas comenzó en el siglo XIII y continuó hasta la llegada de los colonizadores españoles en el siglo XVI. Se cree que su caída se debió en parte al descontento que tenían algunos pueblos dominados por los incas, que en algunos casos se unieron a los europeos.

Los incas fueron una de las últimas culturas originarias en mantenerse de pie durante la conquista de América por los españoles. Fue una cultura muy desarrollada en actividades agrícolas, de tejido y de ingeniería, a pesar de no haber conocido la escritura alfabética ni la rueda. En su apogeo, el imperio incaico fue la potencia regional más importante del continente suramericano.

La cultura incaica implementó sistemas avanzados de transporte y de correos. Su sistema de transporte consistía en una red de caminos, siendo el más importante el Camino Real, pues era el eje central del sistema de transporte que recorría el imperio incaico desde la sede imperial en Cuzco. El sistema de correos consistía en una mensajería imperial sumamente veloz, pues tenía unos mensajeros corredores apostados en los distintos caminos. Estos mensajeros se pasaban entre sí los mensajes o paquetes entre puestos ubicados a 1.5 km de distancia el uno del otro.

En la sociedad incaica se podían diferenciar varios grupos sociales: la realeza, la nobleza y los trabajadores. La realeza era la clase gobernante y estaba formada por la familia real con el Inca a la cabeza y su esposa la Coya o emperatriz. La nobleza estaba formada por los sacerdotes, los guerreros y los funcionarios. Los trabajadores eran formados por campesinos, pescadores, pastores y artesanos, quienes pagaban impuestos en forma de trabajo para el gobierno incaico. La clase trabajadora vivía en comunidades llamadas "aillus". Estas comunidades estaban formadas por personas unidas por vínculos familiares, que tenían antepasados en común y habitaban un mismo territorio. El Estado entregaba tierras a cada comunidad según el número de sus componentes para su subsistencia. Pero los campesinos no eran propietarios de las tierras y estas parcelas eran trabajadas colectivamente por todos los miembros de la comunidad. El ayllu debía entregar fuertes tributos en productos y en trabajo al Estado. También había en la sociedad incaica esclavos, quienes eran los prisioneros de guerra.

El estado incaico fue teocrático porque el emperador, también llamado el Inca, era considerado como el hijo del Sol, el dios más importante. También el estado incaico era absolutista pues tenía todo el poder. Además del Inca, había un consejo de nobles y sacerdotes, pertenecientes a la familia real, que asesoraba al Inca en las tareas de gobierno. La gran fuerza militar del estado incaico fue lo que hizo la expansión de los incas. Para facilitar el desplazamiento de sus ejércitos, los incas construyeron una gran red de caminos con posadas y puestos de correos a lo largo de esos caminos, lo cual servía para el descanso de las tropas en campaña y para el intercambio de animales y armas.

La agricultura fue la base de la economía de los incas. Sus cultivos más importantes eran el maíz y la papa. Los incas aplicaron diferentes técnicas agrícolas que mejoraron el rendimiento de los cultivos. Usaban como fertilizante el guano, el cual era excremento de aves marinas. También construían canales de riego y cultivaban en terrazas en las laderas de las montañas. Además, recibían de los pueblos bajo su dominio pagos de impuesto en productos que no disponían en sus zonas. Otro aspecto importante de la economía incaica fue la cría de llamas y de alpacas, pues estos animales proveían lana y carne, y además se usaban como animales de carga. El comercio con otros pueblos vecinos también era importante en su economía.

La religión de los incas era también, politeísta, pues creían en muchos dioses, pero su dios creador de su mundo era Viracocha. Además, creían en el dios del Sol, llamado Inti. También, veneraban a la Pachamama la diosa de la tierra, a Quilla la diosa del agua, a Illapu el dios del rayo, entre otros.

Sin embargo, sus creencias, al igual que a los aztecas de México, llevó los incas a desarrollar sus presagios y profecías sobre su decadencia. Estas profecías serían transmitidas por el lenguaje oral, ya que los incas no conocieron la escritura. Se cree que los incas también esperaban el retorno de Viracocha, su dios salvador. Por ello, cuando oyeron sobre la llegada de Francisco Pizarro, muchos de los incas creyeron que era el dios salvador. Pero el español Pizarro solo había llegado para acabar con los incas.

En noviembre de 1532, Francisco Pizarro, con 200 hombres, llegó a Cajamarca, Perú, donde acampaban 30.000 incas al mando del emperador Atahualpa. Pizarro pensaba aprovechar a su favor la división interna entre los incas, enfrentados en una guerra civil en la que dos hermanos descendientes del Inca: Atahualpa y Huáscar, se disputaban el trono. A pesar de tener una tropa pequeña, Pizarro convenció a Atahualpa para hablar y luego lo tomó prisionero. Aunque Atahualpa ofreció pagar un enorme rescate en oro a cambio de su libertad y que Pizarro había aceptado y recibido el valor del rescate. Sin embargo, los españoles terminaron, de todas formas, eliminando a Atahualpa, el último emperador inca.

La orden de Atahualpa de matar a su hermano Huáscar, quien dominaba el sur del imperio, facilitó la alianza entre grupos incas y los españoles. Otro factor que influyó también en la caída de los incas, al igual que en los aztecas, fue el terror que la superioridad de las armas de los españoles causaba en la población incaica. Las armas de fuego producían mucho terror por las explosiones de la pólvora y la presencia de los caballos por ser animales desconocidos. Finalmente, en noviembre de 1532, Pizarro entró a Cuzco, la capital del imperio y puso como emperador a un miembro de la nobleza inca. De este modo, Pizarro obtuvo el apoyo de un sector de la sociedad conquistada facilitándoles a los españoles la conquista del pueblo incaico.

En 1535 Pizarro fundó Lima, en Perú cerca de la costa para asegurar las comunicaciones con las otras tierras de los españoles, situadas sobre el Pacífico. En Perú los españoles tomaron grandes cantidades de oro y plata, lo que hizo de esta región la más importante de todas las conquistadas por España en América. Sin embargo, las sublevaciones indígenas y las luchas entre los mismos conquistadores, por su avaricia de enriquecerse rápidamente, le costaron la vida al propio Pizarro. Esto obligó a la corona española a intervenir y en 1544 creó el Virreinato del Perú para que controlara el territorio incaico.

La invasión europea produjo un tremendo impacto en los incas, así como en el resto de los pueblos de América. Toda su organización cambió en lo económico, social y político, sus creencias religiosas, su visión del mundo y las costumbres de su vida cotidiana se derrumbaron. Para estas sociedades que habían construido su propio mundo, la invasión fue catastrófica, pues toda su vida cambió a partir de la conquista hasta desaparecer.

Algunos incas que aun lograron sobrevivir a la conquista, terminaron siendo víctimas de los efectos devastadores de las epidemias de enfermedades infecciosas como la viruela, ante las cuales, los incas no tenían desarrolladas defensas orgánicas. Sin embargo, aquellos que también lograron sobrevivir a las enfermedades se convirtieron en campesinos entre los siglos XVII y XVIII.

Antes de los españoles, los incas habían sido grandes constructores y habían desarrollado grandes obras de arte como sus imponentes edificios, por los que conocemos su arquitectura y escultura en las obras que sobrevivieron a la destrucción durante la conquista española como sus enormes templos dedicados al dios Sol y otras de sus deidades, así como también la construcción de los pucarás o fortificaciones militares, los cuales ocuparon un lugar sobresaliente en la ciudad. En cuanto al diseño urbano, desarrollaron sistemas de riego y de sembrado en la construcción de sus ciudades, evidenciando una cultura con un elevado nivel de planificación y capacidad técnica, que conoció la metalurgia, la cerámica, la textilería y la orfebrería.

Un buen ejemplo del diseño urbano incaico es la construcción de Cuzco y de Machu Picchu con fines religiosos y militares, a alturas casi inaccesibles. Cuzco fue construida en un valle situado a 3.400 metros sobre el nivel del mar. Es una ciudad monumental, la cual fue la capital del imperio incaico. A 80 kilómetros al noroeste de Cuzco está el imponente Machu Picchu, el cual fue un antiguo pueblo incaico construido cerca del siglo XV, en la Cordillera de los Andes a 2.430 metros sobre el nivel del mar. Machu Picchu fue encontrado en pleno corazón de los Andes, en el siglo XX. Se cree que éste fue uno de los últimos refugios después de la llegada de los conquistadores españoles.

Llegada de los Europeos a América

En la Europa del siglo XV, la mayoría de la gente creía que la Tierra era plana. Solo algunos estudiosos habían empezado a sospechar que era redonda. Algunos otros europeos habían oído historias sobre un viajero veneciano llamado Marco Polo, quien contaba de un país lejano refiriéndose a la China de hoy. Los únicos europeos que sabían de la existencia de otros territorios fuera de Europa eran los marineros y comerciantes, quienes regresaban con telas, especias y grandes cargamentos de oro y marfil. Esto despertaría la curiosidad de los europeos para explorar nuevas tierras en busca de tesoros.

Los primeros europeos que saldrían a explorar nuevas rutas marítimas y tierras fueron los portugueses con Enrique el Navegante, quien fue encomendado para tal fin debido a la necesidad que tenía Portugal de buscar rutas marítimas que le permitieran obtener alimentos. Los exploradores portugueses iniciaron la búsqueda de una ruta al Asia bordeando la costa africana. En el año 1487. Bartolomé Díaz llegó a Cabo de Buena Esperanza, en el extremo sur de África. En 1498 Vasco da Gama siguiendo la ruta anterior llega a Calicut, India.

Mientras tanto, los españoles después de liberarse del dominio de los moros, decidieron ir también en busca de nuevas rutas y territorios. A partir de entonces empezaron a armar el viaje. Los españoles querían buscar una nueva vía marítima hacia el oeste que les permitiera el comercio con Asia y ver que nuevas tierras podían encontrar.

Para ese entonces España estaba bajo el reinado de los reyes católicos, Isabel de Castilla y Fernando de Aragón, a quienes les gustaba la idea de ir por nuevos territorios y decidieron aceptar un proyecto que andaba en la mente de Cristóbal Colón, quien se lo había ofrecido a varios gobiernos incluyendo al de Portugal. El reinado tomó el proyecto y pusieron a la disposición de Colon tres carabelas o barcos de velas llamados la Niña, la Pinta y la Santa María, unos 120 marineros y provisiones para tres meses y así emprender el viaje.

Siguiendo la ruta hacia el oeste para navegar por el océano atlántico, los españoles al mando de Cristóbal Colón, quien aparentemente sospechaba que la tierra era redonda, llegaron al continente que Colón suponía era la India, a una pequeña isla llamada Guanahani, a la que Colon bautizó como San Salvador, en la actual Bahamas el 12 de octubre de 1492. Pero como Colón creía que había llegado a la India, llamó indios a los nativos, cuando en realidad había llegado a un nuevo continente. De hecho, se cree que Colón nunca supo que había descubierto América.

Antes de la llegada de los europeos a América, numerosas culturas ya existían en el continente, entre las cuales destacaban los habitantes de las zonas de Guatemala México y Perú. Eran los mayas, los aztecas y los incas.

A finales de 1492; el año del descubrimiento, el 24 de diciembre, Colón y su grupo se habían asentado en una isla que Colón llamó La Española, entre el actual Santo Domingo y Haití. En enero del 1493 Colón y su gente regresaron a España e informó a los reyes católicos sobre su viaje. Después de su primer viaje, Colón hizo tres viajes más en 1493, 1498 y 1502.

Con la llegada de Colón al nuevo continente se inicia la conquista de América con España y Portugal a la cabeza, seguidos más tarde por los ingleses, holandeses y franceses. Los españoles y los portugueses se repartieron las tierras de la parte sur del continente: los españoles tomaron la parte oeste y los portugueses la parte este.

Mas tarde, después de Colón, los españoles tuvieron otras dos importantes campañas con Hernán Cortes y Francisco Pizarro en la conquista del territorio de los aztecas en México y el territorio de los incas en Perú, respectivamente.

Después de los viajes de Colón, hubo otros viajeros dedicados a la exploración y descubrimiento. Unos de ellos fue Américo Vespucio, un cosmógrafo de origen italiano y naturalizado en España, quien hizo un par de viajes de exploración al territorio donde Colón había llegado. Vespucio se dio cuenta que ese territorio no era la India, como Colón había creído, sino que más bien era un nuevo continente. Posteriormente, un geógrafo y cartógrafo alemán publicó un mapa del nuevo continente en 1507 con el nombre de América en honor a Américo Vespucio. Otro de estos viajeros fue Álvarez de Cabral, quien en el año 1500 descubrió a Brasil; Vasco Núñez de Balboa, quien, en 1513; atravesó Panamá y descubrió el Océano Pacifico; Juan Díaz de Solís, quien, en 1516, descubrió el Río de la Plata; Fernando de Magallanes, quien en 1520 descubrió el estrecho de Magallanes, en la que fue la primera expedición que dio la vuelta al mundo.

Los españoles después de someter a los nativos americanos, les impusieron su cultura, su lengua, sus costumbres y el cristianismo como religión. También se llevaron parte de su oro, el cual se cree que hoy conforma la mitad del oro del mundo. Con el tiempo, estos pueblos fueron desapareciendo como culturas originarias. Un gran número de estos nativos murieron a causa de las enfermedades transmitidas por los europeos. Y para reemplazar la mano de obra de los nativos, los europeos secuestraron a millones de africanos para traerlos a América como esclavos.

Después de la conquista europea de Centroamérica y Suramérica, los primeros viajeros en explorar los territorios de Norteamérica fueron los ingleses con Juan Cabot, quien bajo la bandera inglesa, entre 1526 y 1529 descubrió las costas de Labrador y la isla Terranova en Canadá en Norteamérica, lo que constituyó la base de la colonización inglesa. Otro de esos viajeros europeos en explorar Norteamérica fue Jaques Cartier, un navegante y explorador francés quien realizó tres viajes a Norteamérica al servicio de la corona francesa y que en 1534 descubrió el golfo y el rio de San Lorenzo en Canadá, lo que fue el primer intento de colonización francesa.

Posteriormente, en 1583 la Reina Isabel I de Inglaterra autorizó al pirata Walter Raleigh para fundar una colonia al norte de La Florida española en Estados Unidos, la cual sería Virginia, de la que surgirían las otras colonias. Ya para 1733 los británicos habían formado trece colonias en

Estados Unidos a lo largo de la costa del Atlántico, desde New Hampshire en el norte hasta Georgia en el sur. Los franceses, por su parte controlaban Canadá y Luisiana en Estados Unidos.

El control directo de Europa en América comenzó a decaer el 4 de julio de 1776 con la declaración de Independencia de los Estados Unidos ante la corona británica, ejemplo que luego fue seguido por el resto de las colonias del continente.

3

LA ESCRITURA
Y LA CIENCIA

La Revolución Neolítica generó, desde la región del Creciente Fértil, el empuje necesario para que los asentamientos lograran ese gran desarrollo hacia la prosperidad para convertirse en las primeros pueblos y más tarde en las primeras ciudades, viviendo en una comunidad organizada y rigiéndose por sus propias leyes y con gobiernos centrales para el bien común. El progreso de la Revolución Neolítica, llevaría al hombre a la invención de la escritura y el desarrollo de la ciencia.

Con la escritura, uno de los inventos más fascinantes del intelecto humano, se introdujeron cambios cruciales en la cultura y la sociedad para dar origen a la civilización, la cual es el nivel de desarrollo más alto que puede alcanzar una sociedad en un momento de su evolución. Con la escritura termina la prehistoria y se inicia la historia de la humanidad. Gracias a la llegada de la escritura y al progreso de la revolución Neolítica, la humanidad ha podido escribir su propia historia y dar origen a las primeras civilizaciones.

La invención de la escritura tomaría un largo camino. Con el nuevo modelo económico establecido por la agricultura y la cría durante la Revolución Neolítica se desarrolló el comercio. Esto implicaba llevar control de las transacciones comerciales tales como: saber cuántos productos agrícolas y animales se tenían, cuantos se intercambiaban o se vendían y cuantos quedaban disponibles en manos del propietario con los que pudiera contar para continuar con las operaciones de su actividad comercial.

Se sentía la necesidad de registrar de alguna forma las transacciones comerciales. Esta necesidad llevó a la invención de la escritura en Uruk, en la región de Sumer al sur de Mesopotamia hace unos 5,3 mil años. Se puede ver que el origen de la escritura está estrechamente ligado a la necesidad de registrar las transacciones comerciales. Luego a lo largo de los años, la escritura fue evolucionando hasta nuestros días: de la escritura sumeria, a la egipcia, y después a la india, la china y otros tipos de escritura hasta la invención del alfabeto.

En cuanto a la ciencia, hemos podido observar que desde los orígenes de la humanidad nuestra especie ha estado siempre en la búsqueda, con gran interés, del conocimiento, el cual es ese conjunto de información sobre las cosas, adquirida a través de la experiencia e investigación con sus respectivos análisis. Y para alcanzarlo, la humanidad fue desarrollando un conjunto de técnicas y métodos, que después se llamaría ciencia. La ciencia tiene su origen en la prehistoria y se estableció como tal durante las civilizaciones del periodo Neolítico. La ciencia incluye un conjunto sistematizado de conocimientos sobre una determinada materia, su experimentación, la explicación de sus principios y sus causas.

3.1 LA ESCRITURA

Como ya hemos visto, la escritura tuvo su origen en la necesidad del hombre prehistórico de registrar sus transacciones comerciales. Pero antes de registrar las transacciones, el hombre prehistórico debió haber aprendido a contar.

Podemos ver entonces que antes de sentir la necesidad de escribir, el hombre de la prehistoria había sentido primero la necesidad de contar. Actividad que pudo aprender, pues quizás, antes de desarrollar el lenguaje hablado, ya había podido observar y distinguir en el mundo que le rodeaba, entre un árbol y un bosque, una piedra y una montaña de piedras, un animal y una manada de animales, una estrella y un conjunto de estrellas.

Es decir que pronto estableció la distinción entre la unidad y la pluralidad. A partir de estas simples y rudimentarias observaciones, el hombre primitivo iba obteniendo gradualmente la idea de comparación y asociación de un objeto o una cosa con una colección de objetos o de cosas.

Más tarde, estableció la noción de lo que es un "par" al ir observando en su cuerpo y en el de otros animales, sus dos pies, sus dos manos, sus dos ojos, etc. Pero quizás lo más sorprendente aun, fue que también había entendido que el Sol aparecía siempre todos los días y que luego se ocultaba y después volvía a salir por el mismo lado el día siguiente. Es decir, el hombre primitivo había entendido la noción de un ciclo. Este ciclo es el día solar y con él, había establecido la noción del tiempo y podía contar los días también.

Existen pruebas de que el hombre primitivo hace 37 mil años atrás ya contaba los días y había determinado su calendario lunar de 29 a 30 días. Tal como se puede ver en el hueso de Lebombo encontrando en la Cordillera Lebombo, en África hace más de 35 mil años. Este hueso es una herramienta hecha con el hueso del peroné de un mono babuino sobre el cual se insertaron 29 rayitas o muescas. Por la cantidad de muescas, se cree que el hueso era utilizado para marcar los días de un mes lunar o quizás también para marcar el ciclo menstrual de la mujer.

El hombre se vio impulsado a cuantificar las cosas del mundo que le rodeaban principalmente para determinar cuántas cosas tenía: como cuantos eran los miembros de su familia, clan o tribu, así como también saber cuántos animales había cazado. Pero mejor aún, el conteo de los días lo llevó para saber qué días eran más favorables para la caza, una de las actividades más importantes para conseguir su sustento.

Dada la importancia del conteo, el hombre primitivo necesitaba desarrollar un método para hacerlo. Al principio los hombres empezarían a contar usando piedras, otros pequeños objetos y los dedos de sus manos. El último objeto contado era el total o suma de todos los objetos contados. Hasta aquí, se había hecho un gran logro al aprender a contar. Sin embargo, el próximo reto sería como preservar esa información a través del tiempo. Inicialmente, el hombre hacia marcas en un pedazo de palo, piedra o hueso. Ponía una raya por cada objeto contado y así siempre iba tener la información de la cuenta. En la misma forma también podía hacer un nudo en una cuerda por cada objeto contado y tener así la información del total contado.

Por supuesto si la cantidad de objetos era muy grande, se necesitaba un método más práctico para la cuenta. La solución se fue logrando al ir creando una marca o símbolo que representara una cierta cantidad de objetos. Por ejemplo, como ya usualmente se contaba con la mano y como podían contar hasta diez, entonces crearían una marca que equivaldría a 10 objetos además de la marca de cada objeto contado como la unidad.

Antes, contar 10 significaba poner 10 marcas de la unidad, la cual podía ser una simple rayita vertical. Ahora contar 10 se representaba con una sola marca la de 10. Para representar el 13; sería la marca de diez más 3 unidades. Estas marcas serían llamados números más tarde. La rayita vertical sigue siendo el número uno en representación de la unidad.

El nuevo modelo económico establecido por la agricultura y cría durante la conocida Revolución Neolítica en la Media Luna Fértil hace unos 10 mil años, trajo como consecuencia el desarrollo del comercio. Esto implicaba, contar los productos de las cosechas y los rebaños para llevar control de las transacciones comerciales que el hombre hacía con sus productos. Esto le permitía saber cuántos productos agrícolas y o cuantos animales tenían, cuantos se intercambiaban o se vendían y cuantos quedaban disponibles en manos del propietario con los que pudiera contar para continuar con las operaciones de su actividad comercial.

Se trataba entonces de llevar registros de esas transacciones comerciales. En este sentido, los mercaderes en la ciudad de Uruk, en Sumer, Mesopotamia en la Media Luna Fértil empezaron a marcar los recipientes de arcilla de sus productos con un sello cilíndrico, desarrollado por ellos, el cual era un pequeño rodillo de piedra con un relieve que se marcaba repetitivamente al hacerlo rodar sobre la arcilla aun húmeda del recipiente de los productos.

Al principio estos sellos no contenían más que la marca de propiedad o el nombre del remitente de los productos. Después, se empezó a incluir el número de productos enviados, pero sin ningún signo que señalase la naturaleza de los productos mismos. Para superar esta limitación, empezaron a incluir dibujos de los productos y sustituir los sellos por signos escritos.

Otro hecho importante que ocurrió en la evolución de este tipo de registros fue que muy pronto descubrieron que no era necesario hacer las marcas sobre los propios recipientes, sino que se podían hacer marcando por separado tablillas de arcilla hasta por los dos lados y así guardarlas como registros.

Por un lado de la tablilla, se podía marcar el nombre del productor o remitente y por el otro lado, la descripción o el dibujo, o el símbolo del producto y su cantidad. Estas tablillas fueron las primeras etiquetas emitidas por los mercaderes sumerios. En ellas se representaban con dibujos los productos agrícolas como el trigo, la cebada, etc. Y animales como la vaca, el buey, etc. A estos dibujos se le agregaba un número indicando la cantidad del producto. Estas formas sencillas de registros sumerios constituyen las primeras etiquetas, las cuales iban atadas con una cuerda al contenedor del producto.

Con el paso del tiempo, esos dibujos se fueron haciendo más complejos hasta que, ante la necesidad de ampliar las posibilidades de expresión, fueron derivando en lo que más tarde se llamaría pictogramas o dibujos para representar objetos y así transmitir algún mensaje escrito. Por ejemplo, el signo para representar una vaca se parecía a la cabeza de una vaca, el signo para el trigo se parecía a una espiga de trigo y el signo para el día era una pictografía del Sol saliendo por el horizonte. Estos pictogramas fueron los primeros pasos hacia la escritura en el Creciente Fértil, específicamente en Sumer, Mesopotamia hace unos 5,3 mil años atrás.

El desarrollo de la escritura en el mundo ha sido una de las más grandes invenciones de la humanidad, pues nos ha permitido no solo lograr la comunicación de manera escrita sino también ha logrado que se plasmen con el transcurrir de los años hechos fundamentales de vital importancia para el ser humano.

3.2 LOS PRIMEROS SISTEMAS DE ESCRITURAS

Después de su invención la escritura ha pasado por un largo proceso evolutivo. Desde su origen en Uruk, Mesopotamia muchas han sido las contribuciones que diferentes civilizaciones han hecho a la escritura entre las cuales cabe mencionar el aporte hecho por los mismos sumerios, los egipcios, los indios, los chinos, y los fenicios con el alfabeto.

La Escritura Sumeria

El uso de los dibujos o pictogramas usados en Uruk en Sumer, Mesopotamia para transmitir mensajes dio origen a la escritura sumeria, en la cual, un dibujo o pictograma de lo que se quería significar, representaba justamente eso: el objeto. Por esta razón se le llamó *Escritura Pictográfica* inicialmente.

Después, los escribas, las personas encargadas de escribir e interpretar la lectura, mejoraron este sistema gráfico empleando imágenes estilizadas o metáforas para indicar conceptos, esto es lo que se conoce como ideogramas y dio lugar a la *Escritura Ideográfica*. Por ejemplo, un signo que representara un sol también podía indicar el día.

Cuando los escribas sumerios comenzaron a asignarles nombres a los signos que representaban las cosas o las ideas, crearon un sonido por cada signo, dando lugar a los fonogramas. Luego combinaron esos signos y formaron palabras, las cuales pronunciaban de acuerdo con el sonido de cada signo. El uso de los fonogramas fue un avance significativo y decisivo pues luego apareció la *Escritura Fonética*.

En los siglos que siguieron los sumerios llegaron a poseer una escritura capaz de traducir, no solamente las imágenes y conceptos, sino también sonidos, representados por signos o incisiones en forma de cuña, que dio origen a la *Escritura Cuneiforme* unos 5.300 años atrás. De esta forma, la escritura además de registrar las transacciones comerciales también permitió conservar los pensamientos y las experiencias de los humanos.

La escritura se hacía sobre tablillas de arcilla húmedas que luego cocían para endurecer. Para escribir utilizaban una caña con corte oblicuo, lo cual representó uno de los primeros estilos o estiletes usados. Estos estilos podían ser de diferentes tipos de signos. La tablilla de arcilla era de unos 4 x 4 cm en tamaño, la cual sostenían en la palma de la mano. Pero con el tiempo, los escribas prefirieron utilizar tablillas mayores que debían sujetar con el antebrazo. De esta forma fue cambiando la orientación de los signos y se fue escribiendo en líneas horizontales, de izquierda a derecha.

En conclusión, podemos decir entonces que las tablillas de Uruk, en Sumer, Mesopotamia representan el comienzo de la escritura. Las inscripciones de esas antiguas tablillas consistían en breves registros comerciales o de contabilidad. También, podemos decir que la fuerza motriz para el continuo desarrollo de la escritura sumeria estuvo basada en las exigencias propias de la economía y la administración pública.

Con el aumento de la productividad de la región, como resultado del desarrollo de nuevos sistemas de canalización y de irrigación para mejorar la agricultura y la cría; el exceso de la producción agrícola acumulada tenía que conservarse en los depósitos y silos de las ciudades recién formadas; lo que exigió llevar una contabilidad de los productos que se producían y los que vendían y así administrar mejor las tierras y sus productos.

Había entonces, una gran necesidad de registrar las cuentas comerciales generadas por la gran cantidad de transacciones que se realizaban debido al auge del comercio interno y también del externo entre tierras lejanas. Todas esas transacciones necesitaban quedar registradas. También la escritura sirvió como herramienta de administración tributaria para que los sacerdotes sumerios pudieran hacer registros del tributo que las autoridades gubernamentales habían impuesto a la comunidad.

Unos 400 años más tarde, después de sus respectivos ajustes, los sumerios disponían de una auténtica forma de escritura: la escritura cuneiforme, en la que cada palabra se representaba con un signo que, si bien en un principio podía haber sido una representación de su significado, la práctica lo había reducido a un conjunto de marcas de cuñas.

La escritura era entonces una técnica bastante compleja, pues los sumerios tenían un signo para cada palabra, lo que suponía un inventario enorme de signos que sólo los sacerdotes dominaban. Esto proporcionó mucho poder a la clase sacerdotal.

En la lengua sumeria las palabras mayormente eran monosilábicas, es decir que cada palabra representaba una silaba y las oraciones se formaban juntando palabras, de modo que muchas de ellas actuaban como prefijos y sufijos de otras. Sin embargo, la escritura cuneiforme siguió teniendo sus limitaciones, las cuales se fueron superando con la evolución de la escritura hacia el sistema silábico.

Por ejemplo, el dibujo de la cabeza de una vaca para representar una vaca hacia sentido, pero ¿cómo representar algo sobre la vaca, como que esta estaba viva o muerta? Para comunicar esas cosas de la manera más eficiente posible, era necesario algo más que dibujar imágenes o signos. Se tenía más bien que expresar ideas. Es decir, que la escritura tenía que ser capaz de registrar el lenguaje hablado. Para ello los escribas usaron signos para representar sílabas en vez de las palabras, dando lugar al silabario, lo cual a su vez más tarde fue reemplazado por la invención del alfabeto unos 1.500 años después, cuando se logró representar mediante los signos las letras en vez de silabas.

Unos mil años más tarde, a pesar de sus limitaciones, la escritura para ese entonces servía de muchas funciones. Se usaba para hacer documentos contables, comerciales, religiosos, literarios, científicos, etc. En torno a los documentos literarios, la escritura sumeria permitió la redacción de textos literarios como mitos, epopeyas, fábulas, y hasta poemas como el poema épico sumerio Gilgamesh, escrito con la escritura cuneiforme sobre 12 tablillas de arcilla.

Con la escritura cuneiforme se escribieron en Mesopotamia documentos como cartas, narraciones, contratos de negocios, memorandos, manuales para hacer actividades importantes, registros religiosos y científicos. También se escribieron textos sobre aspectos científicos relacionados con la medicina, la astronomía y las matemáticas.

La colección y almacenamiento de documentos escritos por parte de las autoridades produjo el surgimiento de las bibliotecas, en las que también se podía ver otro tipo de documentos escritos también en arcillas con los significados de las palabras del lenguaje sumerio. Estos documentos son los llamados diccionarios.

El leguaje sumerio es el más antiguo del que se haya tenido constancia escrita. Dado el desarrollo urbanístico, social y comercial de la región, la escritura cuneiforme sumeria se expandió rápidamente por toda Mesopotamia. Con el tiempo, la escritura fue adoptada por otros pueblos en vía hacia la civilización como los acadios, hititas y persas.

Es importante destacar que mientras en Sumer, Mesopotamia se desarrollaba la escritura cuneiforme unos 5.300 años atrás, alrededor de ese mismo tiempo, a unos

1.600 km de distancia, en Egipto, hace unos 5.100 años
también se desarrollaba otro tipo de escritura. Y más tarde,
la escritura empezó a aparecer también en otras partes como
en el Valle Indo y China.

La Escritura Egipcia

La escritura que se desarrollaba en Egipto casi cerca del
mismo tiempo que en Sumer, fue la llamada escritura
Jeroglífica, la cual estaba compuesta inicialmente de unos 700
jeroglíficos. Estos jeroglíficos son símbolos o figuras para
reproducir palabras y que podían ser grabados en piedra,
tallados en madera o escritos más tarde con tinta sobre *papiros*
u *ostracas*. El papiro era un soporte de la escritura jeroglífica
que consistía en una especie de hoja de papel o lámina
obtenida del tallo de la planta del papiro que era usada por
los egipcios para escribir sobre él. La planta del papiro crecía
en la zona del Rio Nilo. Esta especie de papel de papiro se
obtenían remojando por un par de semanas el tallo del papiro
y luego se cortaba en tiras muy finas y se prensaban con un
rodillo para eliminarle parte de los líquidos que contenían.
Luego las tiras se ponían horizontal y verticalmente sobre
una superficie plana y se volvían a prensar para que la savia
que quedaba en las tiras las pegara entre sí. Finalmente, la
lámina se frotaba con una pieza firme con superficie suave
para dejarla lista para su uso. La escritura se hacía siempre en
la cara con las tiras horizontales expuestas, en la otra cara
muy rara veces se escribía.

Para hacer un rollo de papiro se pegan estas láminas
entre sí. Al terminar el escrito se le pegaba al rollo otro
pedazo de lámina de papiro para ponerle el nombre de la
obra. Estos rollos podían ser de unas 20 láminas con un
tamaño de 5 metros de largo en promedio. Sin embargo, se
ha encontrado un rollo de papiro de 42 metros, el mayor que

se conoce. Este rollo en particular trata sobre temas religiosos e históricos durante el periodo de Ramsés y está redactado con la escritura hierática. Estas obras escritas en los rollos de papiro se leían sujetando el rollo con la mano derecha, mientras que se iba desenvolviendo con la mano izquierda, en la cual una vez leído el rollo quedaba nuevamente enrollado. Las escrituras en estos rollos se guardaban en estuches hechos de pergamino.

Para escribir con tinta sobre el papiro usaban una especie de pincel o cálamo, el cual era una caña hueca, cortada en forma oblicua en su extremo. El cálamo se obtenía del tallo de una planta de caña o de una pluma de ave como patos, pavos y cisnes. De hecho, la parte hueca de la pluma que va insertada en la piel del ave se llama cálamo.

Las ostracas eran fragmentos de vasijas de arcilla o cerámica sobre los cuales se hicieron algunos escritos. La escritura jeroglífica se escribía tanto en filas como en columnas encuadrando casi siempre los símbolos. Por ejemplo, si escribían el nombre de un dios o un rey, lo ponían en primer lugar y situaban el resto de los signos en función de este nombre. Uno de los primeros ejemplos de la escritura jeroglífica fue la paleta de Narmer, de hace unos 5 mil años atrás.

La escritura Jeroglífica es una especie de escritura sagrada, empleada en templos, tumbas y monumentos. La escritura jeroglífica egipcia fue un sistema de escritura muy organizado que se utilizó por más de 3.600 años. Después se convirtió en la *escritura hierática*, la cual fue un tipo de escritura cursiva o como letras de carta. La escritura hierática era más rápida por ser una especie de taquigrafía abreviada de los jeroglíficos, muy usada entre los sacerdotes para expresarse rápidamente al no utilizarse el dibujo, cada jeroglífico tenía su correspondiente abreviatura hierática, dominando el elemento fonético y escribiéndose de derecha a izquierda. La escritura hierática era más simple que la jeroglífica y fue por mucho tiempo usada durante todo el periodo faraónico para escribir, con cálamo y tinta en papiros, documentos administrativos, contables, jurídicos, cartas, documentos científicos y documentos religiosos. Alrededor del año 860 la escritura hierática se convirtió en la *escritura demótica* o popular, la cual se componía de signos tomados de la hierática, con exclusión casi completa de los jeroglíficos, convirtiéndose en poco tiempo en la escritura dominante del Antiguo Egipto y se escribía en piedras y madera, así como también en papiros con cálamo y tinta. Este tipo de escritura era cursiva y se utilizaba para todo tipo de documento, Aunque los documentos religiosos seguían haciéndose con los jeroglíficos. La escritura jeroglífica se utilizaba para las inscripciones monumentales, donde solamente los sacerdotes y los escribas conocían su significado. En esta escritura jeroglífica se encontraban unos 24 signos alfabéticos equivalentes a letras sueltas o palabras completas scparadas de una sola consonante, 136 signos silábicos, pero al lado de estos se encontraban más de 3 mil figuras mucho más complicadas. La escritura demótica fue desapareciendo con el tiempo y reemplazada por el idioma griego.

La escritura egipcia se ha podido comprender desde el siglo XIX de nuestra era, después que el francés Jean-François Champollion en el año 1822 descifrara las inscripciones grabadas en el año 196 a.C. en una piedra de basalto encontrada en la ciudad de Rosetta, Egipto, en el delta del Nilo, cerca de Alejandría en el año 1799 y llevada por las tropas inglesas al museo británico en Londres. Esta piedra contenía un mismo texto grabado en tres diferentes alfabetos: jeroglífico, demótico y griego. Champollion pudo descifrar los jeroglíficos ya que este podía leer el lenguaje griego y por deducción pudo llegar al significado del escrito en los otros dos lenguajes.

La Escritura India

En cuanto a la escritura de la India o escritura del Indo, también llamada idioma proto-índico, es importante indicar que esta escritura no se ha podido legitimar como tal, debido a que no ha aparecido en los yacimientos excavados hasta ahora. Esta escritura fue la que supuestamente se desarrolló al inicio de la civilización india, en los primero pueblos de Harappa y Mohenjo-Daro.

La Escritura China

La escritura china, se estima que tiene más de 3 mil años. Este sistema de escritura se basa en tres elementos básicos: pictogramas, ideogramas y fonogramas. Tiene una especie de alfabeto con miles de caracteres, los cuales se plasmaban en tablillas de madera o bambú hasta la invención del papel por los chinos en el año 150 a.C. En el papel, fabricado con la pulpa de las fibras de árboles, emplearon la tinta y el pincel para escribir documentos y libros.

El Alfabeto

La gran contribución a la escritura fue el desarrollo del alfabeto por parte de los fenicios hace más de 3 mil años. Los fenicios, eran un pueblo de marineros y comerciantes que vivían en lo que hoy es el Líbano, y que ya para ese entonces tenían un alfabeto. Este constaba de sólo 22 signos consonánticos, con lo cual la escritura se simplificaba enormemente. Eran signos de valor puramente fonético y permitían escribir cualquier palabra.

Los fenicios difundieron el alfabeto por todo el Mediterráneo y muchos pueblos lo adoptaron y le hicieron algunas modificaciones. Por ejemplo, los griegos, le añadieron los signos vocálicos. Los etruscos lo legaron modificado a los romanos y éstos lo propagaron entre los pueblos de su imperio.

El otro factor importante en la evolución de la escritura lo obtenemos de los griegos unos 800 años a.c. La cultura griega introdujo la escritura alfabética, que es la que se utiliza actualmente, con algunas variaciones, claro está. Esta escritura constaba de un alfabeto de 24 letras, procedente de los fenicios.

La invención del pergamino en occidente fue también importante para la escritura. El pergamino se ha venido utilizando desde el año 1500 a.C. Su nombre proviene de Pérgamo, una ciudad griega. En esta ciudad es donde se producía un material de gran calidad para hacer pergaminos. Se utilizó mucho, en muchos años. Pero no fue, hasta el año 200 a.C., que el pergamino comenzó a sustituir al papiro egipcio. El pergamino está fabricado con piel de oveja generalmente, para conseguir una superficie suave.

3.3 LA CIENCIA

A medida que el ser humano iba realizando actividades para lograr su sustento, iba acumulando el conocimiento sobre cómo hacer las cosas. Lo primero en aprender fue a recolectar frutos silvestres y tomar algunos animalitos. Con el tiempo aprendió a hacer recipientes para cargar sus frutos y luego al incorporar la carne en su dieta diaria para seguir sobreviviendo, inventó la caza. Para realizar su caza necesitaba herramientas y las hizo de palos, huesos y piedras. Estos seres humanos fueron los Homo Hábiles, quienes empezaron a acumular el conocimiento.

Después, el sucesor del Homo Hábiles, el Homo Erectus con su desarrollo de la vida en grupo, introdujo la tecnología de la caza. Además, inventó las redes para la pesca y fue el gran maestro del fuego. El Homo Erectus vivía en grupos a orillas de los ríos donde conseguían algún suministro de agua y de alimentos, pero durante las glaciaciones tuvieron que refugiarse en cuevas para protegerse del frio y hacer los cambios necesarios para sobrevivir, pues estos ancestros nuestros eran muy organizados.

Sin embargo, el Homo Erectus evolucionó hace unos 200 mil años en el Homo Sapiens, quien tenía bien desarrollado el lenguaje, lo cual permitía transmitir el conocimiento de una generación a otra. Unos 40 mil años atrás ya el Homo Sapiens había perfeccionado la fabricación de armas y herramientas, entrando así al Paleolítico Superior desarrollando el arte rupestre para impulsar su cultura.

Durante el Neolítico, el Homo Sapiens descubrió la agricultura con la que surgió el conocimiento de las plantas, los frutos, los suelos, el arado y el riego. En cuanto a las plantas y los frutos, nuestros antepasados llegaron a conocer las plantas de las que podían comer sus frutos y de las que no. Diferenciaron las plantas comestibles de las venenosa. De las plantas comestibles lograron obtener un amplio conocimiento de ellas. Con el tiempo llegaron también a descubrir las plantas medicinales. En cuanto a los suelos y el arado, los agricultores lograron obtener un cúmulo de conocimientos dando origen al surgimiento de la agronomía. En cuanto a los diques, represas y canales de riego también surgiría la ingeniería. En Sumer la agricultura llegó a ser sistematizada y desarrollada a gran escala con avances en las técnicas agrícolas y de riego. Se llegó a implementar sistemas de riego de gran magnitud.

Mas tarde, el sistema de riego también incluía equipos para sacar agua de un rio, canal o pozo para regar los cultivos y para el consumo doméstico también. Además, surgió el arado como una evolución de la escardilla para sembrar las semillas. Con la aparición de la rueda en Sumer, esta fue también adaptada al arado para mejorar su manejo y su eficiencia. El arado fue un instrumento de un gran avance para la agricultura. Hizo el trabajo del campo más fácil y fue uno de los primeros instrumentos sofisticados hechos por el hombre.

Con el conocimiento que el ser humano iba adquiriendo sobre el funcionamiento de las cosas, empezó a surgir la ciencia. Así, con el conocimiento obtenido de la observación del cosmos surgió la astronomía, con el conocimiento de las plantas surgió la agronomía, con el conocimiento para hacer diques y sistema de riegos surgió la ingeniería, con el conocimiento para hacer ladrillos y edificios, surgió la construcción y la arquitectura, y con el conocimiento de los metales surgió la metalúrgica, y así sucesivamente hasta desarrollar una vasta gama de disciplinas. La ciencia hizo desarrollar en el ser el pensamiento abstracto. A medida que las personas iban realizando las actividades para satisfacer sus necesidades y la de su entorno, iban también acumulando conocimiento, al cual se le iban aplicando sus respectivas reglas técnicas.

La ciencia en la antigüedad surgió en Mesopotamia, después llegó a Egipto y con el tiempo pasaría a los griegos, quienes establecieron el concepto de ciencia para abarcar todo tipo de conocimientos. Los griegos después transmitieron la ciencia al mundo occidental. Sin embargo, en el siglo XVI de nuestra era, la ciencia de la antigüedad llegó a su fin cuando Galileo Galilei el gran científico italiano demostró que, si dos piedras de diferente peso se dejan caer simultáneamente, las dos llegaran al suelo al mismo tiempo. Este experimento dio paso a la ciencia clásica, la cual clarificó las relaciones entre las personas y las cosas del mundo visible, surgiendo así una etapa de cambios en la mente humana.

La ciencia moderna comenzó a principios del siglo XIX con descubrimientos como el de los rayos X, el electrón y la radioactividad. Con la teoría de la relatividad y la mecánica cuántica se mostró un mundo completamente nuevo, al que nuestros sentidos no están en la capacidad de verlo o sentirlo. La ciencia moderna permitió entender el átomo, el Sol y las estrellas. Cambió muchos de los parámetros usados por la humanidad hasta entonces. Empezamos a hablar de la velocidad de la luz y de la fusión nuclear. Con la ciencia moderna, la biología también experimento gran progreso, pues fue de abarcar temas de la materia visible inicialmente para ocuparse luego de la materia a nivel celular y estudia ahora procesos vitales a dimensiones moleculares increíblemente pequeñas.

En la actualidad se define la ciencia como todo el conocimiento constituido por principios y leyes que derivan de la observación y el razonamiento de un cúmulo de información y datos, los cuales son estructurados sistemáticamente para su comprensión. La ciencia abarca varios campos de conocimiento y estudio, en los que se desarrollan teorías y métodos científicos, tras los cuales se pueden obtener conclusiones objetivas y verificables.

La astrología y la astronomía estrechamente relacionadas en la prehistoria surgieron de las observaciones de nuestros antepasados. Sin embargo, la primera se basaba solo en creencias. Mientras la segunda, si efectivamente resultó como ciencia. La astronomía resultó de las observaciones hechas por los primeros agricultores al establecer una relación de causa y efecto entre las estaciones del año y el ritmo de las cosechas. La observación del comportamiento de la naturaleza y las plantas permitió conocer las comestibles y las que no eran, así como las plantas medicinales, lo que después daría lugar al nacimiento de la medicina.

La importancia que tenían los cuerpos celestes en el comportamiento de la naturaleza en la Tierra, llevó a la gente al estudio de los ciclos, lo que dio lugar al calendario lunar en Mesopotamia y el calendario solar en Egipto. Para continuar con el desarrollo del conocimiento, algún tiempo después, las culturas urbanas elaboraron un conjunto de cálculos, de pesos y medidas.

Con la escritura surge la literatura con sus las primeras obras clásicas: *"El Libro de los Muertos", "La Epopeya de Gilgamesh* y *La "Biblia"*. Estas obras establecen la pasión del hombre por su trascendencia y su relación con su dios. Sin embargo, la ciencia empezó con las primeras observaciones que del cosmos en la antigüedad, hicieran nuestros antepasados.

3.4 LAS PRIMERAS OBSERVACIONES

Los seres humanos siempre han estado intrigados por el cosmos: ese gran orden que existe entre todos los componentes del universo. Y por supuesto trataban de buscar explicaciones a las cosas que veían, pero siempre terminaban con más interrogantes, ya que creían que los cielos ejercían influencia supernatural sobre la vida en la Tierra.

Sin embargo, nuestros antepasados hicieron sus mapas con las figuras que veían en el cielo y nos los trasmitieron a nosotros como las constelaciones del zodiaco con signos astrales, los cuales, según ellos, podían ejercer alguna influencia mística sobre nuestras vidas. Ante lo supremo del universo, los seres humanos empezaron a sentir miedos sobre la influencia del universo y empezaron a tejer sus conjeturas sobre este. Creían que la luna llena traería caos a la Tierra. La gente sentía pánico por la alineación de los cuerpos celestiales o eclipses, entre los cuales el lunar y el solar son los más frecuentes. Se creía que situaciones extrañas como estas, podían ejercer alguna fuerza o influencia sobre la Tierra.

El ser humano ha estado observando los cielos del cosmos en la antigüedad, desde la alborada de la historia, tratando de descifrar tanto misterio, como la aparición y desaparición cíclica del Sol con su luz y calor, la Luna apareciendo en las noches frías y oscuras y el brillo de las estrellas distantes mostrándose antes sus ojos. Para los seres humanos prehistóricos, cualquier cosa explicada por la ciencia primitiva de esa época era tomada como resultado de lo supernatural, por lo general como una fuerza divina. Esta forma de percibir el cielo originó las supersticiones

Nuestras supersticiones y conexiones supernaturales entre el cielo y la Tierra tienen sus raíces en antiguos eventos celestiales. Pero, los seres humanos que alimentan las supersticiones se condenan ellos mismos a vivir en un mundo de preocupaciones. Aunque algunas veces tratan de buscar alguna explicación, pero no siempre usan el pensamiento lógico y caen en más supersticiones y falsas creencias que más tarde le pueden limitar su capacidad de pensar lógicamente. Atribuyéndole a los cielos la culpa de cuanto malo ocurre en la tierra. Hasta llegan a culpar a los cielos o a sus dioses por sus desdichas.

Los eventos del cielo que más causaban terror a la gente fueron los eclipses, los cuales son consecuencia de alineaciones cósmicas cuando el Sol, la Luna y la Tierra quedan precisamente en línea. Un eclipse total solar resulta cuando la Luna se interpone entre la Tierra y el Sol. Este es un evento espectacular. El sol pareciera desaparecer de los cielos. Presenciar uno de estos eventos es experimentar una sensación extraordinaria.

Por mucho tiempo, los ciclos lunares han generado todo tipo de creencias extrañas, especialmente las historias sobre la luna llena. Una vez más es la programación que de la mente humana habían hecho nuestros antepasados para hacer un orden del mundo del caos de los cielos. Se dice que la luna llena induce comportamientos extraños sobre los seres humanos y nuestros cerebros quieren buscar alguna explicación, pero no siempre usan el pensamiento lógico y caen en supersticiones y falsas creencias. Otros portadores celestiales de desastres eran los cometas con sus estelas cruzando los cielos. El temor a los cometas como portadores de desastres es un tema recurrente a través de la historia.

Las Estrellas, sin embargo, eran percibidas un poco diferente. Los egipcios buscaban en las estrellas signos de bienestar y prosperidad. Lograron identificar una de estas estrellas y la llamaron Sothis o Sirius como la conocemos hoy. Y les pedían a sus dioses mirando hacia el cielo que el Nilo trajera suficiente agua para fertilizar su tierra y asegurar así buenas cosechas. Hoy día, alguna gente pobre del tercer mundo aun pide a su dios que le envíe alimentos desde los cielos y se ponen a esperar. Después de algún tiempo lo que resulta es una enorme frustración, haciéndolos perder hasta su fe.

Desde sus primeras observaciones en los cielos, el ser humano siempre se ha sentido intrigado por el Sol. El sentido de admiración del hombre primitivo por los poderes del Sol, lo ha llevado naturalmente a creer en el cómo su dios. Tal como se puede ver en diferentes formas de esta manifestación dejadas por las culturas antiguas. Nuestros ancestros empezaron a tejer todas las innumerables leyendas que aun oímos hoy sobre el Sol, la Tierra, la Luna y las Estrellas.

La admiración del dios Sol continuaría más tarde cuando el faraón, Akenatón, alrededor del año 1.400 a.C., se embarcó en una lucha con los sacerdotes de la época alegando que él tenía una alianza directa con los poderosos dioses del Sol de Egipto. Akenatón era una amenaza para el sacerdocio establecido al tratar de ponerse el mismo como una alianza directa con el Sol. Akenatón proclamó el dios Sol como todo poderoso y prohibió la adoración de cualquier otro dios. Desde entonces en Egipto el dios Sol era llamado Atón, pues el nombre del faraón Akenatón significaba amigo del Sol. Akenatón cerró todos los templos que no rindieran tributo a Atón y removió todos los nombres de los otros dioses de los edificios públicos. Influenciada por los sacerdotes, la gente se alzó resistiéndose a cambiar sus creencias en sus otros dioses.

Después de la muerte de Akenatón los viejos dioses fueron restaurados cuando el nuevo faraón, un niño de solo 9 años llegó al trono. El joven rey por su amor al dios Amón se convirtió en Tutankamón. El más famoso de los reyes egipcio de la historia. Pero para los antiguos egipcios el Sol era más que un objeto para adorar y para la fundación de las sectas religiosas. El Sol proveía a la gente, la base del entendimiento de las estaciones del año y después también crearía la base para la religión. Un legado que aún está con nosotros hoy.

Nuestros ancestros habían empezado el proceso de observar el cosmos en forma cuidadosa, pensativa y sistemáticamente durante la edad de piedra. Observar los cielos antes de que fueran capaces de empezar a registrar los hechos. Lo primero que observaron fue el poder del Sol. Algunos llegaron a creer que había que halagar al Sol para que reapareciera después de la noche fría y oscura. Y como un paso natural para nuestros ancestros, quienes tenían muy poco conocimiento de la ciencia, empezaron a atribuirles respuestas supernaturales a las interrogantes más básicas sobre la naturaleza. Pero de algo estaban seguros y muy convencidos: del enorme poder del Sol, el cual les daba vida y mientras alumbraba podían obtener comida y defenderse de los demás depredadores. El periodo de luz es lo que conocemos como día y el periodo de oscuridad como noche. Estas serían, después de observar el gran poder del Sol, sus primeras observaciones astronómicas: el día y la noche, con lo que después fueron desarrollando el concepto de la semana.

El Día y La Noche

Para el hombre primitivo, el Sol era algo supremo. Su recurrente ciclo de luz y oscuridad formaron la base del primer principio de organización de nuestro mundo natural: el día y la noche. Este fue la primera observación astronómica y el primer intento del hombre para explicar lo que ocurría aquí abajo mientras observa lo que pasaba allá arriba. Y así el hombre primitivo empezó a buscar sus conexiones con los cielos y la Tierra. El Sol también provee el más básico y natural reloj diario. Así llegaron en Egipto a usar el primer reloj de Sol. Ya en 1724 en la India se había creado el reloj de Sol más grande del mundo, con precisión de 20 segundos. Los relojes de sol se usaron hasta hace un siglo atrás cuando fueron reemplazados por los relojes modernos. Sin embargo, pareciera que el cuerpo humano está siempre a tono con el ritmo diario de los ciclos del reloj de Sol. Además del día y la noche, en la antigüedad también habían inventado el concepto de semana.

La Semana

Los hombres antiguos también observaron los 5 cuerpos celestes visibles al ojo desnudo que centellaban en el cielo nocturno. El Sol y la Luna le servían al hombre antiguo de inspiración para desarrollar sus ideas. Los babilónicos obtuvieron de sus observaciones a los cuerpos celestes, como los planetas, el Sol y la Luna; la inspiración para la siguiente división del orden natural: los 7 días de la semana. Después los griegos continuaron el trabajo. Usando la noción egipcia de las 24 horas en un día, a los griegos se les ocurrió que cada día era regido por un planeta. Y como resultado de este nuevo orden tenemos: Sol, Luna, Martes, Mercurio, Júpiter, Venus y Saturno. Después de una combinación de lenguajes e influencias mitológicas se formaron los días de la semana moderna: domingo, lunes, martes, miércoles, jueves, viernes, y sábado. Después de la semana, se concentraron en el mes.

El Mes

El próximo reto de nuestros ancestros no fue en el Sol sino en otro cuerpo celestial: la Luna. Llegaron a determinar los ciclos de la luna entre 29 y 30 días. El periodo de 30 días que usamos hoy es el mes, el cual se deriva del nombre de la luna en inglés: month. Al agregar todos estos ciclos obtuvieron el año.

El Año

Agrupando todos estos ciclos, los días, las semanas y los meses tenemos como resultado el año. También pudieron nuestros ancestros determinar las estaciones del año, las cuales les servían de guías para sus cosechas. Y para tener toda la información de todos estos periodos, desarrollaron el calendario.

El Calendario

En tiempos muy antiguos, las estrellas y los planetas eran fuente de estudio científico en las primeras culturas, además de su parte religiosa. En Egipto, ya se habían dedicado al estudio de los movimientos de la Tierra alrededor del Sol. Los egipcios sabían que le tomaría a la Tierra unos 365 días en completar una vuelta completa alrededor del Sol. Para ese entonces habían dividido el círculo en 360 grados, representando cada grado la distancia viajada por la Tierra alrededor del Sol en un día. Sin embargo, los antiguos egipcios estaban muy conscientes que el año real eran 365 días y no 360. Y para complicar más la cosa también usaron un calendario de 12 meses de 30 días cada uno. Y como al sumar nada cuadraba, decidieron tomar como su año oficial 360 e ignorar los otros 5 días.

A través de los antiguos griegos, y luego los romanos, las culturas occidentales modernas heredaron el calendario y la astronomía egipcia y mesopotámica. Pero aun el año de 365 días tampoco era perfecto. Para serlo debería tener 365 días más un cuarto de día o 6 horas. Para resolver el problema usaron 7 meses de 31 días cada uno: Enero, Marzo, Mayo, Julio, Agosto, Octubre y Noviembre. Mas 4 meses de 30 días: Abril, Junio, Septiembre y Noviembre. Y para obtener los 365 días, le asignaron los 28 días restantes a Febrero.

Sin embargo para compensar el cuarto de día perdido por año, los romanos desarrollaron un calendario en el que cada cuatro años se le sumaría un día extra al mes de Febrero. Al hacer eso, surgió así el año bisiesto. El término de año bisiesto deriva del vocablo latino bisextus. Este concepto se emplea para hacer referencia al año que tiene 366 días; es decir, un día adicional con respecto a los años comunes. Después de agregarle el día extra al mes de Febrero, este tendría 29 días en los años bisiestos en lugar de 28.

3.5 LOS PRIMEROS OBSERVATORIOS

El Sol ofrece el principio fundamental de organización del mundo moderno. Las civilizaciones antiguas crearon monumentos con una increíble habilidad para rastrear con exactitud los ciclos de las estaciones del Sol. Entre estos primeros observatorios tenemos a Newgrange y Stonehenge.

Newgrange fue el más grande monumento prehistórico construido en Irlanda, Europa alrededor del año 3.200 a.C., antes de las pirámides de Egipto. Esta fue la obra antigua más sorprendente construida sobre la superficie de la Tierra. Está conformada por un grupo de montículos de entierros diseñados y construidos para marcar el día más corto del año; el solsticio de invierno, cuando los días empiezan a hacer más largos y calientes, lo que les indicaba a los granjeros primitivos cuando sería tiempo de plantar otra vez. Newgrange fue una inmensa tumba circular de unos 250 pies de ancho con un pasadizo largo hecho de piedra que se extendía desde la entrada hasta la gran cámara abovedada donde se preservaban los antiguos huesos de sus muertos. Arriba de la entrada está una caja de piedra rectangular, la cual era una tumba alineada de manera que un destello de luz del Sol naciente sobre el solsticio de invierno entraría en la caja, viajaría por el pasadizo de piedra, e iluminaría la parte de atrás de la pared de la cámara. Es probable que Newgrange tuviera también un significado religioso o ceremonial.

Cientos de millas de Newgrange, en las llanuras de Salisbury en el sur de Inglaterra está el monumento de Stonehenge construido en el año 2.500 a.C., unos 700 años después del Newgrange. Stonehenge es quizás el observatorio solar más conocido del mundo antiguo. Cuando estas enorme rocas macizas fueron levantadas en su sitio, los egipcios estaban solo empezando a construir sus pirámides y aun así la extraordinaria estructura del Stonehenge pudo rastrear con precisión los ciclos del Sol, la Luna y las estrellas, sugiriendo un gran entendimiento del cosmos lejos de lo primitivo. Stonehenge se alinea con el nacimiento y la puesta del sol. En el solsticio de verano el día más largo del año, el Sol nace sobre el marcador conocido como la piedra talón. A mediados del invierno se pone directamente en el extremo opuesto del monumento. En todos estos monumentos desde el Newgrange, Stonehenge, a las pirámides, la adoración del dios Sol continúa llevando el testamento del poder de los cielos en la Tierra: la adoración del Sol.

Con el florecimiento de la civilización, los egipcios habían heredado su entendimiento de los cielos, de la más antigua civilización Mesopotamia. Con este conocimiento, los egipcios fueron unos de los primeros en hacer sus mapas del cielo nocturno y grabarlos en la piedra. Ellos lograron esculpir en la piedra el zodiaco que originalmente había sido inventado en Mesopotamia y pasado a través de los antiguos egipcios a los días modernos.

Es importante destacar que Mesopotamia era una tierra sin piedras, en la que se hicieron los primeros ladrillos de barro como los que aún se usan hoy. Con esos ladrillos se construyeron los primeros pueblos con grandes monumentos en forma de pirámides llamadas Zigurats, que también se usaron como observatorios.

Fue en esos observatorios de Mesopotamia cuando el hombre por primera vez trató de rastrear las estrellas en el firmamento, fue allí donde los dos grandes caminos del entendimiento de los cielos empezaron a surgir: la ciencia de la astronomía y la creencia de la astrología. Fueron también los Mesopotámicos quienes imaginaron patrones y diseños de los cielos nocturnos llenos de estrellas. Así llenaron los cielos de todo tipo de criaturas y caracteres. Algunos de mitología y algunos otros de la vida real. Estos patrones y diseños fueron pasados de generación en generación y aún se mantienen hoy.

Luego vinieron los llamados signos del zodiaco del mundo moderno. Estos formaban bandas alrededor del cielo a través del cual pasaban el Sol, la Luna, y los planetas en su travesía a través del firmamento. La astrología moderna tiene sus raíces en la creencia que se originó en el mundo antiguo. Así surgieron ideas como la que si alguien había nacido cuando el Sol aparecía estar en frente de un signo de una estrella en particular, esa persona nacía bajo la influencia de ese signo.

Hoy se puede explicar la astrología como una ilusión cósmica. Cada día en su órbita alrededor del Sol, la tierra se mueve un poco más lejos en el espacio, creando el efecto de que el Sol se mueve un poco hacia las estrellas del fondo. Los Mesopotámicos también notaron 5 estrellas particularmente brillantes que parecían moverse hacia el fondo de las constelaciones del zodiaco. Hoy sabemos que esos eran los 5 planetas visibles con el ojo desnudo.

4

LA RIQUEZA Y EL PODER

Durante el inicio de la prehistoria, unos 2,5 millones de años atrás, en el periodo Paleolítico Inferior, los seres humanos eran nómadas como sus antecesores y vivían de la recolección de frutos silvestres y de algunos animales que comían. Esto era un trabajo con el cual obtenía su sustento. Desde entonces el trabajo se convirtió en su *capital* para sobrevivir. Todo lo que adquiera en la vida será basado en este principio básico. Para lograr vivir mejor se esforzará aún más para obtener más ganancia. La acumulación de las ganancias daría origen a la riqueza. Para este entonces el fruto de su trabajo era solo del trabajador.

El humano es un ser social, al igual que los animales de donde evolucionó, por lo que generalmente siempre ha necesitado de otros humanos, no solo para sentirse mejor, sino también para hacer mejor las cosas que necesita para sobrevivir. En grupo pueden hacer un mejor trabajo, al ayudarse uno con otros y al final tendremos una mayor producción, con más ganancia y más riqueza. Vemos como el ser con su trabajo lograba conseguir su sustento diario y trabajando en grupo todos juntos lograban conseguir su sustento también. Lo que estimulaba tanto al individuo como al grupo. La riqueza, entonces se distribuía entre los miembros del grupo.

Mas tarde, durante el inicio del Neolítico, unos 12 mil años atrás, después de la glaciación, surgió el descubrimiento de la agricultura con la que surgiría después el comercio y la riqueza, la cual está vinculada a la abundancia de las cosas de valor como bienes o dinero.

Con el surgimiento de la civilización en Mesopotamia, se había incrementado las actividades económicas, con lo que algunas familias se harían más ricas que otras gracias al comercio entre los habitantes de los pueblos. En algún momento, una de esas familias se haría con el control del pueblo, pasando a representar el poder económico y la autoridad del pueblo con el apoyo de la iglesia. Luego la autoridad del pueblo creó las primeras instituciones locales como el consejo de los ancianos y la primera asamblea formada por la gente importante del pueblo, De manera que el poder quedó constituido por el sector religioso, el político, el militar y el judicial. Sin embargo, el poder religioso estaba muy ligado a los otros poderes.

Mas tarde cuando los pueblos se convirtieron en ciudades con economías más grandes, surgieron los primeros reinos con reyes considerados dioses con poder absoluto sobre todos los aspectos de la sociedad con el apoyo del consejo de ancianos y la asamblea. Con los reinos surgieron las guerras y la formación de los ejércitos para defenderse de las invasiones. Después apareció la cultura de la guerra, usada para conquistar tierras y formar imperios.

Después de originarse y configurarse en las primeras civilizaciones, el poder y sus estructuras se difundieron hacia el mundo occidental. En Grecia en la ciudad de Atenas surgió la democracia con la cual el poder pasa por primera vez de los reyes a manos del pueblo.

En este capítulo estaremos hablando sobre los detalles de la riqueza, el capitalismo, el poder, la religión y el poder, y la lucha por el poder.

4.1 LA RIQUEZA

Con el descubrimiento de la agricultura y cría, sobre todo con su excedente de producción, surgió después el comercio con lo que, a su vez se iniciará la riqueza. Además del excedente de la agricultura y cría, asimismo surgió la propiedad como otro elemento que también contribuiría a la riqueza. Con el uso y administración eficiente de los recursos, se fue desarrollando la economía y más tarde se desarrollaron las finanzas para controlar las ganancias. Todas estas prácticas terminaron en la creación de un sistema económico conocido como el capitalismo, el mejor productor de riqueza.

La Agricultura y Cría

La agricultura y la cría fueron descubiertas por el Homo Sapiens en el Medio Oriente, durante el Periodo Neolítico. Sin embargo, fue con el excedente de los productos de la agricultura y la cría que se inicia la prosperidad y la riqueza.

Con el excedente de la agricultura se podía alimentar a otras personas que se dedicaban a otras actividades como la cría. De manera que el granjero le cambiaba parte del excedente de su cosecha al pastor por algunos de sus animales, dando origen al intercambio comercial en forma de trueque.

Posteriormente, la organización interna de los primeros asentamientos se hizo más compleja. El cultivo de la tierra y la cría de animales podían producir suficiente alimento y hasta con mucho mas excedentes para resolver el problema de desabastecimiento de alimentos. En consecuencia, la población aumentó considerablemente, obligando a los humanos a ampliar las extensiones de tierras de cultivo, a introducir el regadío y a establecer el comercio con los excedentes. Estas nuevas prácticas económicas, como era de esperarse, incrementaron aún más el crecimiento demográfico de la población, lo que condujo al surgimiento de una nueva clase de trabajadores: los artesanos.

Una vez más, con el excedente de la agricultura y la cría se podía alimentar a los artesanos. De manera que el agricultor le cambiaba al artesano comida por productos artesanales.

Con estas nuevas actividades económicas se acentuó más el concepto de la propiedad como las tierras donde sembraba o criaba sus animales. Sus tierras eran consideradas por los humanos como parte de sus pertenencias y estarían dispuestos a protegerlas y defenderlas. Fue con esta idea en mente que formaron aldeas y pequeños poblados con chozas o casas muy cerca una de la otra.

La Propiedad

Desde el inicio de la existencia del ser humano ha existido siempre el concepto de propiedad, pues este desde el momento en que recolectaba los frutos de la naturaleza o que tomaba otro animal para alimentarse, esos frutos o animales pasaban a ser del ser humano, quien los obtenía para satisfacer sus necesidades de alimentación. Cuando inventó la caza, las armas que desarrolló para cazar también las consideraba de su propiedad. En algunas ocasiones, si alguien más trataba de arrebatarle sus recursos, pues el dueño trataría de defenderlos, pues los consideraba su propiedad.

Mas tarde cuando descubrió la agricultura, ya esta representaba para el ser humano un costo mayor que el que representaba hacer una herramienta para cazar. En ambos casos, tanto para hacer las herramientas como para producir los frutos, el humano usaría su trabajo. Ahora con más razón, trataría de defender su propiedad como fuera. Además de ser las tierras donde sembraba su propiedad también lo eran los productos que obtenía de ella como los productos agrícolas o los animales que criaba en su tierra.

Con el sedentarismo debido al desarrollo y la evolución de la agricultura, la propiedad podía ser compartida por la familia, el clan o la tribus. Es decir que además de la propiedad personal también surgió la propiedad colectiva. La propiedad puede ser cambiada o vendida, lo que la constituye en otro elemento de riqueza.

El Comercio

Con la agricultura durante el Neolítico, también surgió el comercio, el cual es el elemento fundamental de la riqueza. Inicialmente el comercio se hacía mediante el intercambio en forma de trueque de los productos de la agricultura y cría por otros productos artesanales locales como de cestería, alfarería, de cerámica, hilo y tejido. Posteriormente, surgieron unas redes más complejas de intercambio de bienes especializados entre aldeas o regiones como el comercio de la obsidiana y el bitumen.

Con el comercio también surgieron los primeros medios de transporte, incluyendo las carretas y la navegación; así como también la fabricación de mejores herramientas para realizar, mantener y proteger todas las actividades que les permitían lograr el sustento.

Los comerciantes siempre estaban a la expectativa de tener más y nuevos productos para comercializar, los cuales irían apareciendo a medida que las nuevas técnicas y tecnologías se iban desarrollando para mejorar la producción de los productos existentes o para crear nuevos productos.

Durante el Neolítico también surgió la confección de la ropa, para lo cual se desarrollaron técnicas para obtener fibras de la lana y de lino. Con el invento del telar se hacían telas para confeccionar la ropa, la cual ya no era solamente para protegerse del frio como en el Paleolítico, sino que para entonces se le dio un uso ornamental y decorativo, con lo que también surgió la moda.

Al descubrir la arcilla surgió la alfarería y se empezaron a fabricar una gran variedad de objetos de arcilla como estatuillas con fines religiosos, recipientes para transportar granos y líquidos, y ladrillos de barro para la construcción de casas. Más tarde aparece la cerámica con técnicas para decorarla con figuras y colores.

Después del comercio en forma de trueque y antes del uso del dinero, se implementó el pago de mercancías con el ganado. Sin embargo, fue en Mesopotamia donde se implantó, durante la edad de los metales, el pago con dinero para obtener la mercancía, basada en el primer sistema de precios usando las ventas de varios productos. Esto daría como resultado el surgimiento de la economía comercial y de mercado, así como también el surgimiento de las finanzas.

Con el comercio, surgieron los medios de transporte por tierra y por los ríos. Por tierra usaron las primeras carretas y por ríos usaron balsas. Con el tiempo, la fabricación de las primeras carretas tiradas por animales para transportar mercancías y gente se vieron muy favorecidas con la aparición de la rueda. Mientras que las balsas se transformarían en canoas.

La Economía

Durante la prehistoria los seres humanos vivían formando grupos entre los cuales intercambiaban, a parte de los alimentos que recogían para su sustento, sus ideas, herramientas y algunos recursos para hacer las cosas que usaban en su diario vivir. Sin embargo, al darse cuenta de que sus recursos eran limitados, tratarían de hacer un mejor uso de ellos. Esta simple observación daría origen a lo que hoy llamamos economía. Pues justamente de eso trata la economía: usar los recursos disponibles de la manera más eficiente posible.

Como ya hemos visto las primeras actividades que proporcionaban al ser humano los recursos para ser usados, fue la agricultura y cría, las cuales dieron origen a otra actividad como el comercio, con el cual el ser humano podía obtener prosperidad y riquezas. Cuando una persona cambiaba parte de su cosecha por un animal, estaba haciendo una actividad económica, pues la agricultura, la cría y el comercio abarcaban los aspectos básicos de la economía como la producción y el consumo.

El propósito de la economía es administrar los recursos disponibles para satisfacer las necesidades humanas y para evitar la escasez de los recursos, por lo que la economía debe incluir una buena planificación en cualquier grupo social, lo que a su vez requiere la incorporación del proceso de producción de la materia prima. La orientación de la economía siempre ha de ser para mejorar las condiciones de vida de los individuos y de la sociedad.

Desde sus inicios, la economía ha continuado su ritmo de progreso. Ya en las antiguas civilizaciones como en la de Mesopotamia, Egipto, India, China, Grecia y el Imperio Romano, la economía había alcanzado grandes progresos. Platón y Aristóteles en Grecia destacaron en la economía. El primero hizo una definición de economía que incluía la administración de los recursos y el comercio. Mientras que Aristóteles, fue el primer economista analítico, quien trató diversos temas económicos, que aún se mantienen en la actualidad, como sus definiciones económicas y las teorías monetarias y de valor.

En la Edad Media, surgió en Europa la economía feudalista, así como los aportes a la economía de la filosofía escolástica. El sistema feudal se basaba en la tenencia de territorios o feudos en una sociedad dividida entre señores y vasallos, en la que los primeros poseían la tierra y los segundos estaban encargados de producirla. En cuanto a los aportes de la filosofía escolástica a la economía, estos fueron una serie de reglamentos económicos de acuerdos a doctrinas religiosas, liderizados por Santo Tomás de Aquino.

Más adelante, destacaron los mercantilistas y los fisiócratas. Los primeros se caracterizaban por favorecer la economía con la intervención estatal, mientras que los segundos consideraban la agricultura como la fuente única de riqueza de las naciones.

A finales del siglo XVIII la economía se empieza a considerar ampliamente como una ciencia, desde la publicación del libro de Adam Smith, "La Riqueza de las Naciones". Las teorías postuladas en esta época se conocen como economía clásica, en la que destacaron los economistas Adam Smith y David Ricardo con sus teorías de la ventaja comparativa, la ley de los rendimientos decrecientes y teoría sobre la distribución de la renta.

El estudio de la economía incluye los precios de los bienes y de los factores productivos como la tierra, la producción, el capital y la tecnología; el comportamiento de los mercados financieros, la ley de oferta y demanda, las consecuencias de la intervención del Estado sobre la sociedad, la distribución de la renta, el crecimiento económico de los países y el comercio internacional.

El estudio de la economía se puede dividir en dos grandes áreas. La macroeconomía que estudia el funcionamiento global de la economía como conjunto integrado y la microeconomía que estudia el comportamiento económico de empresas, hogares e individuos.

Un sistema económico es un conjunto de reglas que rigen la economía de un territorio. Estos sistemas económicos pueden ser de dos tipos principalmente: los que otorgan mayor poder al Estado como en un socialismo y los que otorgan más importancia a la libertad de elección de los individuos como en una república. En el socialismo existe una regulación del mercado, y la propiedad está en manos del Estado. Además, las empresas son del Estado, los precios se fijan por leyes jurídicas. En la república, por el contrario, el sistema económico es el capitalismo, existe la propiedad privada, existe la libertad de empresa, los precios se fijan mediante la ley de oferta y demanda, y existen mercados competitivos.

Un sistema económico, como modo de organización, está compuesto por una serie de elementos como los bienes y servicios que satisfacen nuestras necesidades; también los agentes económicos como las empresas, las familias y el Estado; y los factores productivos como la tierra, el trabajo y el capital. Cada uno de estos tres elementos se organiza de diferentes formas y da lugar a la actividad económica, la cual según su naturaleza puede formar parte del sector primario o agrícola, el sector secundario o industrial, o bien del sector terciario o de servicios.

Las Finanzas

Después del comercio en forma de trueque, se implementó el pago de mercancías con el ganado. Posteriormente en Mesopotamia se implantó el comercio mediante el pago con dinero para obtener mercancías. Estas operaciones comerciales se basaron en el primer sistema de precios en la venta de productos. Esto daría como resultado el surgimiento de la economía comercial y de mercado, así como también de las finanzas, cuyo término aun es referido al estudio de la circulación del dinero entre los individuos, las empresas o los Estados.

Las finanzas corresponden a una parte de la economía que estudia la obtención y administración de los recursos financieros como el dinero o el capital para la compra de materia prima, adquisiciones de maquinaria y equipos, pago de salarios entre otros para llevar a cabo las operaciones de producción. Las finanzas también estudian y analizan la inversión y el ahorro de los recursos financieros.

El auge de las finanzas tuvo lugar en el siglo XV, con el surgimiento del capitalismo. Durante esa época se comenzaron a desarrollar los bancos comerciales ofreciendo servicios de intermediación, préstamo y ahorro para el inversionista. Con el paso del tiempo, además de los bancos, surgieron otras instituciones financieras con productos que han ido evolucionando y modernizándose. Ya para el siglo XX las finanzas pasan a considerarse como un área de estudio de una nueva disciplina, la cual se ha ido perfeccionando en el tiempo con el desarrollo de teorías que intentan explicar la determinación óptima del precio de los activos, la rentabilidad esperada, las decisiones en escenarios de incertidumbre, etc.

Las finanzas se pueden dividir en cuatro grupos importantes: finanzas personales, corporativas, publicas e internacionales. Las finanzas personales se refieren al estudio de la obtención y administración de los recursos de las familias o individuos para el manejo óptimo del ingreso laboral y el endeudamiento, para tomar decisiones de inversión y ahorro, y para financiar una carrera o profesión rentable o la compra de un carro o una casa. Las finanzas corporativas se orientan al estudio de la obtención y administración de los recursos de las empresas para realizar sus proyectos productivos con un óptimo financiamiento para poder repartir dividendos entre sus socios. Las finanzas públicas se enfocan en el estudio de la obtención y gestión de los recursos financieros de las instituciones del Estado para obtener los recursos a través de impuestos, invertir en proyectos públicos rentables, elegir mecanismos óptimos de redistribución de los recursos y manejar apropiadamente el déficit/superávit gubernamental. Y finalmente, las finanzas internacionales se refieren al estudio de las transacciones financieras a nivel internacional para la inversión y el endeudamiento en el extranjero tomando en cuenta los efectos de la fluctuación del tipo de cambio en la rentabilidad y el riesgo país.

Las finanzas disponen para su estudio, de la contabilidad, la cual es un recurso para determinar los gastos e ingresos para conocer la situación y condición para poder establecer las estrategias necesarias con el fin de mejorar el rendimiento económico de una persona o familia, compañía o estado, según el grupo de contabilidad que se esté usando.

En las finanzas existen una serie de conceptos que permiten comprender aún más el estudio del dinero y la forma en la que se organizan las finanzas. Entre estos conceptos se encuentran: el riesgo y beneficio, el valor del dinero y la tasa de interés. El riesgo y beneficio se refiere a la minimización del riesgo de la inversión. Sin embargo, pueda que a un mayor riesgo el beneficio sea mayor. El valor del dinero se refiere a la fluctuación del valor del dinero con el tiempo, es decir al cambio que representa invertir el dinero en el presente en comparación al futuro. La devaluación y las inflación son claves para el concepto del valor del dinero. La tasa de interés es el valor que se paga por los fondos solicitados en préstamo a los intermediarios financieros, los cuales son los agentes dedicados a poner en contacto a las dos partes de las finanzas, los ahorristas y los que necesitan financiamiento.

Los agentes económicos como las personas, las familias, las empresas, o estados deben usar las finanzas para tomar las mejores decisiones para invertir, ahorrar y gastar en condiciones de incertidumbre. Para ello, los agentes pueden optar por diversos tipos de recursos financieros tales como: dinero, bonos, acciones o derivados, incluyendo la compra de bienes de capital como maquinarias, edificios y otras infraestructuras.

4.2 CAPITALISMO

Después de la caída del Imperio Romano en Occidente y de la caída del imperio de Carlomagno, surgió en Europa durante la Edad Media, entre los siglos X y XII, una forma de organización social y política llamada feudalismo, el cual consistía en una relación que creó y rigió obligaciones de obediencia y servicio de una parte de la sociedad llamada los vasallos y la otra parte llamada el señor feudal o dueño del feudo, quien daría protección al vasallo a cambio de su lealtad al señor feudal. La relación también establecía que el señor feudal disponía de todos los derechos del feudo, mientras que el vasallo tenía que poner a producir el feudo con la mano de obra de los campesinos y pagarle con una parte de la producción al señor feudal. La economía feudal se basaba en la agricultura y cría.

El feudalismo se caracterizaba por sus aspectos básicos como el social, el político y el económico. A nivel social tenía una sociedad conformada por una clase privilegiada, entre los que se incluían la realeza formada por el rey y su familia; la nobleza en donde estaban los guerreros, quienes también servían como los vasallos. Luego le seguían la clase no privilegiada conformada por los campesinos. A nivel político el feudalismo tenía un poder descentralizado, con una iglesia católica que tenía un papel muy influyente ante el poder que ejercía la nobleza a través de relaciones de lealtad y protección que ofrecían al rey a cambio de dominios y títulos nobiliarios. Y a nivel económico tenía una economía basada en una agricultura y cría de subsistencia con un pequeño comercio basado principalmente en el intercambio.

La fuente de riqueza estaba en la propiedad de los feudos, los cuales estaban en manos de los señores feudales. No había industria, pues los productos eran realizados por artesanos. Sin embargo, después del siglo XI el comercio de la edad media se fue incrementando gracias al trabajo de los mercaderes, los cuales salieron de los feudos para vender al principio algunos productos agrícolas y más tarde algunos otros productos artesanales. Es así como se originó la burguesía, lo que más tarde diera paso al capitalismo.

El feudalismo empezó su decadencia debido al agotamiento de las tierras de cultivo con la subsecuente falta de alimentos para la población, lo que produjo hambruna con una gran cantidad de muertos y para rematar también aparecieron enfermedades epidémicas como las pestes. Sin embargo, el feudalismo llegó a su fin en los siglos XIV y XV.

Cuando se empezó a formar una actividad comercial más fuerte y empezó a usarse el dinero circulante, se inició el fortalecimiento del capitalismo y siempre desde su inicio, este modelo económico ha estado en constante evolución. El capitalismo moderno surgió en la segunda mitad del siglo XVIII, época en que apareció la revolución industrial y el pensamiento político avanzaba hacia un nuevo esquema de libertades individuales, tanto políticas como económicas. La revolución industrial dio un nuevo impulso a la economía con la masificación de la producción y el consumo. Esto también requería la masificación de los puestos de trabajo

bajo un esquema salarial. Así surgió la clase obrera o proletariado.

En la actualidad, el capitalismo es un sistema económico que se basa en la propiedad privada de los medios de producción, así como en el principio de libertad de mercado, cuyo objetivo es la acumulación de capital. Por lo tanto, el capitalismo se basa en la titularidad de los medios de producción y los recursos, de cuyo comercio se extraen las ganancias.

El capitalismo presenta la libertad de mercado como su principio básico. El mercado, según el modelo capitalista tradicional, se regula por medio de la ley de la oferta y la demanda, orientada a satisfacer las necesidades de consumo. En este sentido, la competitividad entre los productores es un aspecto clave de este sistema económico.

El capitalismo utiliza el capital y el trabajo como sus factores fundamentales, los cuales aumentan la competencia en la oferta y la demanda de bienes y servicios. El capitalismo también utiliza el libre mercado con una mínima participación del Estado, reconoce el derecho de empresa como un derecho individual, de manera que cualquier persona o grupo que posean los recursos económicos necesarios puede abrir una empresa y emplear a otros.

El capitalismo se ha ido extendiendo por muchas partes del mundo. A finales del siglo XX se pudo observar uno de los fenómenos del capitalismo como lo es la globalización, la cual es un proceso de ampliación de la integración económica impulsada por los bajos precios de los medios de transporte y la comunicación entre los países del mundo.

Sin embargo, la definición del capitalismo tradicional se puede ver afectada por el país en que se desarrolle, especialmente por el tipo de sistema político o gobierno que ese país tenga, en especial a sistemas de gobiernos socialistas o comunistas. Esto por lo general termina modificando los factores del capitalismo como la producción, comercialización, distribución y precio de los bienes y servicios producidos. Pues el socialismo es una doctrina sociopolítica basada en la propiedad y la administración colectiva de los medios de producción.

4.3 EL PODER

El poder como la capacidad, facultad o habilidad de una o varias personas para ejercer control y dominio sobre otras viviendo en un determinado territorio o unidad política; tiene su origen en el proceso de socialización del ser humano, ya que debido a nuestro carácter de seres sociales siempre hemos sentido la necesidad de vivir con otras personas y así empezamos a formar grupos sociales de los que después surgiría la familia conformada por un padre, una madre y los hijos. La familia se convirtió entonces en el primer núcleo de la sociedad y apareció la necesidad de tener una persona encargada de dirigir y organizar a los miembros del núcleo social, que por lo general era el padre.

Posteriormente, varias familias se agruparon en grupos más grandes y cuando se empezaron a asentar formaron las primeras tribus y aldeas y así ayudarse mutuamente en la recolección de alimentos y también para defenderse. Esto constituyó nuestra primera sociedad y para dirigirla también fue necesario escoger a alguien quien se hiciera cargo de los asuntos de la aldea y que tuviera la capacidad de mantener la sociedad unida. Esto le daría cierto poder a esa persona, quien era normalmente escogida entre los más aptos. La relación entre el poder y la autoridad es necesaria para que el poder pueda con su autoridad lograr la obediencia necesaria para imponerse.

Durante las primeras civilizaciones, las aldeas se desarrollaron aún más. Ya en el sur de Mesopotamia, en las aldeas que vivían de la agricultura y cría, existía la institución de la iglesia hace unos 6.500 años La iglesia ejercía funciones de organización sobre las relaciones de la gente de las aldeas, además de algunas funciones comerciales, lo cual constituía indiscutiblemente un tipo de poder por lo que algunas familias querían tenerlo y para ello buscarían el control del templo, el cual ya para ese entonces residía en un edificio de muy buena construcción como señal de poder.

Con el paso del tiempo, las actividades económicas y el comercio se incrementaban y algunas de las familias de las aldeas se harían más ricas que otras gracias al comercio entre los habitantes de las aldeas. En algún momento, una de estas familias se hizo con el control de la aldea pasando a representar el poder económico y la autoridad de la aldea con el apoyo de la iglesia para justificar su posición social y la acumulación de su riqueza.

La autoridad de la aldea creó los primeros oficios administrativos con instituciones locales como el consejo de los ancianos y la primera asamblea formada por funcionarios importantes de la aldea, entre los que se contaban los jefes militares. Finalmente, quedó constituido el poder religioso, el político, el militar y el judicial. Sin embargo, el poder religioso estaba muy ligado a los otros poderes.

Después y debido al desarrollo continuo de las aldeas, estas se convirtieron en pueblos y ciudades con una mayor economía basadas en la agricultura, la ganadería, la cerámica y la metalúrgica, gracias al papel importante de los mercaderes, quienes también estaban estrechamente vinculados a la iglesia. Las ciudades fueron adquiriendo más importancia con el incremento de su economía hasta constituirse en ciudad-Estados, las cuales eran autosuficientes económicamente. Sin embargo, ya se habían empezado a formar algunos enfrentamientos por el control de las ciudades, lo que condujo al amurallamiento de estas. Para defender las ciudades surgió la idea de formar un poder militar dando lugar a los primeros reinos con reyes, quienes también ejercían funciones religiosas con un control progresivo del templo hasta llegar a asumir el poder central. Sin embargo, el consejo de ancianos y la asamblea siguieron apoyando al rey.

Las ciudad-Estados tenían sus propias leyes y eran regidas por un gobernador llamado Lugal, quien regulaba las actividades necesarias para el buen funcionamiento de la ciudad como la distribución del agua, la conservación de los canales, la defensa de la ciudad y la administración de justicia. Con el tiempo, estos gobernantes se convirtieron en reyes o monarcas con reinados o monarquías absolutas, pues controlaban cada uno de los aspectos de la vida social, económica y política de la gente de las ciudad-Estados, las cuales también tenían instituciones centralizadas.

Para llegar a ser rey de una de estas ciudad-Estados, el candidato por lo general era un líder con vínculos muy estrechos con la iglesia y como gobernante era considerado como un dios en la tierra y su poder era hereditario llegando así a formar las primeras dinastías. Estos gobiernos ejercían toda la autoridad, administraban justicia y manejaban los recursos de la ciudad de forma absoluta también, forzando a la gente al trabajo y al pago de impuestos. Estos gobiernos, además tenían un ejército muy bien formado.

Sin embargo, con los ejércitos se llevarían a cabo las guerras, no solo para defender sus territorios, sino para la conquista y dominio de otros, dando paso a los imperios como una forma de organización política constituida por el poder de un estado que domina a otro. El poder del imperio era ejercido por un emperador, el cual tenía todo tipo de autoridad. Los primeros imperios del mundo fueron el acadio, el babilónico y el asirio de Mesopotamia.

Con la aparición de los imperios, la forma de gobierno anterior de las ciudades-estado mesopotámicas sufrieron algunas modificaciones. Bajo el dominio del emperador el cargo que antes tenían los reyes, pasó a ser como de administradores de las ciudades.

En el otro lado del Creciente Fértil, en Egipto el poder como tal se empezó a originar después que las aldeas se agruparon y formaron los reinos del Alto y Bajo Egipto cerca de unos 5 mil años atrás. Esos reinos fueron gobernados por un rey-dios, llamado Faraón. El poder del faraón era hereditario llegando a formar dinastías durante casi tres mil años.

El territorio egipcio se dividía en nomos o provincias administrados por nomarcas o gobernadores, que obedecían al faraón. También había funcionarios para controlar los alimentos y el tesoro, recaudar impuestos y defender el territorio. Entre los funcionarios más importantes estaban el primer ministro, los sacerdotes y los jefes de los ejércitos. El primer ministro llamado "visir" se ocupaba de dirigir la agricultura y presidía el tribunal supremo. Los sacerdotes constituían un grupo muy poderoso que por lo general se ocupaban de cuidar los templos y organizar el culto de los faraones y los dioses. Los sacerdotes de los grandes templos tenían muchos privilegios y algunos de ellos podían poseer propiedades y no pagaban impuestos. Los jefes del ejército protegían el territorio y hasta conquistaban nuevos territorios.

Además de la civilización egipcia, es interesante abordar el origen del poder de las civilizaciones india y china. En cuanto a la India, vemos que, al principio, su territorio estaba también formado por un conjunto de aldeas gobernadas por jefes, sacerdotes y funcionarios feudales. Después, a medida que las invasiones de los pueblos extranjeros se incrementaban, los indios, para defenderse de los invasores, desarrollaron sus ciudad-Estados con murallas alrededor y en el centro de las ciudades se levantaba el palacio del rey, cuya autoridad era mayor a la de los jefes de las aldeas.

Sin embargo, los invasores terminaron dominando a los nativos indios, formando imperios con monarcas de poder absoluto. Después de esto, el poder quedó en manos de los guerreros, hasta que los sacerdotes lograron tomarlo e impusieron su religión brahmánica. Así, el poder de la India quedó compuesto por un rey, como el máximo gobernante; los sacerdotes, quienes administraban la justicia e imponían leyes sobre principios espirituales; y los funcionarios feudales, quienes eran dueños de grandes latifundios.

En cuanto a China, el poder en la antigüedad estaba conformado por un emperador, quien era considerado de origen divino. Luego les seguían los nobles que incluían a los terratenientes y jefes militares. Además, estaban los funcionarios de confianza del emperador incluyendo los gobernadores, jueces, funcionarios policiales, recaudadores de impuestos y supervisores de las labores agrícolas.

Después, estos emperadores empezaron a formar dinastías dominadas por emperadores con poder y autoridad absoluta, quienes eran sucedidos por un heredero, generalmente su primogénito varón. Las dinastías chinas abarcaron desde la era antigua hasta la era imperial. Las dinastas antiguas empieza con la de Xia, la cual fue la primera dinastía china a partir del año 2100 a.C.; seguida por las dinastías de Shang y la de Zhou, en esta última el reino chino se organizó en provincias y estados. En la era imperial china aparecieron las dinastías de los emperadores que unificaron al pueblo chino bajo un gobierno central.

Las dinastías imperiales incluyeron las de los emperadores como Qin, quien convirtió a China en un imperio; Han, quien promovió la economía; Sui, quien reformó el país y amplió la construcción de la gran muralla; Tang, quien logró el crecimiento de la cultura y el arte; Song, quien estableció su capital en Kaifeng y conquistó la región del sur; Yuan, quien fue dominado por el imperio mongol y tuvo mucha inestabilidad social; Ming, quien tuvo como capital a Nankín y luego Pekín, desarrollando la comunicación marítima y usó la plata como sistema monetario; y finalmente tenemos la dinastía de Qing, la cual fue la última dinastía china que terminó en guerras como la del Opio y la guerra contra Japón.

Después de originarse y configurarse en las primeras civilizaciones de Mesopotamia y Egipto, la India y China; el poder y sus estructuras se difundieron por todo el mundo. Desde el Medio Oriente siguieron hacia el este del mar Mediterráneo y pasaron a Grecia, la cual estaba constituida en aldeas y tribus, las que después se convertirían en Polis o ciudad-Estados.

Grecia alrededor del año 1400 a.C. tenía como forma de gobierno una monarquía en donde el poder era ejercido por un monarca o rey con derecho divino en algunos casos y su cargo era hereditario. El monarca tenía funciones militares, pero también desempeñaba labores religiosas y judiciales. El monarca era asistido por otros jefes militares que, como él, también poseían tierras. Alrededor del año 1000 a.C. el último rey de la polis o ciudad-Estado Atenas, fue reemplazado por un magistrado.

Grecia también tuvo una oligarquía, una forma de gobierno en donde el poder era ejercido por un pequeño grupo de personas como alguna familia o grupo pudiente. Posteriormente, existió una aristocracia en donde el poder era ejercido por la nobleza y su cargo era también hereditario.

Alrededor del año 750 a.C., en Atenas ya se estaban produciendo importantes cambios en el sector político como la limitación del tiempo del mandato del gobernante. Después surgieron otras reformas que incluían la elaboración de la primera constitución escrita con los derechos y deberes del pueblo, así como las leyes a seguir en la vida de los ciudadanos. También surgieron otras reformas como la eliminación de la esclavitud por deudas. Estas primeras reformas abrirían el camino hacia un sistema político que conduciría a la democracia.

Posteriormente surgirían más reformas como la participación de los ciudadanos en la asamblea y en los tribunales. Se creó una nueva organización política de cuatro clases según sus recursos, cada una de ellas con diferentes obligaciones militares y políticas. Los más pobres no participaban en el consejo, pero tampoco pagaban impuestos. También se creó el consejo de los 500 formado por 50 miembros por cada una de las diez tribus de Atenas en sustitución del consejo de los 400 anterior. Este nuevo sistema daría derechos políticos a la mayoría de los ciudadanos.

Todas estas reformas dieron origen a la democracia como el gobierno del pueblo, en Atenas por el año 461 a.C. Esta primera democracia era de forma directa, pues el poder era ejercido directamente por el pueblo en una asamblea en donde la gente se involucraba en elegir las leyes, así como a los funcionarios públicos.

La transformación política de Atenas fue algo revolucionario para su época, ya que como vimos desde el principio tanto en Grecia como en las primeras civilizaciones, el poder siempre había estado en manos de una elite de la sociedad, quien lo ejercía de forma absoluta. Sin embargo, fue en Grecia donde el poder por primera vez en la historia pasó a manos del pueblo, dando lugar a una de las formas de gobiernos más importantes del mundo: la democracia, el gobierno del pueblo.

Después de Grecia, el poder y sus estructuras llegaron a Roma. En la antigua Roma existía desde su fundación una monarquía entre el año 753 y el 509 a.C., la cual incluyó 7 reyes desde Rómulo su fundador hasta Tarquino el Soberbio. Durante la monarquía, el rey era la máxima autoridad con poder absoluto y era también sacerdote supremo, juez y jefe militar. Además del rey, estaba el Senado y la Asamblea Popular. El senado estaba conformado por 300 patricios ancianos, quienes aconsejaban al rey en la toma de decisiones y el cumplimiento de las leyes y las sanas costumbres. La asamblea popular estaba formada por patricios y era convocada por el rey para debatir asuntos de este para su aprobación o rechazo.

Después de la monarquía, Roma se convirtió en una República en el año 509 a.C., la cual duró hasta el año 27 a.C. En una República el gobernante era elegido para representar los intereses de los ciudadanos por periodos de tiempo limitados. Al principio de la república Roma estuvo gobernada por los nobles o patricios, los cuales conformaban una oligarquía.

Durante la República, Roma se convirtió en una potencia mundial con varias colonias conquistadas en Europa, Asia y África, gracias a su política expansionista y a su poderoso ejército. En cuanto al aspecto político, la República Romana tenía como sus instituciones principales el Senado y la Asamblea. El Senado fue heredado de la monarquía y estaba conformado por un consejo de ancianos que asesoraba al gobierno. Sin embargo, fue modificado después para incluir la participación de los plebeyos, además de los patricios. El Senado se convirtió en el principal órgano de gobierno de la República. Podía declarar la guerra, la paz, establecer alianzas con estados extranjeros, procurar finanzas públicas, etc.

Con el surgimiento de los cónsules como autoridades que ejercían funciones de gobierno, militares y de administración de justicia, el gobernante de la república fue sustituido por dos cónsules, que se controlaban mutuamente y al término de su gobierno tenían que dar cuenta al senado sobre sus funciones.

La Asamblea era un órgano representativo con funciones legislativas, así como también judiciales y ejecutivas para votar leyes y elegir a los cónsules o magistrados. Las asambleas llegaron a ser de tres tipos: la asamblea Curial, la Centurial y la Tribal. La asamblea Curial estaba conformada por gente de clase alta o patricios. El voto de la mayoría de las curias constituía el voto del pueblo.

La asamblea Centurial estaba conformada por militares con un jefe llamado centurión. Estas asambleas eran convocadas y dirigidas por los cónsules y con el voto mayoritario se aprobaban las leyes y elegían a los cónsules.

La Asamblea Tribal estaba conformada por los pobres y se agrupaban por tribus. Esta asamblea era presidida por un Tribuno, o representantes de los plebeyos, quienes eran elegidos en las asambleas tribales para defender los derechos de las tribus ante el senado y los cónsules. Los acuerdos de los tribunos tenían carácter de ley.

Además, había unos magistrados encargados de velar por el funcionamiento del gobierno como los censores, cuestores, pretores y ediles. Los censores, se encargaban de hacer el censo de las personas y de sus bienes. Los cuestores eran los contadores que recaudaban los impuestos y administraban el tesoro público. Los pretores eran funcionarios que administraban justicia y fueron ellos los forjadores del Derecho Romano. Los ediles conformaban la organización municipal y se encargaban de velar por la vigilancia y limpieza del pueblo, así como del mantenimiento de los caminos y carreteras.

Durante el período de la república fueron constantes los enfrentamientos entre los grupos sociales más importantes de Roma: los patricios y los plebeyos. Estos últimos pedían los mismos derechos que los patricios, además de un mejor reparto de las tierras y la supresión de la esclavitud por deudas. Todas estas dificultades llevaron a la república romana a una profunda crisis hasta colapsar.

Sin embargo, algo pudo sobrevivir de la gran república romana como su gran legado cultural: el derecho y sus instituciones. Las leyes romanas que, aunque inicialmente no estaban escritas se trasmitían oralmente. Pero dado su importancia, se escogieron diez hombres de entre los patricios para recopilarlas en la llamada ley de las XII tablas. Así mismo, las instituciones romanas de principios jurídicos de justicia tales como los tribunales, juzgados, etc., también son parte de ese legado romano. Durante mucho tiempo fue el único código romano y sus leyes perduraron por tantos siglos que muchas de las leyes que usamos actualmente se basan en ellas. De hecho, los europeos después de la conquista del continente Americano también las introdujeron en él.

Después de la caída de la República Romana, se inició el Imperio Romano en el año 27 a.C. con Octavio como su primer emperador bajo el nombre de Augusto Octavio. En el imperio, el emperador era la máxima autoridad política, religiosa y militar. Además del emperador, estaba el Senado y la Asamblea, ambas al servicio del emperador. Después de la muerte del primer emperador, le siguieron en el poder una serie de dinastías que terminaron con el emperador de 15 años Rómulo Augústulo. El imperio entró en crisis por su debilitamiento debido a sus divisiones y su ineficiencia hasta que llegó a su fin en el año 476 d.C.

Con el fin del imperio romano de occidente termina la Edad Antigua de la historia universal de la civilización occidental y se inicia la Edad Media. La Europa de hoy tiene sus orígenes en la caída del imperio romano de Occidente a manos de los pueblos bárbaros que fueron incursionando en los territorios ocupados por Roma. Sin embargo, antes de la caída del imperio romano, durante su debilitamiento, ya el imperio había perdido muchos de sus territorios desde el año 386 tras las incursiones de los barbaros o pueblos germánicos como los godos del norte de Europa. Estos pueblos a través del tiempo habían desarrollado algunas relaciones con Roma y lograron aprender mucho sobre los romanos, lo que les hizo más fácil su entrada a territorios antes ocupados por el imperio.

Mas adelante, los godos se dividieron en godos occidentales o visigodos y godos orientales u ostrogodos, de los cuales más tarde surgirían otros pueblos y formarían los reinos germánicos. El reino ostrogodo provenientes de los hérulos de Escandinavia, uno de los pueblos germánicos al mando de su jefe Odoacro, es conocido por haber depuesto al último emperador romano de occidente Rómulo Augústulo en el año 476. Esto puso fin al imperio romano y Odoacro se convirtió en el nuevo rey de Italia.

Aunque la parte del imperio romano conquistada por Odoacro fue la occidental, esta era la parte donde estaba el gran poder de todo el imperio y con su caída se inició la Edad Media en Europa. Los nuevos reinos germánicos se establecieron en casi toda Europa en los nuevos estados formados en el territorio que antes ocupaba el imperio romano con la ayuda de la iglesia de Roma.

Entre los otros reinos germánicos importantes tenemos: los reinos visigodos, el de los francos y el de los lombardos. El reino visigodo desde el año 414 llegó a dominar todo el sur de Francia y buena parte de la Península Ibérica hasta que desapareció como consecuencia de la invasión musulmana del año 711. El reino visigodo fue amigo y aliado de Roma.

Los lombardos, otro pueblo germánico, llegaron en el año 568 y se establecieron al norte y centro de Italia, y también se convirtieron al catolicismo. En el año 572 los lombardos formaron su reino, pero ya en el año 774 su dinastía había sido destronada por los francos a manos de Carlomagno, pues los lombardos, al parecer, se habían atrevido a desafiar al poder del papa.

El reino de los francos desde su inicio se fue expandiendo hasta llegar a dominar el norte de la actual Francia, Bélgica y el oeste de Alemania. Este imperio también se convirtió al catolicismo con un buen acercamiento al papa. Con el tiempo, el reino de los francos bajo el mando del rey franco Carlomagno, quien fue coronado por el papa de Roma en el año 800, dio origen al Imperio Carolingio, el mayor y más poderoso imperio germánico de la Edad Media.

El imperio carolingio extendió su dominio por casi toda Europa, en la que llegó a abarcar: Francia, Austria, Holanda, Bélgica y el norte de España. Carlomagno convirtió su corte en un gran centro administrativo y cultural. Gobernó sus extensos territorios confiándolos a condes, marqueses y duques, como lo hacían antes en el Bajo Imperio Romano. También estableció un sistema monetario basado en la moneda de plata que predominó en Europa durante siglos.

Dado la gran extensión del imperio carolingio para mantenerlo unido, su emperador tenía que viajar siempre con su corte de un sitio a otro y afrontar continuas guerras para asegurarse de ser obedecido en todos lados. Además, Carlomagno y sus sucesores mantuvieron la costumbre de dividir el gobierno del imperio como herencia entre los hijos. Esto hizo que Europa quedara repartida en muchos territorios y reinos, además en cada uno de ellos el poder también terminó dividido. Sin embargo, la idea de un imperio católico aliado con el Papa de Roma se mantuvo durante toda la Edad Media y más allá como un ideal de unidad política.

Carlomagno hizo que sus súbditos del norte de Europa también se convirtieran al catolicismo. A cambio, el Papa lo reconoció emperador como parte del poder de Roma y señor supremo de toda Europa. Esto haría que Carlomagno pensara en crear un nuevo Imperio Romano. Pero toda esta manipulación del papado de Roma, le daría un inmenso poder a la iglesia católica, la cual usaría sus indulgencias para el perdón de los pecados a sus súbitos para crear las guerras religiosas como las cruzadas y luego la inquisición como se puede ver en mayor detalle en el subcapítulo 4.5 sobre la lucha por el poder.

Mientras tanto y, sin embargo, el intento de Carlomagno de crear su nuevo imperio romano, no fue posible debido a su muerte en 814; después de la cual, todo su poder se fragmentó en toda Europa. Después de la caída del imperio carolingio, surgió en Europa durante la Edad Media, entre los años 1000 y 1200 el feudalismo, cuyo sistema de gobierno era ejercido por un rey y su familia junto con una iglesia católica que tenía un papel muy influyente durante la edad media y más allá. Además del rey, también estaban los nobles y los campesinos. Los nobles eran leales al rey por lo que se les llamaba también vasallos, los nobles también eran guerreros y proveían de ese servicio al rey, debido a que este no tenía ningún ejército. El poder del rey era débil, sin embargo, era el dueño de las tierras, que bajo el sistema feudal se dividían en secciones y se llamaban feudos. Estos feudos eran dados por el rey a los vasallos para que las pusieran a producir con el trabajo de los campesinos.

Durante el feudalismo alguna de la gente que trabajaba la tierra en los feudos, lograron liberarse de su relación con el señor feudal y empezaron a llevar los productos agrícolas que ellos mismos producían hasta algunos centros de acopio para venderlos. Con las ganancias de las ventas siguieron invirtiendo en la producción agrícola, luego en la ganadería y más tarde en la artesanía. Dado que esta actividad les era muy rentable más tarde también incluirían una variedad de productos, convirtiéndose esta gente en muy buenos comerciantes. Con el tiempo después estos comerciantes se mudaron a los centros urbanos en donde se volvieron muy prósperos. Ellos fueron conocidos como los burgueses, quienes más tarde llegaron a formar una clase social compuesta por comerciantes y artesanos, dueños de los medios de producción y el comercio con tierras, fábricas, máquinas y dinero. Fue la burguesía la que originó el capitalismo y su gran poder en Europa, así como también los grandes cambios en lo económico, político y social en ese continente. Cambios que contribuirían a la desaparición del sistema feudal.

El feudalismo empezó su decadencia debido principalmente al agotamiento de las tierras con consecuencias nefastas para Europa como periodos de hambruna, a lo que se le unió también las pestes que se difundieron por Europa matando a millones de personas. Finalmente, el feudalismo llegó a su fin en los siglos XIV y XV y dio paso al capitalismo cuando se empezó a formar una actividad comercial fuerte y dinero circulante.

El capitalismo moderno surgió en la segunda mitad del siglo XVIII, época en la que apareció la revolución industrial gracias a un pensamiento más avanzado dando paso hacia un nuevo esquema de libertades individuales, tanto políticas como económicas. La revolución industrial dio un nuevo impulso a la economía de Europa con la masificación de la producción y el consumo. Había surgido así un nuevo sistema económico mundial con gran participación de la burguesía. Esto también requería la masificación de los puestos de trabajo bajo un esquema salarial produciendo el surgimiento de la clase obrera o proletariado. Con el poder surgieron en Europa las naciones dominantes, las cuales empezaron a dedicarse a la explotación y colonización de otras naciones o regiones más pobres.

A diferencia de estas naciones dominantes, en otras naciones como China y Rusia surgió un desarrollo más lento, pues su clase de comerciantes era débil ante la burocracia estatal autoritaria que condujo a estas naciones al socialismo.

Después del siglo XV surgieron reyes más fuertes con ejércitos mejor formados y equipados, de manera que sus naciones se pudieran concentrar en adquirir una hegemonía política en el exterior. Para llevar a cabo esta estrategia se requería de mucho recursos, los cuales podían ser obtenidos por estas naciones mediante el desarrollo de la hacienda pública mediante la recaudación de impuestos. Los estados modernos habían llegado y la vida urbana floreció con mejor economía.

Por otra lado, la parte oriental del Imperio Romano conformado por el sur del Medio Oriente, el norte de África y parte de la Península Ibérica, bajo el nombre de Imperio Bizantino había llegado a su fin en el año 1453 con la caída de Constantinopla en manos del Imperio Otomano, después de casi mil años de la caída del Imperio Romano de Occidente. Con la caída del bastión oriental del Imperio Romano, se inició la Edad Moderna en Europa.

Durante la Edad Moderna, surgió el periodo del Renacimiento en Italia, el cual luego se expandió por toda Europa haciendo mucho progreso debido a un cambio de actitud y una mejor forma de pensar. Surgió el arte y las ciencias como la medicina, astronomía, geografía, etc. Se hicieron algunos inventos como la imprenta y el telescopio. Esta fue la época de Leonardo Da Vinci, Miguel Ángel, Lorenzo Medici, Nicolas Maquiavelo y muchos más.

También se produjeron durante la Edad Moderna muchos cambios políticos como la Revolución Francesa, la cual fue un movimiento político, social, económico y militar que surgió en Francia en 1789 con el liderazgo de la burguesía. Después de los enfrentamientos con las tropas del rey Luis XVI; y las tropas revolucionarias lograron tomar el control de la Bastilla, una fortaleza de Paris usada como prisión estatal, en donde se encontraban presos los grandes pensadores revolucionarios de Francia. Esto agregaría mucha presión al conflicto y el pueblo francés decidió formar una Asamblea Constituyente, con el fin de firmar en 1791 la primera Constitución, la cual proclamaba la soberanía nacional y la separación de poderes. Luego se formó la Asamblea Legislativa, la cual sentaba la división del poder político en dos grandes grupos. Después de abolir la monarquía en 1792 las clases populares asaltaron el palacio del rey y lo apresaron. Se llamó a elecciones con victoria para los revolucionarios y la asamblea decidió ejecutar al rey en la guillotina, poniendo fin a la monarquía absoluta, injusta, opresora y con mucha desigualdad entre los grupos sociales predominantes en el país. Al derrumbar el antiguo régimen se instaló en su lugar un gobierno republicano democrático, el cual luego tendría su influencia en varias naciones europeas. Sin embargo, el acto de ejecución del rey difundiría el terror entre algunos países europeos, al punto de que Gran Bretaña, Holanda, España y Austria, se unieron para acabar con la revolución francesa por temor a que sucediera lo mismo en sus territorios. Después de esto, los franceses sintieron miedo de que la revolución terminara, cosa que aprovechó la oposición para tomar el mando y arrestar a los líderes revolucionarios. Finalmente, los revolucionarios volverían a tomar el poder en 1794; pero después de varios levantamientos en contra del gobierno, este sería derrocado por un golpe de estado en 1799, bajo el mando de Napoleón Bonaparte, quien estableció un régimen centralizado y autoritario y restableció las relaciones con la iglesia, la cual en 1804 lo proclamó emperador de Francia, lo cual dio inicio a la etapa imperial de Napoleón hasta el fin de su imperio en 1815. La revolución francesa consagró la libertad y la igualdad ante la ley como las bases del actual Estado de derecho. Sus ideales de libertad, fraternidad, soberanía popular y derechos fundamentales de los ciudadanos; se difundieron por Europa y el mundo. Una de las consecuencias de la revolución francesa fue el despertar de las ideas nacionalistas y democráticas que se expandieron por el mundo en especial a Estados Unidos, país que lograría independizarse de los ingleses, lo cual fue seguido como ejemplo por el resto de los países del continente americano.

Mientras tanto, en Europa durante la Edad Moderna, algunas de las naciones dominantes se consolidaron como potencias mundiales, debido a que sus navegantes y exploradores llegaron a conquistar otros continentes como América y Australia. La Edad Moderna también fue la era de los grandes exploradores, como Cristóbal Colón, Vasco da Gama y Hernando de Magallanes. Estas exploraciones sentarían las bases para el colonialismo del imperialismo europeo de los países dominantes como Francia, Alemania, Inglaterra, España, Italia, Holanda y Bélgica. Estos países se repartieron los continentes Americano, Africano, Australiano y Asiático.

Durante la Edad Moderna surgió el mercado global con el sistema capitalista, la sociedad de consumo y la revolución industrial como grandes cambios económicos con sus consecuentes crecimientos de las urbes especialmente las de Europa y América. El cambio religioso más importante de la Edad Moderna fue la reforma protestante de Martin Lutero contra la iglesia católica.

También surgió en esta época un pensamiento científico para impulsar las ciencias con descubrimientos, teorías y fabricación de nuevos instrumentos. Entre esos pensadores destacaron: Nicolás Copérnico, Galileo Galilei, Johannes Kepler, Isaac Newton y muchos otros más que sentaron las bases de la ciencia contemporánea.

Sin embargo, algunos de estos grandes científicos como Galileo fueron atacados por la famosa inquisición de la iglesia católica cuando este trató de exponer el modelo de Copérnico sobre del sistema solar. El gran científico Galileo fue víctima en el siglo XVII de la santa inquisición, pues la iglesia le acusó de atentar contra su institución al defender el modelo heliocéntrico, es decir que la Tierra era la que giraba alrededor del Sol y no al revés como sostenía la iglesia. Sin embargo, tomaría más de tres siglos y medio para que llegara un papa bueno llamado Juan Pablo II y pediría perdón en nombre de la iglesia por lo que esta le hizo a Galileo.

4.4   LA RELIGION Y EL PODER

El hombre prehistórico relacionaba las fuerzas desbastadoras y amenazantes de la naturaleza con eventos de poderes sobrenaturales, es decir como algo fuera de su control, a los que se acostumbró a sentir temor ante la amenaza de su propia sobrevivencia, hasta llegar a sentir un inmenso respeto por esos poderes sobrenaturales hasta llamarles dioses, a los que, con el tiempo empezó a adorarles, tenerles fe y ofrecerles tributos para obtener favores y hasta llegó a ofrecerles sacrificios.

Con el desarrollo de la creencia, la ritualidad y la espiritualidad surgieron las primeras manifestaciones del chamanismo y luego la religiosidad primitiva. Apareció así, el culto religioso como una forma de mostrar veneración, devoción y respeto hacia algo que se cree y se considera poderoso y divino.

Para comunicarse con los espíritus de los dioses todopoderosos e influir ante ellos, el hombre primitivo se valió de ritos, dando lugar así al surgimiento de la ritualidad, uno de los aspectos importantes del chamanismo y de lo que más tarde se llamaría religión.

Cuando el hombre prehistórico trató de representar los espíritus de los dioses en forma de símbolos para pedirles ayuda, él creía que si podía tener la representación en forma de pintura o figura de alguna cosa, entonces también podía interferir con los espíritus de esa cosa a su conveniencia. Al tratar de representar en forma física a varios de sus dioses, surgió así la creencia politeísta.

Lo que hoy conocemos como religión se fundamenta en las creencias primitivas y tuvo su origen con la llegada del chamanismo, el cual era un tipo de creencias conducidas por un Chamán. Del chamanismo surgieron más tarde las religiones y del chamán las autoridades religiosas de hoy.

La religión como institución se originó durante la revolución neolítica, con el descubrimiento de la agricultura, cuando nuestros antepasado se asentaron y formaron las primeras sociedades humanas. La religión se puede definir como un sistema de creencias, costumbres y símbolos en torno a una divinidad, algo considerado sagrado o algo con algún valor espiritual. Su función básica es la de consolidar una serie de valores para mantener unido a un grupo social con un cierto grado de satisfacción espiritual mediante la fe.

Al principio, la religión era politeísta, pues incluía la creencia en varios dioses como en las antiguas civilizaciones de Mesopotamia y Egipto. Actualmente, la religión politeísta que aún se practica es el Hinduismo de la India, dentro de la cual existe gran diversidad de tendencias filosóficas y espirituales con dos aspectos en común: la creencia en el dios supremo llamado Brahma y la creencia en la reencarnación.

Después de la aparición de Abraham, este introdujo el concepto de la religión monoteísta o la adoración de un solo dios. Este tipo de religión incluye: el judaísmo, el cristianismo y el islamismo, las cuales tienen un libro sagrado que contiene las doctrinas, códigos y tradiciones en las que se basan su fe.

Es importante destacar que tanto las religiones politeístas como las monoteístas creen en un dios supremo creador de todo, por lo que se les llama religiones teístas. Sin embargo, existen otras religiones llamadas no teístas, que no creen en un dios supremo creador de todas las cosas.

Entre las religiones monoteístas actuales tenemos: el Judaísmo, el Cristianismo y el Islam. El judaísmo es la religión más antigua de las religiones monoteístas del mundo y su origen se basa en los relatos sobre el patriarca Abraham. El judaísmo predica la existencia de un solo Dios, creador del universo. En esta religión, la familia es muy importante y gran parte de la fe judía es enseñada en el hogar. El libro sagrado del Judaísmo es la Torá. Los cultos judíos son realizados en las sinagogas, y son dirigidos por un rabino. Algunos de sus símbolos sagrados del judaísmo son la Estrella de David y la Menorá o candelabro de siete brazos. La estrella está en la bandera de Israel y la menorá en el escudo. El judaísmo, actualmente cuenta con unos 14 millones de fieles en todo el mundo.

El Cristianismo es la religión que reconoce a Jesucristo como el hijo de Dios. Es una religión mesiánica, pues cree en el mesías o enviado de Dios. El libro sagrado del cristianismo es la Biblia junto al nuevo testamento, cuyas enseñanzas se predican en las iglesias cristianas. Los predicadores reciben el nombre de sacerdotes, obispos, o pastores según la denominación del cristianismo. En la actualidad el cristianismo cuenta con unos 2.100 millones de fieles en todo el mundo.

Existe una denominación muy relacionada al cristianismo llamada Catolicismo, la cual es una doctrina religiosa que representa a la Iglesia católica apostólica y romana, cuya autoridad suprema es el papa, quien reside en el Vaticano, razón por la cual su historia está estrechamente vinculada a Europa, región sobre la cual la iglesia católica ejercía un gran poder durante la Edad Media, hasta el punto de mantener unidos a todos los reinos de esa época. La denominación católica cuenta con unos 1.214 millones de fieles en todo el mundo.

Otra denominación del cristianismo es el Protestantismo, el cual se inició con la reforma impulsada por Martín Lutero en el año 1517. Sin embargo, con los años han surgido muchos movimientos protestantes cristianos como los evangélicos pentecostales, bautistas, etc. El protestantismo propone eliminar la mediación de los sacerdotes para la salvación y obtenerla a cambio solo por la declaración de la fe. Actualmente, en el mundo hay alrededor de 700 millones de protestantes.

El Islamismo es también una religión monoteísta que surgió con la predicación de su profeta principal Mahoma en el año 622 en La Meca, Arabia Saudita. El creyente de la fe del islam se denomina musulmán y su libro sagrado es el Corán, donde la palabra de Alá fue revelada al profeta Mahoma. El Corán también admite otros profetas como Abraham, Moisés y Jesús. El lugar donde se practica la fe islámica es la mezquita. El Islam actualmente tiene unos 1.900 millones de fieles. Al igual que el catolicismo en Europa, el islamismo unió las tribus de Arabia para formar una especie de imperio que se extendió desde la India hasta parte de Europa.

La religión no teísta, que aún se practica hoy día es el Budismo, el cual es una doctrina filosófica, religiosa y moral fundada en la India, durante el siglo VI a. C por Buda o Siddhartha Gautama. El budismo cree en la reencarnación como un medio para liberar el ser humano de su sufrimiento material. Es por ello, que el budismo es orientado para la liberación del ser a través de creencias y prácticas espirituales, que buscan desarrollar en el individuo estados positivos como la calma, concentración, conciencia y emociones sanas. El budismo tiene una gran presencia en todos los países de Asia. Actualmente, se está extendiendo por casi todo el mundo.

La religión ha ejercido a lo largo de los siglos muchas funciones como en el aspecto social, en el que se incluyen los principios o valores morales asociados con la espiritualidad, pero su utilización con fines políticos ha sido la función que la ha mantenido siempre ligada al poder, el cual siempre ha sido muy ambicionado por todos, por lo que la gente se vale de cualquier medio para lograrlo.

Desde que se organizaron las religiones, surgieron los sacerdotes, los cuales se creían que eran intermediarios entre los hombres y los dioses, lo cual les concedió un gran poder político a los religiosos y todo funcionario que la religión legitimara. Por ejemplo, cuando el faraón del antiguo Egipto le hablaba el pueblo sobre los problemas de las bajas crecientes del Nilo y las sequías, el efecto en la gente no hubiese sido tan efectivo si la gente no viera al faraón como un dios.

Por ello, en la antigüedad los reyes, los emperadores y los faraones para justificar su poder absoluto se consideraron ellos mismos dioses, llegando a eliminar en algunos casos los límites entre la política y la religión, pues al mencionar a Dios o lo que se proclame en su nombre nada era cuestionable. Por eso casi todas las religiones han estado enlazadas al poder político y han llegado a ser maquinarias de dominio.

La religión y el poder cuando se unen para lograr el dominio de algún territorio son capaces de crear hasta guerras como la que surgió en el antiguo Egipto cuando el faraón Akenatón trató de cambiar el culto al dios Amón-Ra por el del nuevo dios Atón-Ra. Los sacerdotes del dios antiguo ante la amenazas de perder su poder le hicieron la guerra a los del nuevo culto hasta ir en contra del propio faraón. Otro ejemplo de estas guerras fueron las cruzadas que se libraron entre cristianos y musulmanes por las disputas sobre el control de Jerusalén. La Inquisición de la iglesia católica con la persecución y quema de herejes fue una guerra religiosa llena de horror. También podemos citar la guerra de los conquistadores europeos para imponer por la fuerza la religión cristiana en el nuevo continente americano.

Sin embargo, el poder también debe tener la capacidad de unir a la sociedad y para ello nada mejor que contar con alguna justificación ideológica o religiosa. La sociedad siempre ha aceptado el poder, cuando este es legitimado por alguna institución como la iglesia. Además, cuando existen tensiones fuertes entre las tendencias opuestas al poder, estas pueden ser resueltas a través de la relación entre el poder y la religión. Es por eso por lo que en casi todas las sociedades el poder y la religión han estado siempre estrechamente unidos. No obstante, cuando se ha tratado de cambiar ese vínculo de legitimidad del poder con la religión y sustituirlo por el del pueblo, eso casi nunca ha funcionado pues el pueblo también puede ser manipulado por la religión. En consecuencia, el vínculo entre el poder y la religión aún se mantiene y lo podemos ver en el cristianismo y el islamismo. En el caso del cristianismo, en especial la denominación católica, la religión y el poder se ha mantenido a lo largo de los siglos desde el Vaticano de Roma. De hecho, el poder que surgió en Europa y América desde el Imperio Romano, siempre contó con la legitimidad de la iglesia católica. Esta religión es quizás la que más poder ha tenido, pues siempre ha ostentado el poder del Papa. Esta religión gozó de muchos beneficios durante la época feudal en Europa. En el caso del Islam, el poder y la religión llegan incluso a confundirse en uno solo.

En el cristianismo y el islam, el poder político y el religioso siempre se han ayudado mutuamente. En el cristianismo, el poder político ayuda al religioso con leyes, donativos, exención de impuestos y otras excepciones fiscales, etc. Mientras que el poder religioso legaliza el poder político. En el islamismo, muchos musulmanes han deseado con fervor, algún tipo de venganza invocando antiguas profecías musulmanas para desquitarse de los pueblos de Europa y de los Estados Unidos por lo que en el pasado estos países le hicieron a su región del Medio Oriente cuando les conquistaron y alteraron sus fronteras para tomar algunos beneficios. Muchos de los musulmanes desde lo que se denomina como el Estado Islámico, están acariciando estos conceptos e ideas para establecer una especie de imperio islámico para llevar a cabo su venganza.

4.5   LA LUCHA POR EL PODER

La lucha por el poder surgió desde los orígenes del ser humano con las primeras disputas. Durante la prehistoria, desde que surgió el concepto de la propiedad, el ser humano ha estado involucrado en disputas para defender su propiedad o para tomar la de otros. Durante la disputa, cualquiera que fuera el ganador se alzaría con el poder.

A lo largo de la historia hemos inventado guerras y luego los gobiernos para tomar y administrar el poder, hasta el mismo pueblo ha estado involucrado en la lucha por el poder. En cuanto el poder del pueblo, vale la pena señalar que el pueblo ha llegado en algunos casos específicos a distribuir parte de su poder con los llamados grupos de poder para lograr algunos beneficios especiales.

Origen de la Lucha

En los seres humanos, desde sus orígenes, pudieron haber surgido algunas disputas sobre algunos de sus recursos sobre todo si estos eran escasos. Si los humanos que estaban en posesión de los recursos no los podían defender, entonces el agresor los tomaría a la fuerza haciendo un ejercicio de poder.

Con el tiempo, a medida que los humanos se hacían sedentarios y se establecían en algún lote de tierra en donde almacenaban sus alimentos, algunos otros humanos que aun andaban como nómadas, al llegar a ese lote es probable que tuvieran la tendencia a tomar de esos alimentos y algunas otras cosas o tomar todo el lote de tierra. Pero los que ya habían tomado ese lote de tierra antes, lo sentían como su propiedad y todo lo que en ella estuviera por lo que estarían dispuestos a defenderla hasta con su vida. Si el sedentario fallaba en defender su propiedad, la perdería y el agresor se quedaría con todo como consecuencia de su poder.

A medida que los pueblos más se desarrollaban y prosperaban, estos podían ser más atractivos para los amigos de lo ajeno para tratar de obtener alimentos y refugio sin mayor esfuerzo. En consecuencia, los pueblos se tendrían que preparar para defenderse con palos y piedras o con cualquier tipo de arma que tuvieran.

Mas adelante, con el surgimiento de las ciudades y las primeras civilizaciones se produjeron disputas o guerras hasta para tomar tierras con ciertas mejoras como algún tipo de riego. Este sería el caso de la guerras entre Lagash y Umma en Sumer, Mesopotamia. Estas guerras fueron las primeras documentadas de la historia de la humanidad.

Con el desarrollo de las ciudades y el descubrimiento de los metales, se lograron construir mejores armas para defenderse, lo que resultaría en la formación de los primeros ejércitos armados con lanzas, hachas, dagas, puñales y espadas, y además, protegidos con cascos y escudos. Los ejércitos armados darían inicio a las guerras para defenderse en un principio. Sin embargo, con el tiempo las guerras se usarían con frecuencia para obtener, además de mejores tierras, tierras ajenas para expandir los territorios de los agresores. Después que las ciudades habían crecido y progresado, algunas de ellas se tenían que amurallar para evitar las invasiones por parte de los que practicaban las guerras por la lucha del poder.

Las Guerras

Con el objeto de tomar el poder, la práctica de la guerra se fue convirtiendo en una cultura militar de envergadura permitiéndole a un estado dominar a otros para formar los primeros imperios como el acadio, el babilónico y el asirio que surgieron en Mesopotamia. En el imperio el poder es ejercido con todo tipo de autoridad por un rey, monarca o emperador.

Con el surgimiento de las primeras civilizaciones la guerra pasó a ser más organizada y hasta se le incorporó el caballo y el carruaje dándole más importancia a la clase militar. A medida que pasaba el tiempo, se fueron agregando otros componentes para la guerra como la pólvora para hacer armas de fuego, las cuales revolucionarían la guerra para siempre. Surgió así la artillería fortaleciendo a los ejércitos militares. Después, también se desarrollaron nuevas técnicas para la guerra y militares con mejor capacitación, tal como ocurrió durante el apogeo del imperio romano que desarrolló sistemas militares muy profesionales. En este caso, el propósito de las guerras era expandir el imperio y así obtener más poder, claramente.

A lo largo de la historia, muchas cosas relacionadas con las guerras han ido cambiando, las armas, las tácticas, las estrategias, la logística y por sobre todo las comunicaciones, debido a los adelantos tecnológicos, de los que hasta ahora sabemos. Es probable que algunas innovaciones aún se mantengan en periodos de prueba.

Actualmente la guerra se define como cualquier lucha armada o conflicto bélico entre dos o más pueblos, naciones o regiones, en el cual por lo general hay heridos, muertos y daños materiales. Normalmente, la guerra implica socavar el estado de paz. Dependiendo de su objetivo, las guerras pueden ser de diferentes tipos como las religiosas, las guerras mundiales, las civiles, etc.

A una guerra se le llama religiosa cuando esta es promovida por motivos religiosos. De estas podemos citar las cruzadas y la santa inquisición de la iglesia católica en Europa durante la Edad Media. Las cruzadas se originaron debido al gran poder que ya tenía el papado de Roma. Basado en su poder, la iglesia católica empezó a administrar sus indulgencias sobre las penas de los pecados de sus súbditos. Para otorgar estas indulgencias la iglesia podía imponer algún tipo de penitencia o sacrificio a cambio. Así llegó a pedirle a sus súbditos ir a pelear para recuperar la Tierra Santa de Jerusalén, lo que dio origen a las cruzadas, las cuales fueron 8 guerras ocurridas en casi dos siglos entre los años 1095 y 1291. Fueron llamadas cruzadas porque los súbditos de la iglesia que participaron en estas guerras usaron el símbolo de la cruz. El objetivo de estas guerras era ir a Jerusalén a reconquistar la Tierra Santa que había sido tomada por el Islam. Para organizar estas guerras la iglesia empezó a reclutar gente entre sus súbitos valiéndose de las indulgencias.

Después de la primera cruzada, se fundó en Francia en 1119 la orden de los Caballeros Templarios con el propósito de proteger a los cristianos cruzados cuando iban hacia Jerusalén. Al principio, los Templarios como no tenían muchos recursos financieros, sobrevivían gracias a donaciones. Y lograron establecerse en el antiguo templo del rey Salomón. En 1129 la orden de los Caballeros Templarios fue aprobada por la iglesia. La orden de los Templarios terminaría convirtiéndose en una gran estructura de prestigio con poder político y económico dentro de la comunidad cristiana. En lo político en 1139 el Papa de la iglesia para ese entonces los declaró exentos de la obediencia de las leyes locales, excepto la del Papa. Tampoco tenían que pagar impuestos. En lo económico, desarrollaron técnicas financieras de las que surgirían instituciones como las de la banca actual. También adquirieron grandes extensiones de tierra en Europa y en Tierra Santa y construyeron grandes edificaciones. Formaron las primeras compañías internacionales de fabricación y de importación y exportación. Después de casi dos siglos, las cruzadas empezaron a debilitarse debido a conflictos internos. Además, los musulmanes habían desarrollado mejores líderes como Saladino, a quien los Templarios lograron derrotar en 1177 con un ejército de 26 mil soldados. Finalmente la orden de los Caballeros Templarios llegó a su fin en 1306 después de ser disuelta por el Papa Clemente V, tras el acoso del rey francés Felipe IV, terminando los Caballeros Templarios acusados de herejías y algunos fueron asesinados y hasta quemados vivos.

Sin embargo, en su afán de conservar su poder, la iglesia católica inició la etapa intolerante de la inquisición sobre cualquier idea o pensamiento de sus súbditos que la iglesia considerara contrarios a sus intereses. Al calificar estas ideas de herejías, la iglesia católica empezó a inquirir sobre los supuestos herejes, lo que daría origen a la famosa inquisición. En un intento de poner fin a la herejía por temor a perder su poder, la iglesia católica empezó a establecer instituciones o tribunales de inquisición durante la Edad Media para perseguir y castigar con tortura y hasta con la muerte a todas aquellos seres que se opusieran a los designios de la iglesia católica. El primer tribunal de inquisición fue establecido al sur de Francia en 1184. Después se estableció la inquisición a nivel estatal de España en 1249. La nefasta práctica de la inquisición, contó con el apoyo de gobiernos como el de Roma, España, Portugal, Francia, Alemania, etc. Quizás lo más despiadado de esta práctica fue la quema de personas vivas.

Además de las guerras religiosas, hay otras guerras que involucran a todo el mundo como las guerras mundiales, las cuales se realizan a gran escala. Entre estas podemos citar la primera y la segunda guerra mundial. La primera guerra mundial entre 1914 y 1918; fue el primer gran conflicto bélico que involucró a países de los cinco continentes del mundo. Sin embargo, la mayoría de los combates tuvieron lugar en Europa. La causa inicial de esta guerra fue el asesinato del archiduque Francisco Fernando de Austria, heredero del imperio Austro-Húngaro, el 28 de junio de

1914. El archiduque fue asesinado por un serbio, por lo que Austria-Hungría le reclamó a Serbia y le declaró la guerra. Luego Rusia salió en defensa de Serbia y, como respuesta, Alemania, que era aliada del imperio Austro-Húngaro le declaró la guerra a Rusia y a Francia. Durante la primera guerra mundial Europa estaba dividida en dos bandos: Italia, Alemania y el imperio Austro-Húngaro formaban la Triple Alianza, mientras que Francia, Reino Unido y Rusia formaban el otro bando llamado la Triple Entente. A medida que la guerra avanzaba más países se involucraban. Esta guerra había sido una de las mayores guerras de la historia hasta este entonces, con un alto costo sobre todo en vidas humanas calculadas en más de 15 millones entre soldados y civiles, algo nunca visto antes. Un año después del fin de los combates de la primera guerra, su final oficial quedó sellado con la firma del Tratado de Versalles en Francia.

Sin embargo, tal pareció ser que no se aprendió la lección de esta primera catástrofe y 20 años más tarde ocurrió la segunda guerra mundial entre 1939 y 1945. Al igual que la primera, la segunda guerra mundial también involucró a muchos países del mundo, solo que esta guerra fue peor que la primera. Fue una catástrofe en todos los sentidos. Se cree que más de 50 millones de personas entre militares y civiles perdieron la vida. La causa de la segunda guerra mundial se inició cuando en 1939 el ejército alemán de Adolf Hitler invadió Polonia, pues este quería extender su régimen nazi por toda Europa. Después de la invasión de Polonia, el Reino Unido y Francia le declararon la guerra a Alemania, pero, aun así, el ejército alemán continuó con sus campañas militares con las que logró conquistar gran parte de Europa. En esta guerra, además de Europa, los combates se extendieron por varias partes del mundo. Japón se unió a la Alemania de Hitler en 1940 pues los nipones querían conquistar parte de China y de Asia. Sin embargo, su ataque a Pearl Harbor en Hawái en 1941 les complicaría sus ansias de poder, al provocar la entrada de Estados Unidos a esta guerra. La segunda guerra mundial contó con muchos avances tecnológicos, los cuales tuvieron un papel determinante, pero, sin duda, el más importante de todos los avances fue la bomba atómica, la cual fue desarrollada por Estados Unidos y la utilizó contra las ciudades japonesas de Hiroshima y Nagasaki el 6 y 9 de agosto de 1945. Como resultado murieron más de 200 mil personas por la explosión de las bombas y los posteriores efectos de la radiación. Después de esas primeras bombas atómicas, nunca más se han vuelto a utilizar armas atómicas en una guerra. Pero quizás, el lado más oscuro de la segunda guerra mundial fue el Holocausto, en el que Adolf Hitler y su régimen nazi llevaron a cabo un genocidio étnico, político y religioso en Alemania y los territorios que conquistaban. Las autoridades alemanas persiguieron y encerraron en campos de concentración en los que murieron un total de 11 millones de personas principalmente judíos.

También hay otros tipos de guerras como la llamada guerra civil, la cual es una guerra interna entre los habitantes de un mismo pueblo o país sin la injerencia directa de otros países. Ejemplos de guerras civiles hay muchos en el mundo. Hay también las llamadas guerras preventivas, las cuales se inician por una nación con el argumento de que otro país se preparara para atacarla. Un ejemplo de este tipo de guerra pudiera ser la guerra de Estados Unidos contra Irak bajo la presunción de que el régimen iraquí tenía armas de destrucción masiva y que podía usar en contra de Estados Unidos.

Hasta existió una guerra fría, como un tipo actualizado de guerra que se da cuando dos o más naciones intentan socavar el régimen político de su enemigo a través de la influencia económica, la propaganda y el espionaje, pero sin violencia directa.

La historia humana está llena de guerras que normalmente se inician para tomar o conservar el poder u obtener algún beneficio como ha sucedido desde la prehistoria, durante las primeras civilizaciones, la edad antigua y que siguen sucediendo hasta el día de hoy.

El Gobierno

El gobierno es el representante del poder. Es la autoridad gobernante de una unidad política como el Estado, con el objeto de dirigir, controlar y administrar las instituciones de ese Estado, así como también regular la sociedad política y ejercer autoridad y soberanía dentro del Estado. El gobierno también se encarga de recaudar impuestos de todos los miembros del Estado. Este dinero sirve para crear, desarrollar y mantener empresas de servicios públicos y construir infraestructuras para el bienestar de los ciudadanos.

El gobierno, para responderle a su sociedad también debe crear un sistema de protección social para sus ciudadanos que incluya diferentes áreas tan importantes como la salud, el trabajo, la educación, el sustento y la vivienda. Este sistema de seguridad social debe ser autofinanciable, seguro, sin corrupción y de muy buena calidad.

Por su parte, el Estado es una organización socio-política constituida por un territorio, una población y un gobierno. El Estado goza de autonomía interna y soberanía para desempeñar funciones políticas, sociales y económicas dentro de su territorio. Además, cuenta con sus propias instituciones burocráticas, leyes y sistema económico, en las cuales el poder se ejerce sobre una población que se encuentra en su territorio.

Existen dos tipos de Estados, dependiendo de la estructura política de sus gobiernos: el Estado Unitario y el

Estado Federal. El Estado Unitario es aquel en el que existe un solo poder político centralizado para todo el territorio, mientras que en el Estado Federal el poder es descentralizado, pues está dividido entre las diferentes regiones que conforman el territorio político. El poder de cada región tiene por lo general el mismo nivel de autonomía y de representatividad en el poder o gobierno federal.

Para que el gobierno sea más eficiente en el cumplimiento de su objetivo, el poder debe estructurarse en dependencias con poderes y funciones específicas como el poder ejecutivo, el poder legislativo y el poder judicial. El poder ejecutivo tiene como función principal la de coordinar y aprobar las leyes; mientras que la función principal del poder legislativo es la de crear las leyes; y la función principal del poder judicial, es la de encargarse de hacer cumplir las leyes.

El poder ejecutivo está representado por el jefe del gobierno, el cual es el más alto nivel de autoridad y es generalmente reconocido como el líder del Estado. Además del jefe de estado o presidente, el gobierno también incluye directores ejecutivos, como el primer ministro o vicepresidente y los otros ministros representantes del poder legislativo y el judicial.

Según la posición y relación entre estos poderes, puede haber varios tipos de sistemas de gobierno: un sistema presidencial, parlamentario, o un sistema de asamblea. En el sistema presidencial como en Estados Unidos, hay una separación de poderes entre el legislativo y el ejecutivo y cada uno de ellos, el congreso y el presidente, se elige por elecciones separadas. En el sistema parlamentario hay una estrecha relación entre el poder legislativo y el ejecutivo en donde el primero o parlamento elije al candidato del segundo como el jefe de gobierno, como es el caso de España. Sin embargo, puede existir un sistema hibrido entre el sistema presidencialista y el parlamentario, como el sistema francés.

En el sistema de asamblea el poder legislativo está por encima del poder ejecutivo y es la asamblea la que elige al presidente.

Según sus formas políticas, el gobierno puede ser de diferentes tipos, entre los más importantes tenemos: la democracia, la monarquía y la dictadura. La democracia es la forma de gobierno en donde el pueblo a través de los partidos políticos elige al presidente y a los funcionarios para administrar al Estado.

Los partidos políticos son en teoría asociaciones de interés público que siguen ciertos principios e ideas para el cumplimiento de sus objetivos: en primer lugar, canalizar y transmitir los intereses y demandas de la población para que sean consideradas en las decisiones del gobierno democrático; y en segundo lugar posibilitar la participación de la población en el proceso político democrático por medio de la elección de los representantes populares para ejercer el poder político.

Las democracias a su vez pueden ser de varios tipos según la forma en que el pueblo ejerce el poder. Entre ellas las más importantes actualmente tenemos son las democracias representativas y las republicanas. En la democracia representativa el gobierno está en manos de representantes electos por el pueblo por un período determinado de años. En una democracia republicana el jefe del estado o presidente es elegido por el pueblo a través de sus representantes. La república asegura que exista una división de poderes dentro del Estado, como el poder ejecutivo, el legislativo y el judicial. Además, garantiza la temporalidad del mandato de los gobernantes y el respeto a la ley nacional.

En las otras formas de gobierno como la monarquía y la dictadura, a diferencia de la democracia, el poder no reside en el pueblo. En la monarquía, la cual fue muy común en el pasado, la administración del Estado se encuentra en manos de un monarca de forma vitalicia y su poder es hereditario. En el pasado, las monarquías eran regímenes de poder absoluto. Incluso durante la Edad Media, esta fue una forma de gobierno muy extendida en Europa, pero empezó a perder poder después de la Revolución Francesa. Más adelante apareció la monarquía constitucional, en la que sus miembros poseen un valor simbólico y sin ningún poder real sobre la administración del Estado. Este es el tipo de monarquía que básicamente existe en la actualidad en Europa.

En una dictadura el poder lo ejercen una o varias personas, por lo general con la ayuda del sector militar. En una dictadura no hay libertades ciudadanas y se establecen mecanismos de control en contra de los ciudadanos en la educación, medios de comunicación y censura de posiciones contrarias a quien gobierna.

Las democracias y las dictaduras son hoy los tipos de gobierno más común en los países en donde en la antigüedad surgieron las primeras civilizaciones como la de Mesopotamia, Egipto, India y China, pero sin la gloria de antes.

En Iraq, después de la salida de Sadam Husein, tras su dictadura de dos décadas, se instaló en el país una Republica Parlamentaria Federal, cuyo gobierno es presidido por un presidente y un primer ministro, aunque es este último el que gobierna. El país tiene una constitución, la cual fue aprobada en el 2005. El presidente es elegido por el Consejo de Representantes por una mayoría de al menos dos tercios de los diputados. En caso contrario, habría que ir a una segunda vuelta.

En Egipto, existe un sistema democrático socialista con una constitución del 1971. El sistema tiene varios partidos políticos en teoría, pues es uno el dominante. El jefe del Estado es el presidente, quien a su vez elige y destituye a los integrantes de su gobierno, incluyendo al primer ministro.

La asamblea del pueblo elige, para un periodo de 5 años, a sus integrantes entre los cuales los obreros y los campesinos deben ser la mitad como mínimo.

En la India, mucho después de la etapa de los imperios, en 1858 la India, fue colonizada por los británicos y su territorio pasó a estar bajo el rey de Gran Bretaña como Jefe de Estado. Pero, después de su independencia de los británicos, en 1947, India perdería a Pakistán, una parte de su estado. Tres años más tarde, la India adoptó un sistema democrático, socialista y secular con elecciones libres y la representación proporcional. Actualmente, la organización política de la India está conformada por un poder ejecutivo, integrado por el Presidente y el primer ministro. El presidente es elegido cada cinco años por las asambleas estatales y el parlamento nacional, sin embargo, es una autoridad simbólica con pocas atribuciones, pues es el Primer Ministro, quien verdaderamente detenta el mando. También existe, un Consejo de Ministros.

En China, después de la caída de la dinastía Qing, la última dinastía de China, el país se sumergió en una guerra civil desde 1927 hasta 1949 por el enfrentamiento entre el partido Nacionalista Chino y el recién formado, para ese entones, Partido Comunista Chino, el cual bajo el liderazgo de Mao Tse Tung, tomó el control total de China y la declaró la República Popular China. China tiene un gobierno comunista y socialista con muchas restricciones en las libertades.

El Pueblo

El pueblo es el grupo de personas que viven en un mismo lugar al que se le puede dar varias denominaciones como tribu, aldea, ciudad, nación, región, etc. Las personas del pueblo pueden ser de diferente raza, género, religión, o nivel social o económico. En conjunto a estas personas se les llama gente. Sin embargo, ambos pueblo y gente se usan intercambiablemente como sinónimos.

Desde los orígenes del poder, el pueblo siempre había estado por debajo de la elite gobernante, incluso hasta en la Antigua Grecia, especialmente en Atenas, la cual había tenido antes gobiernos de monarquía, oligarquía y tiranía. Sin embargo, en el siglo VI a.C., cuando Atenas se había consolidado en una ciudad-Estado gracias a su independencia política y su buena situación económica, surgió una forma de gobierno llamada democracia o gobierno del pueblo. La democracia ateniense se constituyó en una verdadera revolución, pues el poder por primera vez pasó a manos del pueblo. Esta primera democracia era de forma directa, pues el pueblo ejercía su poder directamente en una especie de asamblea publica para participar en la aprobación o derogación de asuntos o las leyes que regirían su sociedad, así como también para elegir a los funcionarios públicos. El pueblo ya ejercía entonces su poder.

Además, muchos años después, surgiría la otra gran definición de la democracia como el gobierno del pueblo, por el pueblo y para el pueblo. Este concepto fue pronunciado por el presidente norteamericano Abraham Lincoln en 1863. Vemos que también en este concepto de la democracia, el pueblo es el gran protagonista, pues tiene el poder de elegir y ser elegido para regir su propio destino en su vida ciudadana.

Desde su inicio, la democracia ha sido el mejor sistema político que los pueblos han tenido hasta el día de hoy. La democracia al establecer que la voluntad del pueblo es la base de la autoridad del gobierno, convierte a este sistema político compatible con los derechos humanos. Además de contemplar la libertad de pensamiento, de expresión y de religión. Por todas estas características, la democracia es el sistema político usado por más de la mitad de los países del mundo. De hecho, la democracia se ha convertido hoy en una forma de vida.

Sin embargo, la democracia no ha sido nada perfecta, ni siquiera cuando se originó en Atenas, ya que para ese entonces no incluía a todos los ciudadano como por ejemplo las mujeres, pero con reformas posteriores siempre se logran resolver sus problemas.

En la actualidad la democracia enfrenta muchos otros problemas y amenazas. Entre ellos el más fuerte es la corrupción, la cual crea grandes crisis de gobernabilidad. La corrupción llega a financiar campañas electorales para después exigir al elegido el pago como retorno de la inversión mediante la adjudicación de jugosos contratos. La corrupción también llega a comprar votos para ganar elecciones y para ello los corruptos sobornan las instituciones electorales y hasta los votantes.

Otra amenaza de la democracia proviene de algunos líderes populistas elegidos legalmente, los cuales después de tener a la gente de su lado y tomar los medios de comunicación, se van apropiando de las empresas y recursos del estado para ampliar sus poderes y así mantenerse en el gobierno mediante elecciones fraudulentas. Todo este fraude es posible con la ayuda de la oposición política, la cual es convertida en aliada por estos supuesto líderes.

Además, entre otros problemas que la democracia enfrenta están las injerencias de otros estados con regímenes no democráticos como Rusia y China, que conspiran para derrumbar la democracia.

En las democracias ya establecidas han surgido unas tendencias de algunos grupos con alguna agenda definida para socavar el sistema democrático. Estos grupos defienden ciertas ideologías políticas como el comunismo, socialismo, o movimiento progresista. Estos enemigos de la democracia normalmente se asocian con algún partido político del país, desde donde trataran de jugar con sentimientos nacionalistas enfocados hacia algún sector minoritario de la población para lograr su objetivo.

Pero la amenaza fulminante de la democracia es un golpe de estado, el cual consiste en tomar el gobierno en forma sorpresiva y violenta por algún grupo de poder. Por lo general los golpes de estado más frecuentes son los militares con miembros de las fuerzas armadas del país normalmente con el apoyo de civiles, los cuales también se encargan de lograr el apoyo de los medios de comunicación oficiales. Después del golpe, se instala una dictadura en la que inmediatamente se reemplazan los funcionarios del gobierno, y se convierten instituciones como la policía, la guardia nacional y el ejército en organismos de represión.

Además de los golpes de Estados militares, existen otros tipos de golpes, dependiendo de sus características, como el golpe institucional, el autogolpe, etc. Pero como quiera que sea el caso, la democracia es la derrocada y el pueblo pierde su poder. Sin embargo, algunas veces las democracias pueden ser derrocadas sin ningún golpe, revolución o reformas. Hemos visto a los enemigos de la democracia hasta usar nuevas formas para tumbar un gobierno elegido democráticamente, solo porque ese presidente les resulta incómodo. Esto es lo que normalmente obtienen con el famoso "impeachment".

Quizás el peor de todos los problemas de la democracia sea la apatía de los participantes. Durante los últimos años se ha observado una disminución en los niveles de participación de la gente en las elecciones, lo cual podía poner en duda la legitimidad de los funcionarios elegidos. Para romper con la apatía la gente debe participar en las elecciones y así defender el poder que le da la democracia.

También se puede ver algún desgano en la gente en su participación en la democracia debido a la demagogia generalizada utilizada por los políticos en sus campañas electorales. Además, la mayoría de los políticos no cuentan con la debida preparación hasta el punto de desconocer su funciones. Al no ver soluciones para sus problemas, debido a los engaños de los políticos, la gente se frustra y crece su apatía. Sin embargo, los políticos como que nunca aprenden. El presidente Lincoln decía que se puede engañar a una parte del pueblo todo el tiempo; se puede engañar a todo el pueblo una parte del tiempo; pero no se puede engañar a todo el pueblo todo el tiempo.

Además, existe otro tipo de apatía o desgano en la participación democrática, la cual podía ser el tipo de religión de la gente. La religión en algunas regiones del mundo ve como más importante que el gobierno sea basado en la voluntad de dios y no en la voluntad del pueblo. Para cierto tipo de gente con este tipo de religión la democracia pueda no ser de mucha importancia.

Lo que también es un hecho, es que todos los problemas y las amenazas de la democracia pueden ser incrementadas por los medios de comunicación en todas sus denominaciones: prensa escrita, hablada y televisiva, pues esta les puede servir de tribuna y peor aún si los medios simpatizan con la ideología de esas personas. En la actualidad es casi imposible encontrar medios de comunicación libres y objetivos. Es impresionante la deformación excesiva del periodismo para manipular con sus artículos la sociedad para que esta siga los intereses de los medios de comunicación.

También son parte de este problema las redes sociales con sus "fake news" o noticias falsas. La información que algunas personas envían sin verificación por las redes sociales en contra de la democracia es difundida por todo el mundo con gran facilidad y rapidez. En los periodos electorales, los rumores de las redes sociales logran sus objetivos especialmente en países vulnerables afectando negativamente la democracia.

Para ponerle fin a estos problemas y amenazas, los ciudadanos deben prepararse mejor para defender el poder que les da su democracia. Los países democráticos deben incluir el estudio de la democracia, derechos humanos, formas de gobierno, el Estado, la república, el Estado de Derecho, la Constitución, etc., para que sus ciudadanos conozcan los alcances que su sistema político, en especial el papel que la democracia ha tenido en sus vidas y expresar sus ideas sin miedo para enfrentar en el plano político a los enemigos de la democracia. Además, los ciudadanos deben involucrarse en la política, la economía y la historia de su país y del resto del mundo. Con la preparación del ciudadano, habrá más posibilidades de elegir mejores representantes y de ser mejor representante en caso de ser elegido. Es muy importante al elegir tomar en cuenta la capacidad intelectual y moral del candidato. Finalmente, podemos asegurar que todos los problemas y amenazas de la democracia pueden ser resueltos por la gente y siempre con más democracia.

Sin embargo, sería bueno y conveniente recordar la reflexión de Aristóteles, la cual básicamente establece que una democracia muy democrática puede generar sus propios problemas y amenazas. Casualmente, Carlos Andrés Pérez, presidente de Venezuela, usó como consigna política "democracia con energía" apuntando realmente a hacer un gobierno firme y sin libertinaje. Con esta consigna ganó cómodamente su primera presidencia. Sin embargo, el Presidente Pérez fue derrocado por un golpe de estado en su segundo gobierno por sus enemigos políticos para después dar paso a una dictadura la cual aún lleva más de veinte años en el poder.

Debemos siempre recordar que la democracia es el poder del pueblo por lo que el pueblo debe defender su democracia para no perder su poder.

Factores de Poder

El poder que siempre había estado en manos de los reyes y de la clase elitista, pasó por primera vez a manos del pueblo con el surgimiento de la democracia en Atenas, Grecia por el año 461 a.C. Luego más tarde en el Siglo XVIII con la Revolución Francesa y la Revolución Americana surgieron las primeras democracias modernas con una nueva estructura del poder político dividida en tres: el poder legislativo, el ejecutivo y el judicial. Estos tres ramas del poder poseían mecanismos y sistemas para controlarse y balancearse unos a otros.

En democracia los ciudadanos pueden delegar cuotas de poder en determinados grupos para que actúen en su representación. Con el tiempo y a medida que estos grupos hacían una buena gestión, iban desarrollando cierto prestigio hasta que adquirieron poder. Un factor de poder es un grupo de personas organizadas con un interés y propósito para lograr algún beneficio para las personas que representan.

Existen muchos de estos factores de poder, sin embargo, solo hablaremos de los más importantes para las sociedades democráticas del mundo de hoy, pues, aunque estas organizaciones hayan surgido con el legítimo propósito de ayudar a la gente, hoy las vemos corrompiéndose y dada su importancia para la sociedad tenemos que rescatarlas para el bien del pueblo. Así tenemos: los medios de comunicación, la religión, los sindicatos y algunas organizaciones no gubernamentales.

La prensa surgió por la necesidad de conocer el acontecer del entorno donde se vive. Sin embargo, después del siglo XIX con la Revolución Industrial surgió la prensa masiva con la capacidad de crear opinión pública y moldearla, la cual tuvo un papel muy importante en el desarrollo de la democracia ciertamente. Pero después, la prensa adquirió el poder capaz de balancear o desbalancear el poder político central. Al principio, la prensa empezó a usar los escándalos políticos para llamar la atención de la gente y vender más sus periódicos. Pero esos escándalos tendrían su respectiva repercusión en el resultado electoral.

Con la llegada de los otros medios de comunicación como la radio, la televisión, así como el internet y las redes sociales de hoy; la información puede llegar a más gente y el poder de los medios de comunicación se incrementó aún más. Tanto que en la actualidad son ellos los que prácticamente eligen a los gobernantes: la gente solo vota por quien le indiquen los medios.

La religión, que como ya hemos visto, siempre ha estado ligada al poder. Sin embargo, en la Europa del siglo XIX cuando surgieron diferentes ideologías políticas la iglesia cristiana empezó a inclinarse por la democracia y retomó su influencia en la sociedad con apoyo a los derechos humanos y las libertades. La iglesia cristiana también hizo énfasis en el papel importante de la familia. Sin embargo, en la actualidad, la iglesia católica con su papa a la cabeza está usando su gran influencia en la sociedad para ir en contra de los valores que antes promulgaba, incluso el papa ha sido acusado de persecuciones de los mismos cristianos y que promueve valores contrario a los de la democracia.

Los sindicatos originalmente consistían en agrupaciones de trabajadores organizados para defender los intereses económicos, profesionales y sociales relacionados con el trabajo que desempeñaban las personas que los componían. Entre esos intereses estaban los términos del contrato como salarios, vacaciones, capacitación, etc. Los sindicatos eran organizaciones democráticas dedicadas a negociar con el empleador las condiciones de contratación. Cada sindicato agrupaba y representaba a trabajadores con actividad o industria similar y con el poder que habían adquirido, ellos podían negociar con las compañías para obtener sus beneficios. Sin embargo, ese poder se incrementó tanto que en la actualidad lo están utilizando con fines políticos para su propio beneficio.

Las organizaciones no gubernamentales (ONG) son entidades de iniciativa social y fines humanitarios, independientes de la administración pública y que no persiguen ningún lucro. Las ONG pueden atender asuntos como: asistencia sanitaria, protección del medio ambiente, fomento del desarrollo económico, promoción de la educación, la transferencia tecnológica, etc. Su importancia ha sido reconocida por la ONU desde 1945. Estas organizaciones pueden ser locales, nacionales o internacionales. La participación de las ONG en la política, antes que la corrupción las devore, puede servir para defender los intereses de los ciudadanos organizados sobre alguna idea u objetivo, lo cual puede servir como mecanismo de ampliación de la democracia.

Para que estos factores de poder funcionen con la mayor eficiencia posible sin desviarse de sus objetivos o que no se corrompan, sus gestiones deben ser vigiladas por los poderes políticos del Estado y por la ciudadanía misma para evitar, por ejemplo, ver los medios de comunicación ideologizando al pueblo en contra de la democracia, sindicatos controlados por partidos políticos, jueces complacientes elegidos por el Congreso, etc. Si se ejerce la vigilancia adecuada, se puede evitar en buena medida que el sistema se corrompa.

Lo que no debemos hacer bajo ningún aspecto es remover el poder de donde ya lo hemos puesto, pues eso haría que el poder pasara de nuevo a quien se lo hemos quitado: a las elites gobernantes. Debemos ser vigilante de la democratización del poder para que lo vayamos poniendo en las manos del pueblo.

EL MUNDO ACTUAL:
UNA TENDENCIA PELIGROSA

El mundo actual concentra su atención en la pandemia del coronavirus, como lo podemos ver al echarle un vistazo a la geopolítica. Sin embargo, debemos conocer de nuestro mundo actual sus sistemas políticos así como también las instituciones para la paz mundial, además de sus sistemas económicos, para más tarde advocarnos a la solución de sus problemas, los cuales hoy día muestran una tendencia peligrosa.

Actualmente, los principales sistemas políticos en la mayoría de los países del mundo son la democracia y la dictadura. La diferencia básica entre estos dos sistemas políticos es que en la democracia hay libertades y respeto a los derechos humanos, mientras que en la dictadura no existe tal cosa, ya que el poder del dictador es absoluto y no se permite ninguna oposición a sus acciones, pensamientos ni a sus ideas.

En cuanto a los principales sistemas económicos del mundo actual se encuentran el sistema de economía de mercado o capitalismo propio de los países democráticos y el sistema de planificación estatal de los países socialistas. La diferencia básica entre estos dos sistemas económicos es que el capitalismo se basa en la propiedad privada de los medios de producción y el principio de libertad de mercado, mientras que la planificación estatal o economía socialista es aquella en la que el Estado es dueño de los medios de producción, es decir en donde no existe la propiedad privada. En socialismo o comunismo generalmente existe una economía de planificación estatal, aunque ahora existen excepciones como China y Rusia que tuvieron que ir a una economía de mercado. China para resolver sus problemas económicos, al igual que Rusia después del derrumbe del comunismo de la Unión Soviética.

Nuestro mundo actual ya presentaba algunos problemas en condiciones normales de su desarrollo y evolución, con claras señales de una tendencia peligrosa. Sin embargo, la llegada del coronavirus solo empeoraría las cosas, pues además de causar enfermedades que pudieran ser fatales en algunos casos, también está acelerando la decadencia política y el colapso económico. Esto unido a los problemas sociales existentes, completan un cuadro desalentador. Sin embargo, aún hay soluciones para evitar el colapso.

Quizás, el problema más importante de la sociedad ha sido la pérdida de sus valores morales y éticos, ya que ellos la han llevado a la corrupción generalizada en detrimento de todas la estructuras sociales.

La democracia por ejemplo, ya presentaba sus propios problemas, los cuales por lo general vienen de los políticos con ideas socialistas o comunistas con el apoyo de los medios de comunicación. Y para colmo de males, las instituciones que fueron creadas para mantener la paz y el bienestar del mundo como la Organización de las Naciones Unidas (ONU) principalmente, han dejado de cumplir con sus propósitos, y en cambio le han fallado a la democracia y al pueblo.

La decadencia política puede llevar a un colapso económico, lo cual haría más difícil la solución de los problemas sociales de la gente en cualquier país. Sin embargo, pareciera ser ese el objetivo de los políticos socialistas o comunista junto con los medios de comunicación para imponer su ideología.

Para evitar el colapso de la civilización se deben atender todos las dificultades que amenazan nuestra civilización, empezando con la pandemia que actualmente nos azota, la falta de moral y ética, la corrupción, la decadencia política, el caos económico, y los problemas sociales. Además, el Estado puede desarrollar un bienestar social razonable para su gente, siempre y cuando lo pueda costear y mantener sin caer en el endeudamiento.

Pero para poder ayudar al pueblo, el Estado debe lograr que su país tenga un crecimiento económico sostenible capaz de crear empleos con sueldos razonables para que la gente pueda satisfacer sus necesidades fundamentales. Esto es posible con la participación privada y la sociedad misma.

En este capítulo estaremos abordando con sus detalle la situación geopolítica y el tema del coronavirus, la decadencia política, el colapso económico, los problemas sociales y como evitar el colapso de la civilización.

5.1 SITUACIÓN GEOPOLÍTICA

Para ver lo que está pasando en el panorama internacional, al tiempo de escribir este libro, echaremos un vistazo a los acontecimientos y sus consecuencias en la vasta geografía del mundo actual, valiéndonos de la geopolítica.

Antes de la llegada del coronavirus, en el mundo actual la atención se concentraba en los problemas políticos, económicos y sociales, generalmente y como siempre. Sin embargo, ahora con el coronavirus ha surgido otro tipo de eventos, los cuales están ocupando la atención del mundo entero.

En China la maquinaria de propaganda del gigante asiático rodaba fuertemente en contra de Estados Unidos, después que este gobierno impusiera nuevos aranceles por más US$200.000 millones a productos chinos.

En Turquía, el presidente Erdogan buscaba ante Bruselas el apoyo Europeo a su política en Siria e insistía tener todo el derecho de enviar su ejército al noroeste de Siria para lo cual pretendía lograr el apoyo de tanto de la OTAN (Organización del Tratado del Atlántico Norte) como de la Unión Europea. Mientras tanto, en Rusia, Putin allanaba el camino para seguir en el Kremlin hasta el 2036 para lo cual debería enmendar la constitución. Vemos que el mundo se concentraba en la lucha por el poder. Sin embargo, durante el primer trimestre del año 2020 el evento que más ha llamado la atención de la gente ha sido el brote del coronavirus.

Para ver algunos acontecimiento del mundo con sus detalles, nos iremos a las regiones que son noticias hoy en todo el mundo como América, Europa, África y Asia.

En América, un exasesor de seguridad nacional de Estados Unidos condenó a China por su manejo del brote de coronavirus y pidió al resto del mundo que "actúe" y responsabilice al gobierno comunista por daños causados a la gente de todo el mundo. Según este exfuncionario, China habría silenciado a quienes trataron de hablar, expulsado a algunos periodistas y destruido muestras, por lo que deben ser vistos como responsable de la pandemia.

Durante la pandemia, también tenemos, en otro orden de ideas, que Estados Unidos realizó ataques contra una milicia Iraquí con vínculos con Irán en Irak, en respuesta a la muerte de dos Estadounidenses y un soldado Británico. Además, Estados Unidos penalizó a la firma rusa Rosneft, con sanciones financieras destinadas a forzar al dictador de Venezuela a poner fin a su dictadura.

Los titulares de prensa más importantes en este momento, todos se relacionan con el coronavirus, entre los cuales aparecen los siguientes:

América, México: *Los carteles mexicanos de la droga luchan durante el coronavirus, suben los precios a medida que se agotan los suministros de laboratorio de China.* La embestida del coronavirus no solo ha provocado la caída de la economía mundial, sino que también ha afectado al mercado negro donde le duele, y los carteles mexicanos no son la excepción. El brote del virus ha disparado el precio de la heroína, las metanfetaminas y el fentanilo, ya que el cártel de Sinaloa, y su principal rival, la "Nueva Generación" de Jalisco, luchan por obtener los productos químicos necesarios para fabricar las drogas sintéticas, que generalmente provienen de China y ahora tienen un suministro mínimo. Según dijo a Fox News un ex agente de la Administración de Control de Drogas (DEA) División de Operaciones Especiales en Nueva York.

Europa, Reino Unido: *Las reglas de bloqueo del coronavirus en el Reino Unido deben seguirse o el ejercicio puede ser prohibido, advierte el secretario de salud.* Como el clima soleado y cálido envió a muchos al aire libre y a los parques en Londres durante el fin de semana, el principal funcionario de salud en el Reino Unido advirtió que los funcionarios pueden prohibir el ejercicio al aire libre si la gente abandona las reglas para detener la propagación del coronavirus. Varios parques en Londres fueron cerrados después de que el fin de semana más cálido en seis meses enviaron a miles de personas al aire libre a los parques, con muchos lugares para tomar el sol y en grandes grupos. Fox News.

África: *Los cierres de coronavirus impiden que la élite africana busque atención médica en el extranjero*. La prohibición de viajar por el coronavirus en África está dificultando que los gobernantes y los ricos vuelen al extranjero para recibir atención médica de emergencia, como lo han hecho en el pasado. Durante años, los líderes de Benín hasta Zimbabue han recibido atención médica fuera de África, mientras que sus propios sistemas de salud mal financiados cojean de una crisis a otra, informa The Associated Press.

Asia, China: *El Médico chino que primero dio la alarma sobre COVID-19 desaparece*. Según los informes, el médico con sede en Wuhan que dio la primera alarma sobre el brote de coronavirus en China ha desaparecido. Ai Fen no se ha visto durante días y algunos temen que pueda ser la última persona de alto perfil crítica del manejo de COVID-19 en desaparecer sin dejar rastro, informó "60 Minutes, Australia". Ai saltó a la fama como el primer médico en notar un grupo de pacientes con intensos síntomas similares a los de la gripe en Wuhan, más de un mes antes de que los funcionarios chinos se vieran obligados a confirmar el brote. Fox News.

Asia, China: *China se une al panel del Consejo de Derechos Humanos de la ONU a pesar de un historial preocupante, respuesta al coronavirus*. China ha sido nombrada miembro de un panel sobre el polémico Consejo de Derechos Humanos de las Naciones Unidas, donde ayudará a buscar candidatos importantes a pesar de su historial de décadas de abuso sistemático de los derechos humanos que Estados Unidos ha dicho que alimentó la pandemia del coronavirus. Fox News.

Asia, Israel: *Cómo China puede ser legalmente responsable de la pandemia de coronavirus*. Un encubrimiento y represión por parte del gobierno chino en las primeras semanas del surgimiento del coronavirus está planteando dudas sobre si la superpotencia comunista puede ser legalmente responsable. "En general, países como China tienen inmunidad soberana y los gobiernos no pueden ser llevados a los tribunales ordinarios ni ser considerados responsables independientemente de su conducta". Una experta abogada israelita que se ha especializado durante mucho tiempo en demandar a regímenes terroristas y patrocinadores de abuso a los derechos humanos, dijo a Fox News.

El coronavirus, ha opacado otros temas como el calentamiento global o cambio climático y el terrorismo, los cuales fueron focos de atención mundial antes. Sin embargo, podemos ver que todos estos tres temas han tenido la característica de propagarse por todo el mundo con la velocidad del rayo, cosa que normalmente ocurre con cualquier amenaza para la humanidad.

La geopolítica nos indica, tal como hemos visto, que toda la humanidad está inmersa en la pandemia causada por el coronavirus. El mundo entero está concentrado primeramente en resolver este problema para luego dedicarse más de lleno a la crisis económica. Se cree que, en unos 5 meses, la pandemia esté bajo control. Lo cierto es que la humanidad aprenderá de esta crisis, eso esperamos, y se preparará mejor para dar respuesta inmediata en el futuro, en caso de que fuera necesario.

El coronavirus Covid-19 que está afectando actualmente a la humanidad, pertenece a la extensa familia de los coronavirus que son comunes entre los murciélagos y otros animales. Estos virus pueden causar enfermedades tanto en animales como en humanos.

En los humanos, el coronavirus Covid-19 se puede contagiar entre las personas cuando estas estén cerca de quien porte el virus como otra persona o algún objeto donde el virus aun viva. Los síntomas del contagio pueden ser fiebre, tos y falta de aire o dificultad para respirar. El período de incubación, o el tiempo que transcurre entre la infección y la aparición de los síntomas de la enfermedad es de un promedio de 5 días.

El virus puede causar infecciones respiratorias que pueden ir desde el resfriado común hasta enfermedades más graves. Aunque nadie está exento de contagiarse, los más propensos a contraer el virus son las personas mayores o que padezcan afecciones médicas preexistentes como hipertensión arterial, enfermedades cardiacas o diabetes.

La Organización Mundial de Salud (OMS) ha declarado la propagación del coronavirus como una "emergencia de salud pública de importancia internacional", algo que sólo ha ocurrido muy pocas veces en la historia. Las autoridades sanitarias internacionales de varios países han tomado medidas, como cerrar sus fronteras o imponer aislamiento a sus habitantes.

Este virus se originó en Wuhan, China hacia finales del año pasado, sin embargo, se empezó a conocer a principio de este año 2020; después que el virus se había expandido por el resto del mundo. Durante el primer trimestre del año, el virus ha infestado a más de 2.5 millones de personas y ha matado a más de 200 mil en todo el mundo.

Después de empezar a ver los estragos del coronavirus, hoy se ha abierto un debate sobre la causa o razón de no dar a conocer la información con anterioridad, pues de ese modo el mundo se habría preparado mejor para hacerle frente al problema.

Algunas personas han condenado a China por su manejo del brote del coronavirus y le han pedido al resto del mundo que actúen y responsabilice al gobierno Chino por daños causados a la gente de todo el mundo. Según estas personas, China habría silenciado a quienes trataron de hablar cuando se inició el brote de la epidemia, y que habría expulsado a algunos periodistas y destruido muestras del problema, por lo que China debe ser vista como responsable de la pandemia.

Incluso hubo un periodista del continente Asiático que aseguró que China puede ser legalmente responsable de la pandemia de coronavirus. Según esta persona, el encubrimiento y la represión por parte del gobierno chino en las primeras semanas del surgimiento del coronavirus está planteando serias dudas sobre la actitud asumida por China, por lo que piensa que ese país puede ser legalmente responsable. Aunque por lo general, países como China tienen inmunidad soberana y los gobiernos no pueden ser llevados a los tribunales ordinarios ni ser considerados responsables independientemente de su conducta, pero esta persona piensa que si es posible llevarlo a juicio por actos terroristas y en contra de los derechos humanos.

Como quiera que sea el caso, el gran desconocimiento e incertidumbre sobre la pandemia del coronavirus Covid-19 también ha afectado los mercados de valores y las economías de todo el mundo causando una enorme crisis. Hoy día, ya conocida la pandemia y sus riesgos en la población mundial, los gobiernos se han visto en la obligación de aplicar medidas extraordinarias como cerrar edificios públicos, empresas y comercios, además de limitar la movilidad de la gente. Esto como consecuencia ha reducido los niveles de producción, consumo, así como los viajes en la mayoría de los países con todas las consecuencias económicas que eso implica. Según instituciones internacionales como la Organización para la Cooperación y el Desarrollo Económicos (OCDE) y el Fondo Monetario Internacional (FMI); la pandemia puede reducir el crecimiento económico mundial en este año 2020.

Para paliar la situación, algunos gobiernos como el de Estados Unidos han inyectado grandes cantidades de dinero a las personas que se han quedado temporalmente sin trabajo para que puedan pagar sus gastos más urgentes. Otros gobiernos como el de Francia, han suspendido el pago del alquiler y otros servicio de la gente. Todas estas medidas están orientadas para disminuir el efecto adverso sobre la economía.

Durante la pandemia del coronavirus se ha producido una caída drástica de los mercados de capitales del mundo, principalmente en la bolsa de Wall Street en USA, la de Londres en Europa y la Nikkei en Japón. La caída bursátil se debió a las medidas extremas tomadas primero por China y luego por los países del resto del mundo para intentar frenar la expansión del virus Covid-19 a través del distanciamiento social.

Y por si fuera poco, también se produjo un derrumbe en el precio del petróleo como resultado de una disputa de precios entre los principales países exportadores de crudo. Los precios del petróleo cayeron inmediatamente después de conocerse la pandemia hasta en un 30%; de US$45 a US$31,52; la mayor caída del crudo en un día, desde la Guerra del Golfo en 1991 hacen 29 años. Esta caída fue debida al fracaso de una reunión en Viena del grupo conocido como OPEP +, conformado por los 14 miembros de la Organización de Países Exportadores de Petróleo y otros productores, entre los cuales Rusia es el mayor. Se cree que el hombre fuerte de Rusia habría optado por dejar caer los precios del petróleo para favorecer a sus amigos chinos y perjudicar a Estados Unidos. Como consecuencia a la opción rusa, Arabia Saudita decidió bajar el precio del petróleo.

Sin embargo, después del primer trimestre de este año, los precios del petróleo siguieron cayendo hasta llegar a valores negativos, lo cual ha sido su mayor caída en toda la historia. Pero todas estas medidas tan explosivas como la caída bursátil y la del petróleo, tomadas en este preciso momento podía llevar al mundo a una gran recesión económica, según dicen algunos expertos.

5.2 DECADENCIA DEL SISTEMA POLÍTICO

Los principales sistemas políticos en la mayoría de los países del mundo son la democracia y la dictadura. La democracia es la forma de gobierno, en la cual el poder es ejercido por el pueblo, mediante mecanismos legítimos de participación en la toma de decisiones políticas. El mecanismo fundamental de la participación ciudadana es el sufragio universal, libre y secreto, a través del cual se eligen a los representantes de la sociedad para un período de tiempo determinado.

Las elecciones se llevan a cabo por los sistemas de mayoría, representación proporcional o la combinación de ambos. Sin embargo, la existencia de elecciones no es indicador suficiente para afirmar que un gobierno sea democrático. Es necesario que exista una constitución, la cual sea respetada y obedecida por ese gobierno junto con todo lo establecido en ella como el respeto a los derechos humanos con igualdad de los ciudadanos ante la ley; libertad de pensamiento, de expresión y de religión; y la presencia de partidos políticos.

Existen varios tipos de democracia entre los que destacan principalmente la democracia directa, la representativa y la participativa. La democracia directa es aquella en donde los ciudadanos participan directamente en los asuntos relacionados con el funcionamiento de la sociedad, como la aprobación o derogación de leyes, o en elecciones para elegir por voto directo a sus representantes como cuando la democracia se formó por primera vez en Atenas. Para ese entonces la sociedad ateniense era pequeña y todos podían votar directamente, pero en la actualidad las sociedades tienen una gran población, lo que haría muy difícil la aplicación de la democracia directa.

La democracia representativa o indirecta es aquella donde los ciudadanos ejercen su poder político a través de los representantes, que ellos mismos han elegidos previamente mediante su voto, en elecciones libres y periódicas. La democracia representativa es el sistema más practicado en el mundo.

La democracia participativa es aquella que, como su nombre lo indica, da a los ciudadanos una mayor participación directa en la toma de decisiones sobre asuntos de la sociedad. En este tipo de democracia el ciudadano puede asumir un papel más protagónico en la política, tanto a nivel comunitario, como regional y nacional, mediante el uso de algunos mecanismos de consulta, como el referéndum o el plebiscito para la aprobación o derogación de leyes o hasta para la revocación del mandato de un gobernante. La democracia participativa podía ser considerada como una evolución moderna de la democracia directa ateniense.

La democracia también puede adaptarse a diferentes modalidades de organización gubernamental. Por ejemplo, a un sistema republicano en el que el liderazgo recae sobre un presidente como en los Estados Unidos de América. También puede adaptarse a monarquías parlamentarias con la figura del primer ministro, con atribuciones semejantes a las del presidente como existe en varios países de Europa. De hecho, Europa Occidental y Estados Unidos fueron la cuna de los sistemas democráticos modernos inspirados en los principios liberales o de igualdad.

En cuanto a la dictadura, se define como un sistema de gobierno en donde no hay división de poderes como en la democracia, ya que todo el poder del Estado está concentrado en el dictador, quien lo ejerce con autoridad absoluta y no permite ninguna oposición a sus acciones, pensamientos y a sus ideas. Es un régimen no democrático y autocrático, en donde no hay participación alguna del pueblo. Cuando todo el poder está en manos de una sola persona, la dictadura puede confundirse con un régimen totalitario. En el caso de una monarquía, el poder también está en manos de una sola persona. Las dictaduras por lo general, se implementan a través de un golpe de Estado, el cual frecuentemente es ejecutado por militares, por lo que generalmente las dictaduras son de tipo militar. Este tipo de dictadura ha sido muy común en Europa, América Latina, África, Oriente Medio; en donde aún existen en algunos países.

Sin embargo, una dictadura también puede ser por ocupación ilegal de un gobierno, ante un vacío de poder o ante la resistencia de abandonar del poder. Este es el caso, en el que un líder elegido democráticamente puede convertirse en dictador si al final de su período, se resiste a convocar elecciones o a entregar el poder a su sucesor. Las dictaduras por ser regímenes de fuerza, siempre son vistas con cierto escepticismo por la gente y algunas tendencias políticas, sin embargo, con todo eso, llegan a encontrar apoyo no solo en la izquierda sino en la derecha también. Del lado que vengan, las dictaduras siempre atentan contra el poder del pueblo pues todas tienen la característica de ser regímenes totalitarios. Todas ellas son gobiernos "de facto", es decir, gobiernos que ejercen el poder sin estar reconocidos o avalados por alguna norma jurídica, por lo que no tienen legitimidad política y por lo general no son reconocidos legalmente por la comunidad democrática internacional.

De los gobiernos de facto, existen muchos ejemplos en Latinoamérica como el de Augusto Pinochet en Chile en 1974 después de derrocar por la fuerza a Salvador Allende; o el de Hugo Banzer en Bolivia en 1971 tras establecer un golpe militar con el que derrocó al gobierno de Juan José Torres González.

Sin embargo, también existen en el mundo otros sistemas políticos con otro tipo de dictadura como las llamadas dictaduras fallidas como el caso de Venezuela; las dictaduras de los países socialistas o comunistas como China con un partido único, así como también monarquías absolutas como en Arabia Saudita.

Como hemos visto, los dos tipos de sistemas políticos que aún están en práctica en la mayoría del mundo son la democracia y la dictadura. Para evaluarlos tomaremos en cuenta lo más importante para la gente viviendo en sociedad como es el respeto a sus derechos humanos. Como es bien sabido, en dictadura el gobierno ejerce un poder absoluto sobre la población e impide los más elementales derechos humanos como las libertades. De acuerdo con esto, indudablemente salta de inmediato a la vista que el mejor sistema político es la democracia, por lo que nos centraremos en determinar el mejor tipo de democracia para luego ver los problemas que están produciendo su decadencia y como pudiéramos resolverlos para verla florecer.

Existen diferentes tipos de democracia como ya también hemos visto. Sin embargo, el mejor tipo de democracia es la representativa o indirecta. En ella, los ciudadanos ejercen su poder político a través de los representantes, que ellos mismos han elegidos previamente mediante su voto, en elecciones libres y periódicas.

Hasta el presente, el tipo de democracia que ha resultado más sólida es la democracia representativa como en el caso de Estado Unidos, en la que el poder del Estado está en manos de un presidente, por lo que también se le suele llamar democracia presidencialista. También es importante señalar que Estados Unidos es una República Federal. Por ser una república su régimen tiene que ser democrático. Y por ser una república federal, las funciones de gobierno se reparten entre el gobierno central y sus 50 estados asociados.

Las competencias propias del gobierno federal incluyen las competencias mínimas e indispensables para garantizar la unidad política y económica de la nación, en materias como política exterior y defensa. El resto de las competencias corresponden por lo general a los estados federados, aunque algunas de ellas se ejercen de forma coordinadas en ambos niveles de gobierno, como en el caso de la política de Educación. Además del gobierno federal y el de los estados, también está el gobierno local como el de los condados que funcionan como una unidad administrativa básica. Para cumplir con su gestión, cada estado dispone de un gobernador electo por el pueblo y de una legislatura propia.

El sistema político de Estados Unidos tiene sus bases en el dominio de la ley y en la equidad de todos los ciudadanos con énfasis en su igualdad ante la ley, la aplicación imparcial de justicia y la búsqueda del bien común. El sistema político Americano es muy apegado a su constitución, escrita en el año 1787 y que consta de 7 artículos y 27 enmiendas, de las cuales las 10 primeras fueron adoptadas en 1791, y conforman el llamado "Bill of Rights" o Declaración de Derechos que incluyen y garantizan la libertad de expresión, religiosa, de prensa, el derecho de reunión, el derecho a presentar demandas contra el Gobierno y una serie de derechos individuales en aspectos procesales y procedimientos judiciales.

En Estados Unidos existen dos partidos políticos principales: Republicano y Demócratas. También existen tres poderes: el ejecutivo, el legislativo y el judicial con una clara separación y muy equilibrados.

El poder ejecutivo recae en la figura del presidente, el cual es elegido directamente por el pueblo en sufragio universal por un período de 4 años con una posible reelección por un solo término más. El presidente es responsable por el nombramiento de su gabinete o administración formada por secretarios, a quienes solo él puede destituir. El poder legislativo está en manos del Congreso con dos cámaras: la de Representantes, que cuenta con un número de delegados de cada estado, elegidos de acuerdo a la población; y el Senado, que cuenta con dos senadores por estado.

El poder judicial está formado por la Corte Suprema, los tribunales de apelación, los juzgados federales de distrito y los tribunales especiales como el Tribunal de Cuentas, el Tribunal de Reclamaciones y el Tribunal de Apelación de excombatientes. Los jueces federales son nombrados por el Presidente de la república con la aprobación del Senado, y ejercen el puesto de forma vitalicia, excepto que exista un juicio político en la Cámara de Representantes y con la aprobación del Senado. Los tribunales americanos utilizan los dos sistemas jurídicos del derecho: el llamado "Common Law" o sistema común anglosajón y el derecho civil. Bajo el sistema de derecho americano se toma mucho en consideración la jurisprudencia, es decir los casos precedentes en las sentencias judiciales. Los tribunales federales gozan de la competencia exclusiva para interpretar la ley, determinar la constitucionalidad de la ley y aplicarla en los casos individuales.

Algo que se puede notar en este sistema político, es que tanto el poder ejecutivo como el legislativo, necesitan trabajar juntos para poder gobernar. El Congreso controla la política del presidente mediante la votación anual del presupuesto. El Presidente puede vetar una ley propuesta por el Congreso, pero no tiene la facultad de disolverlo. El Congreso no puede destituir al Presidente y sólo en casos de extrema gravedad puede aplicar el procedimiento de "impeachment" para destituirlo.

Hasta ahora hemos hecho una descripción del sistema democrático que luce más atractivo por los beneficios que brinda a la ciudadanía. De aquí en adelante, nos concentraremos en los problemas que están causando la decadencia de ese mejor sistema democrático para después tratar de buscar la solución.

Entre los problemas reales que hemos detectado en la democracia representativa, como en el caso de Estados Unidos, tenemos primeramente una desmesurada intromisión de los medios de comunicación en el gobierno. Esta interferencia puede ir a favor o en contra, dependiendo de la ideología del gobierno. Si esta está en sintonía con la de los medios de comunicación, pues esos medios dejarían que el gobierno hiciera lo que quisiera con tal de que el gobierno siguiera las políticas que les convienen a los intereses de los medios. En caso contrario los medios de comunicación tratarían de imponer su ideología.

En la actualidad, algunos presidentes democráticos, como el presidente Donald Trump de Estados Unidos, han tratado de enfrentar la crisis causada por el coronavirus de la manera más eficaz posible como servidores públicos realmente tratando de ayudar al pueblo económicamente para que este, por lo menos, pudiera llevar comida a su familia mientras pasa la emergencia del coronavirus, sin embargo, los medios de comunicación, solo tratan de interferir con la gestión de esos gobiernos, solo porque estos presidentes les resultan incómodos a esos medios de comunicación por tener ideas diferentes o por no ser de su misma ideología política.

Sin importar el daño que le pudiera causar a la democracia y al pueblo, los medios de comunicación han hecho todo lo posible y continúan aun tratando por todos los medios para sacar presidentes de sus cargo elegidos muy democráticamente, aunque ellos hayan cumplido con las promesas que le hicieron al pueblo durante sus campañas electorales como bajar los impuestos y el desempleo principalmente en los sectores más necesitados. Aun cuando todas sus medidas vayan en beneficio del pueblo, lo cual está enmarcado en la esencia de la Republica y la Democracia.

Sin embargo, se ha visto como esos mismos medios de comunicación les han permitido a otros presidentes hacer lo que les venga en gana, hasta tomar unas medidas en detrimento de los países amigos y otras medidas muy a favor de sus enemigos.

Es también interesante conocer que fue el pueblo el que le dio todo el poder que esos mismos medios de comunicación tienen hoy y que a veces lo usan en contra del mismo pueblo. Esos mismos medios de comunicación que se han puesto al servicio de gobiernos que han terminado en dictaduras, luego han sido puestos a un lado una vez que los dictadores toman el poder. Es en democracia donde los medios de comunicación pueden operar libremente y es en democracia donde el pueblo tiene el poder hasta para defender sus medios de comunicación.

El papel de los medios de comunicación de hoy no es sano para la democracia, la cual podía acelerar su deterioro, el cual ya había empezado hace más de 30 años con gobiernos de presidentes involucrados en escándalos políticos como en Estados Unidos con el famoso escándalo Lewinsky en 1998 como producto de una relación sexual entre el presidente para ese entonces y una empleada de la Casa Blanca. Las investigaciones sobre esta aventura extramarital del presidente, dieron como resultado que las causas de este caso eran reales y confesadas, por lo que llevaron al presidente a un juicio político, usando el famoso "impeachment". Pero el presidente fue exonerado en 3 semanas.

A pesar de que este escándalo ha quedado en el pasado, es importante entender que este tipo de escándalo, tiene sus repercusiones socio-políticas. Tal como se ha visto, el pueblo Estadounidense siempre ha sido muy apegado a su constitución y a su religión. Sin embargo, ante ese abuso de poder y sin que nada pasara, la moral de la gente se fue al piso, así como también la confianza en el sistema de justicia. Jurar sobre la Biblia era un acto sagrado antes de este escándalo. Este presidente le mintió al pueblo con su mano en la Biblia y lo peor es que después de eso cualquiera lo puede hacer. Es importante señalar que la intención de esta exposición no es dañar a ningún presidente, sino evitar cualquier tipo de escándalo para evitar la decadencia de la democracia.

Otro evento que pudiera estar afectando muy negativamente a la democracia de los países del mundo, es el papel que actualmente están desempeñando algunas de las instituciones internacionales como la Organización de las Naciones Unidas (ONU) muy especialmente. Algunos de sus miembros y observadores ven con mucha preocupación que la ONU haya sido tomada por socialistas y comunistas para implantar su propia visión del mundo incluyendo sus ideologías. Esta institución debe representar a todos los países del mundo con conceptos e ideas actualizadas, de manera que puedan ser capaces de entender que la organización se debe orientar hacia el beneficio de todo sus miembros como la libertad plena, los derechos humanos, el derecho a la propiedad privada, etc. La ONU es hoy cuestionada por haber cambiado sus principios originales. Se dan casos de gobiernos déspotas, autoritarios, corruptos y violadores de los derechos humanos, que no son sancionados por la ONU. Incluso algunos de esos gobiernos pueda que lleguen a formar parte del Consejo de Derechos Humanos de la ONU. Muchos ven a esta institución en decadencia.

Además de la ONU existen otras instituciones internacionales destinadas a salvaguardar la paz del mundo. Entre las cuales destacan las siguientes: Organización de Estados Americano, Convención Europea de Derechos Humanos, Parlamento Indígena, Asociación de Estados del Sudeste Asiático, La Liga Árabe, Organización para la Unión Africana, Federación Internacional de Derechos Humanos.

La *Organización de las Naciones Unidas* (ONU) es una organización internacional fundada en Estados Unidos en

1945 después de la Segunda Guerra Mundial, a través de la firma de un documento conocido como la Carta de las Naciones Unidas, en la cual 51 países se comprometieron a mantener la paz y la seguridad internacional, fomentar entre las naciones relaciones de amistad y promover el progreso social, la mejoría del nivel de vida y los Derechos Humanos. Hoy la ONU cuenta con 193 países miembros de todo el mundo y tiene su sede principal en Nueva York y una oficina en Ginebra. Para cumplir con sus objetivos centrales, la ONU cuenta con cuerpos y comisiones especializados como la Asamblea General, el Consejo de Seguridad, y el Consejo Económico y Social.

La *Organización de los Estados Americanos* (OEA) es una institución creada en 1948 cuando se subscribió, en Bogotá, Colombia, la Carta de la OEA que entró en vigencia en diciembre de 1951. Su objetivo es lograr que sus Estados miembros tengan un orden de paz y de justicia, fomentar su solidaridad, robustecer su colaboración y defender su soberanía, su integridad territorial y su independencia, tal como lo estipula el Artículo 1 de su Carta. Para lograr sus propósitos, la OEA se basa en la democracia, los derechos humanos, la seguridad y el desarrollo, como su pilares principales. Actualmente, la OEA reúne a los 35 Estados independientes de las Américas y constituye el principal foro gubernamental político, jurídico y social del Hemisferio. Además, ha otorgado el estatus de Observador Permanente a 69 Estados, así como a la Unión Europea (UE).

El *Tribunal Europeo de Derechos Humanos* (TEDH) establecido en 1959 y con sede en Estrasburgo, Francia, es la máxima jurisdicción europea para garantizar los derechos humanos y las libertades fundamentales de los ciudadanos. El TEDH es integrado por un juez por cada país miembro del Consejo de Europa. En la actualidad tiene 47 jueces elegidos por la Asamblea Parlamentaria del Consejo de Europa de entre una terna propuesta por cada país miembro.

Los jueces tienen un mandato, no renovable, de nueve años. Para Amnistía Internacional, este tribunal es uno de los mecanismos de protección de los derechos humanos más desarrollado del mundo dentro y fuera de Europa.

La *Comisión Africana de Derechos Humanos y de los Pueblos* (CADHP) es una institución establecida en 1986 para promover los valores de la Carta Africana de Derechos Humanos y de los Pueblos en todo el continente africano. La Comisión está integrada por 11 miembros elegidos por la Asamblea de la Unión Africana entre varios expertos seleccionados por los Estados. La sede de la CADHP tiene su Secretaría en Banjul, Gambia. Durante casi dos décadas después de la creación de la Organización de Unidad Africana (OUA) en 1963, el foco de la organización se mantuvo casi en su totalidad en el proceso de descolonización del continente y la eliminación del apartheid, el cual era un sistema de legislación que sostenía las políticas segregacionistas contra los ciudadanos negros de Sudáfrica. Después del apoyo de las Naciones Unidas se logró poner fin al sistema del apartheid en 1994.

La *Organización para la Unión Africana* (UA) es una institución formada por 54 estados africanos con la excepción de Marruecos. Fue creada en 2001 en Adís Abeba, Etiopia, en Sudáfrica, aunque empezó a funcionar en 2002, reemplazando la Organización para la Unidad Africana (OUA).

La *Corte Penal Internacional* (CPI) es un tribunal independiente y permanente para tratar crímenes de trascendencia internacional como genocidio, crímenes contra la humanidad y crímenes de guerra. La CPI observa los más altos estándares de imparcialidad y debido proceso y su competencia y el funcionamiento se rigen por el Estatuto de Roma, el cual fue el instrumento adoptado en la ciudad de Roma, Italia, en 1998, durante la Conferencia Diplomática de plenipotenciarios de las Naciones Unidas sobre el establecimiento de la Corte Penal Internacional. La CPI es la primera corte permanente establecida para ayudar a acabar con la impunidad de los perpetradores de los crímenes más graves de trascendencia para la comunidad internacional. La CPI es un tribunal de última instancia con sede en La Haya, Holanda y no es parte del sistema de las Naciones Unidas. Los gastos de la Corte son financiados principalmente por los Estados miembros, aunque también recibe contribuciones voluntarias de gobiernos, organizaciones internacionales, individuos, corporaciones y otras entidades. La CPI actualmente cuenta con 118 países miembros, de los cuales 32 son de África, 17 de Asia, 18 de Europa del Este, 26 de América Latina y el Caribe, y 25 de Europa Occidental.

La *Federación Internacional de Derechos Humanos* (FIDH) es una de las organizaciones fundada en 1922 que agrupa a 178 organizaciones en más de 112 países. Su objetivo es la protección de las víctimas de violaciones de los derechos humanos, la prevención de dichas violaciones y el enjuiciamiento de los responsables. FIDH tiene el mandato general de defender todos los derechos consagrados en la Declaración Universal de los Derechos Humanos de 1948, incluyendo los derechos civiles, políticos, económicos, sociales y culturales.

Incluso existe una institución llamada *Transparencia Internacional* (TI), la cual es una organización no gubernamental, fundada en los años 90 con sede en Berlín, Alemania, encargada de desarrollar medidas con el objetivo de ponerle fin a la corrupción.

Esperamos estas otras instituciones creadas para mantener la paz y el buen desarrollo de sus regiones no desvíen sus objetivos como lo ha hecho la ONU. Al mismo tiempo también esperamos y deseamos que la ONU retome el camino de la libertad. Mientras tanto, el pueblo debe seguir defendiendo su poder y para ello hay que evitar los problemas políticos y los escándalos, que tanto daño hacen a la democracia, como hemos visto anteriormente. Para lograr este objetivo, el pueblo debe elegir mejores funcionarios con honestidad comprobada y capaces de desarrollar mecanismos para detectar cualquier anormalidad a tiempo.

5.3 COLAPSO DEL SISTEMA ECONÓMICO

Desde los inicios de la agricultura como el motor impulsor de la economía, el ser humano siempre ha estado en búsqueda del mejor método para manejar sus recursos de forma efectiva y eficiente. A lo largo de los años se han probado varios métodos para finalmente tomar el que mejor se adapte a la sociedad.

Sin embargo, el sistema económico seleccionado va a depender de la propiedad privada. Si esta, está en manos de los ciudadanos como en la democracia, el sistema económico sería el capitalismo. Pero si la propiedad privada está en manos del gobierno como en el socialismo, el sistema económico seria de panificación estatal. También existe un sistema económico mixto entre el capitalismo y el de planificación estatal.

En la actualidad, el capitalismo es un sistema económico que se basa en la propiedad privada de los medios de producción, así como en el principio de libertad de mercado, cuyo objetivo es la acumulación de capital. Por lo tanto, el capitalismo se basa en la titularidad de los medios de producción y los recursos, de cuyo comercio se extraen las ganancias.

El capitalismo presenta la libertad de mercado como su principio básico. El mercado, según el modelo capitalista tradicional, se regula por medio de la ley de la oferta y la demanda, orientada a satisfacer las necesidades de consumo. En este sentido, la competitividad entre los productores es un aspecto clave de este sistema económico.

Este modelo económico utiliza el capital y el trabajo como sus factores fundamentales, los cuales aumentan la competencia en la oferta y la demanda de bienes y servicios. El capitalismo también utiliza el libre mercado con una mínima participación del Estado, reconoce el derecho de empresa como un derecho individual, de manera que cualquier persona o grupo que posea los recursos económicos necesarios puede abrir una empresa y emplear a otros. Además, en el capitalismo la gente genera mejores ingresos con lo que puede tener mejor calidad de vida.

El capitalismo se ha ido extendiendo por muchas partes del mundo. A finales del siglo XX se pudo observar uno de los fenómenos del capitalismo como lo es la globalización, la cual es un proceso de ampliación de la integración económica impulsada por los bajos costos de los productos, así como los de los medios de transporte y la comunicación entre los países del mundo.

Sin embargo, la definición del capitalismo tradicional, como se puede observar en democracia, puede verse afectada por el país en que se desarrolle, especialmente por el tipo de sistema político o gobierno que ese país tenga, en especial a sistemas de gobiernos socialistas o comunistas. Esto por lo general termina modificando los factores del capitalismo como la producción, comercialización, distribución y precio de los bienes y servicios producidos. Pues el socialismo es una doctrina sociopolítica basada en la propiedad y la administración colectiva de los medios de producción, por lo que el sistema económico seria basado en la planificación estatal.

La economía de planificación estatal o economía socialista es aquella en que el estado es dueño de los medios de producción, es decir en donde no existe la propiedad privada. En socialismo generalmente existe una economía planificada, aunque existen excepciones. En 1978 China pasó una reforma para transformar su economía socialista de planificación a una de mercado. Otro caso de un cambio similar lo vimos en 1991, después del derrumbe del comunismo de la Unión Soviética, su economía también paso a ser de mercado como a la de China.

En cuanto al sistema económico mixto se define como aquel que combina la actuación del sector privado con la participación del sector público como regulador. Este tipo de economía mixta es una mezcla del capitalismo y la planificación central. Aunque la mayoría de las decisiones económicas son tomadas por la parte privada de acuerdo a ley de oferta y demanda, basadas en las necesidades de los consumidores y el mercado. Sin embargo, el Estado normalmente crea y asegura un marco de leyes para que el mercado pueda funcionar sin problema, además pudiera intervenir para evitar monopolios que afecten la libre competencia, así como también pudiera estar invirtiendo en actividades básicas para el desarrollo del país cuando dichas actividades no son muy rentables para el sector privado como por ejemplo suministrar a la población servicios públicos.

El Estado pudiera distribuir parte de su presupuesto entre la gente con servicios como atención sanitaria, educación básica, viviendas accesibles, bono de alimentación y ayudas en períodos de desempleo o retiro. Con este tipo de participación, el Estado crearía bienestar social para que la gente viva dignamente en una sociedad más equitativa. En la actualidad la mayoría de los países tienen una economía mixta.

El capitalismo es el sistema económico actualmente utilizado por los países democráticos para llevar mejores beneficios socio-económicos a su gente. Sin embargo, este sistema económico se está viendo afectado por la influencia de políticos fanáticos de los modelos económicos comunistas de planificación central. Estos políticos con el apoyo de los medios de comunicación han estado en un constante bombardeo para tratar de imponer sus ideologías socialistas y comunista.

Muchos países del mundo, contagiados por el modelo comunista de la unión soviética, adoptaron ese modelo económico hasta que vieron su colapso con la desintegración del bloque soviético en 1990 y regresaron a sus economías de mercado. Después de esto, el mundo creyó que el comunismo desaparecería, pero no sería tan simple. Las ideologías comunistas pasarían a algunos políticos llamados de izquierda que están enquistados en los partidos políticos tradicionales de sus respectivos países, desde donde tratan de influenciar al pueblo sobre esas ideas con la ayuda de los medios de comunicación.

Una de las ideas usadas por los políticos de izquierda para manipular la sociedad es la política de asistencia social, con la que algunos de los gobiernos democráticos estarían de acuerdo para ganar votos. Esta interferencia comunista podía debilitar las economías de mercado y los gobiernos poco a poco pudieran acercarse al socialismo. Otras ideas usadas por los políticos de izquierda para lograr sus objetivos incluyen también altos impuestos y gran intervencionismo del Estado.

El problema que se ha visto con la asistencia social, es la enrome corrupción que esta ha generado, pues un gran porcentaje de la gente la ha abusado, al punto que hasta han dejado de trabajar para vivir de la asistencia social. Y mientras más gente este recibiendo esos beneficios mayor serán los gastos públicos, además mientras menos gente trabaje, menos serán los ingresos del país, pues los gobiernos no generan ninguna riqueza, por lo que tuvieran que aumentar los impuestos personales para hacerle frente al pago de los gastos por la asistencia social y si aún no les alcanza, podían también aumentar el impuesto a las empresas que generan trabajo para la gente y el ingreso para los gobiernos, con el riesgo de que estas empresas se vayan a otras partes con mejores atractivos para operar.

Cuando el Estado no pueda costear sus gastos, estos recurrirán al endeudamiento y correr el riesgo de llegar al empobrecimiento, lo cual representa una condición de vulnerabilidad muy crítica para el futuro social y económico del país. Sin embargo, una ayuda razonable para la asistencia social de una persona que no pueda trabajar seria justificable, siempre y cuando la ayuda sea genuina.

En Estados Unidos, más de 50% de los ingresos públicos se gastan en asistencia social incluyendo cobertura médica. El 80% de estos ingresos provienen del impuesto personal y el 11% proviene de impuestos corporativos. Sin embargo, hay muchos otros países con gastos mayores.

La otra idea de los políticos de izquierda es el intervencionismo económico agresivo. De hecho, cuando esos políticos han tratado de promover e implementar ideas como la asistencia social de la que acabamos de hablar, están tratando de que el Estado interfiera en la economía del país. Pero esto no es sano. En condiciones normales, el Estado no debe interferir en la economía, excepto durante situaciones excepcionales como en desastres naturales o en crisis extraordinaria como la crisis actual del coronavirus.

La interferencia activa del gobierno en la economía, pudiera terminar en un cumulo de nuevas políticas o leyes que pudieran afectar negativamente a algunas empresas e industrias. Sin embargo, el Estado si debe aprobar y aplicar las leyes para que todo el sistema económico funcione correctamente. El Estado se ha ganado la reputación de ser el peor administrador del mundo. Por algo será. Como muestra, veamos el siguiente ejemplo chino.

China, con su modelo económico comunista de planificación central, cayó en un gran estado de pobreza. Ante esta situación, el partido comunista chino, el cual ejerce todo el poder en la República Popular China, se vio forzado, a través del líder del gobierno en 1978; a emprender un proceso de reformas para liberar la economía, permitir el surgimiento del sector privado y descentralizar el poder. Después de estos cambios, empezaron las relaciones comerciales entre la República Popular de China y el mundo occidental, dando paso a la entrada de inversiones extranjeras desde países capitalistas y el modelo económico comunista chino se transformó en una economía de mercado.

Bajo el modelo de economía de mercados, China empezó a crecer a niveles récord y sostenidamente durante tres décadas. Según el Banco Mundial, se estima que más de 850 millones de chinos salieron de la pobreza gracias a las reformas. Hoy día, China es un país moderno, con compañías locales e internacionales fabricantes de todo tipo de productos. Todo un gigante tecnológico gracias al capitalismo, aunque el partido comunista está en todos los aspectos de la vida de los chinos.

En China en materia de libertad, la historia es diferente. No existe la libertad de prensa y el sector mediático está bajo control estatal. Según el organismo de derechos humanos Human Rights Watch, el gobierno chino mantiene un estricto control sobre internet, los medios masivos y hasta persigue a comunidades religiosas y a los defensores de los derechos humanos.

Ahora, además de todos los eventos normales de la economía sobre su colapso, tenemos hoy que agregarle los efectos de la crisis reciente producida por el coronavirus, la cual pudiera estar produciendo un colapso económico de grandes proporciones, dependiendo de la duración de la pandemia y por supuesto de las medidas que se tomen para abordar la crisis.

Para salir de esta crisis económica primeramente hay que parar definitivamente la propagación del virus y luego aplicar las medidas económicas pertinentes. El gasto público en materia sanitaria y en asistencia social se incrementará dramáticamente. A nivel personal, el desempleo se incrementará reduciendo aún más el poder adquisitivo de la gente. Y para echarle más leña al fuego, bajo este clima de incertidumbre, los mercados de capitales tardaran en lograr niveles positivos.

La economía de algunos países se irá recuperando a medida que sus ingresos se incrementen, lo que dependerá por supuesto de los valores de sus indicadores económicos. Para esta recuperación los gobiernos de los países, deben trabajar junto con las instituciones financieras para ayudar económicamente a la reactivación de las empresas incluyendo la pequeña y mediana industria.

La recesión económica del coronavirus podría producir a la economía mundial una pérdida de entre uno y dos billones de dólares. Además de una desaceleración del crecimiento anual global por debajo del 2,5% según el último informe de la Conferencia de las Naciones Unidas para el Comercio y el Desarrollo (UNCTAD).

5.4 PROBLEMAS SOCIALES

Los problemas sociales son situaciones que impiden el desarrollo y progreso de la gente en su sociedad, al no poder satisfacer sus necesidades básicas. Los problemas sociales que enfrenta la gente en todo el mundo son muchos, sin embargo, solo expondremos los más importantes: la pobreza, el hambre, la salud, el desempleo, la discriminación, la inseguridad, la drogadicción y la corrupción. Además de enumerar los problemas sociales, debemos también conocer sus causas para prevenirlos y buscar soluciones.

La pobreza es uno de los grandes problemas actuales del mundo. Según el estándar de las Naciones Unidas, las personas que viven con $2,5 por día o menos son consideradas pobres. Si viven con $1,25 por día o menos, se consideran en pobreza extrema. Según estimaciones del Banco Mundial, el 12,7% de la población mundial vive con menos de 1,9 dólares al día. Muchos países en donde predomina la pobreza son llamados países del tercer mundo. Los parámetros para medir la pobreza a nivel internacional son establecidos por organismos como el Banco Mundial, el Fondo Monetario Internacional, o el Programa de las Naciones Unidas para el Desarrollo (PNUD). Sin embargo, también existen dentro de cada país instituciones encargadas de evaluar los niveles de pobreza para elaborar programas dirigidos a combatirla. La pobreza, por lo general, es más acentuada en países que se encuentran en situación de subdesarrollo. También se hace aún mayor en países en conflictos que en países pacíficos y estables. La pobreza en si también arrastra otros problemas como el hambre, problemas de salud, y hasta falta de agua potable.

El hambre en el año 2016; afectó a 815 millones de personas en todo el mundo, lo que representa un 11% de la población mundial, según cifras del Fondo Internacional de las Naciones Unidas para la Alimentación y la Agricultura. El hambre afecta a 520 millones de personas en Asia, a 243 millones en África y a 43 millones en Latinoamérica y el Caribe. De hecho, África tiene una gran población desnutrida.

La salud también es un problema serio en muchos países del mundo en donde hay más de 800 millones de personas sin acceso a ningún sistema de cuidado de la salud haciéndolas totalmente susceptible a contraer algunas enfermedades por las que muchos de ellos mueren.

Además, hay millones de personas en el mundo que no toman agua potable y en algunos casos ni siquiera tienen agua de ningún tipo. Según estadísticas casi 1 mil millón de personas no tienen agua potable.

El desempleo es otro problema social ya que la gente no genera ningún ingreso para satisfacer sus necesidades, lo cual se puede convertir en una causa de la pobreza. A su vez, el desempleo puede ser causado por problemas económicos del país. Actualmente, los países con mayor tasa de desempleo son Grecia y España con 27%; mientras que los países con menor tasa de desempleo son Ruanda y Qatar con 0,5%. Según datos del Banco Mundial del año 2013.

Para paliar la pobreza, el Estado debe procurar que su país logre tener un crecimiento económico sostenible capaz de crear empleos con sueldos razonables para que la gente pueda satisfacer sus necesidades fundamentales de alimentación, salud e higiene.

La discriminación laboral puede ser otro problema social cuando no se les permite a personas trabajar debido a su raza, sexo, genero, religión, nacionalidad, etc. También la discriminación laboral puede afectar al trabajador, después de haber sido empleado con tratamientos o beneficios diferentes con respecto a sus compañeros por motivos que no están directamente relacionados con su desempeño laboral.

La inseguridad es otro problema social, pues la gente tiene que enfrentar los peligros de vivir en ciudades violentas. La inseguridad, además de afectar la tranquilidad y seguridad de la sociedad, también afecta a los intereses de los países, alejando las inversiones en especial las extranjeras, el turismo y otras.

La drogadicción es otro gran flagelo, pues la adicción o dependencia de la gente a las drogas genera, además de un deterioro físico y psicológico, también genera un gran problema social ya que el drogadicto no puede satisfacer sus necesidades básicas para vivir normalmente en sociedad.

La corrupción es un problema que daña todo lo sano que toca e incluso puede empeorar cualquier otro problema social existente. La corrupción se vale de simples prácticas de

310

la gente como: el tráfico de influencias, el soborno, la extorsión y el fraude para obtener algún beneficio ante algún funcionario público o privado. Estas prácticas de corrupción son muy comunes en la gente para ganar una licitación o para lograr algún cambio relacionado con esta. Estas prácticas también son comunes en sentido contrario, es decir desde el lado del funcionario, quien abusa de su poder para sacar algún provecho de los ciudadanos. La corrupción genera una cadena de problemas por lo que se hace extremadamente necesario crear más instituciones como "Transparencia Internacional" para atacar este problema.

5.5 COMO EVITAR EL COLAPSO DE LA CIVILIZACION

Hasta ahora, hemos hecho un viaje desde que surgió la civilización pasando por todo lo que ella ha creado para traernos hasta el mundo actual, en donde encontramos un cúmulo de problemas como una clara tendencia peligrosa que podía llevar a la humanidad al colapso de nuestra civilización. A menos que hagamos algo para impedirlo.

Hemos visto en la exposición sobre el origen y la evolución de la civilización, todo ese inmenso desarrollo y prosperidad que alcanzaron las civilizaciones que nos trajeron hasta donde estamos hoy. Sin embargo, todo su esplendor ha desaparecido. Solo tenemos que echar un vistazo a dos de ellas. Por ejemplo, Mesopotamia; la cual fue la cuna de la civilización que perduró unos 3 mil años, donde se inventó la escritura, con la que se empezó a escribir la historia y surgió la ciencia; y en donde se inventó la rueda. Pues la gloriosa Mesopotamia terminó en lo que hoy es Irak. Un país sumido en un gran caos. Otro ejemplo es Grecia, la cual fue la cuna de la civilización occidental donde nació la democracia y el gran pensamiento filosófico con excepcionales figuras forjadores de libertad, ciencia y prosperidad. Sin embargo, Grecia en el mundo de hoy ha caído a niveles muy bajos de pobreza.

Para evitar el colapso de nuestra civilización actual, primeramente, se deben atender todas las dificultades que la amenazan como la pandemia que actualmente nos azota, la decadencia política, el caos económico, y los problemas sociales.

En cuanto a la pandemia del coronavirus, se debe primero parar la difusión de este virus lo más pronto posible con la cuarentena, como se está haciendo actualmente. Ahora, para evitar este tipo de crisis en el futuro, los países deben preparase para manejar crisis biológicas y químicas principalmente, de manera de dar una repuesta rápida al problema. Además, los países deben promover un liderazgo a nivel mundial, no solo para fortalecer la economía global, sino también para que se monitoree más de cerca la salud de las instituciones financieras con el fin de evitar el colapso de algunas de ellas, lo cual pudiera ser usado por algunos gobiernos inescrupulosos para alterar la economía mundial para su propios beneficios. Ese liderazgo, además debe ser capaz de responsabilizar la negligencia o poca cooperación de aquellos países en el manejo de amenazas en contra de la humanidad y la paz del mundo. Hemos visto como el mundo entero ha quedado completamente desnudo y vulnerable ante el coronavirus. Para lograr el deseado liderazgo, se puede pensar en una organización nueva, pero muy diferente a las existentes, pues estas han fallado hoy ante los problemas de la humanidad, incluso hasta han llegado a irrespetar los derechos humanos, en un claro incumplimiento de los objetivos para lo que fueron creadas.

En cuanto a la decadencia política, el pueblo debe elegir representantes íntegros y honestos y no dejarse manipular por los políticos de izquierda y los medios de comunicación. Para evitar la manipulación de los medios de comunicación se debe hacer caso omiso cuando estos vayan en contra del pueblo. Además, el pueblo debe evitar votar por políticos involucrados en escándalos.

Ante cualquier amenaza sobre los valores éticos y morales de la sociedad, el pueblo debe levantar su voz y eso solo lo puede hacer en democracia, en donde el, tiene el poder. Y para conservar su poder, entonces el pueblo tiene que estar al lado de la democracia. La gente debe involucrarse más en su democracia mediante una mayor participación directa para conocer más de cerca la gestión de sus funcionarios e involucrase en la toma de decisiones sobre asuntos de la sociedad. De esta manera el ciudadano puede asumir un papel más protagónico en la política, tanto a nivel comunitario, como regional y nacional, mediante el uso de algunos mecanismos de consulta, como el referéndum o el plebiscito para la aprobación o derogación de leyes o hasta para la revocación del mandato de un gobernante. De manera que, si en algún momento este ciudadano que se ha involucrado es elegido para gobernar, sepa cómo hacerlo sin cometer los errores que están llevando a nuestra democracia a la decadencia.

Para evitar el colapso económico, el pueblo debe defender la economía de libre mercado en un sistema capitalista, el cual es el sistema económico con mejores beneficios socio-económicos para la gente. Además, el capitalismo es perfectamente compatible con la democracia.

Para disminuir el riesgo del colapso, El Estado de cualquier país además puede optar por brindar mayor bienestar social para su gente. En este sentido, debe crear la legislación necesaria para hacer posible el desarrollo de actividades económicas orientadas a ese bienestar con la participación de la empresa privada sobre todo en la creación de empleos con una remuneración que le permita a la gente disfrutar de una vida mejor. El Estado junto a la inversión privada puede contribuir a que el país logre una economía próspera con buenos indicadores en su producto interno bruto (PIB), ingreso per cápita, distribución de la riqueza en servicios sociales, tasa de desempleo, nivel de pobreza, expectativa de vida, protección ante la delincuencia y el crimen organizado, programas de Seguridad Social, etc. Mientras mejor sea la economía de un país, mayor será la posibilidad de que los ciudadanos disfruten de mejor calidad de vida.

En cuanto a los problemas sociales, por tratarse de cuestiones públicas, el Estado tiene la responsabilidad y la obligación de advocarse a la solución de los problemas sociales, mediante el desarrollo de políticas sociales necesarias para solventar o al menos remediar los problemas sociales para que así la gente tenga mejor la calidad de vida. En este sentido, el Estado debe procurar que su país logre tener un crecimiento económico sostenible capaz de crear empleos con sueldos razonables para que la gente pueda satisfacer sus necesidades fundamentales.

Sin embargo, la sociedad también puede ayudar en la solución de los problemas sociales a través de organizaciones no gubernamentales destinadas a este fin. Aunque no existen países sin problemas sociales, pero aquel que tenga la menor cantidad de ellos, podía ser considerado como un país de gran desarrollo social.

Una de las formas de ayudar a disminuir la pobreza, es mediante la creación de empleos. Ahora, para remediar el problema del desempleo, el Estado debe revisar las leyes existentes o desarrollar e implementar unas nuevas leyes justas y atractivas hacia el sector privado para realizar inversiones que creen más puestos de trabajo. De manera de que el país tenga una economía que crezca al ritmo de la cantidad de personas en busca de empleo y así lograr un mercado laboral estable. El desempleo es uno de los problemas sociales con mayores efectos negativos sobre el pueblo y peor aún si el desempleo o el empleo es sujeto a discriminación.

La discriminación laboral puede convertirse también en un problema para las empresas con su respectivo impacto en la sociedad. Los trabajadores discriminados pueden experimentar altos niveles de estrés, lo que los vuelve propensos a padecer trastornos como crisis nerviosas, insatisfacción personal o depresión. Todo esto puede afectar muy negativamente a la empresa en cuanto a su productividad o su clima de trabajo. Aunque existen leyes en muchos países para evitar la discriminación laboral, sin embargo a pesar de ello aún se presenta algún tipo de discriminación, las empresas deben abordarlos mediante la aplicación de medidas para poner fin al problema.

Sobre el problema de la drogadicción, su solución empieza por prevenirla y esta responsabilidad recae en los padres. Pero para ayudar a sus hijos, tal vez los padres tendrán que ayudarse ellos primero. Además, los padres deben vigilar lo que hacen sus hijos y saber con quién andan. Sin embargo, cuando el problema de drogadicción ya existe, hay programas sociales para ayudar a los afectados a salir del problema. No obstante, el Estado debe estar actualizando estos programas y velar por que las instituciones que los administran cumplan con tan importante función.

Otro de los problemas sociales es el la inseguridad y para solucionarlo el Estado debe crear, planificar e invertir en instituciones de seguridad pública, justicia y sistemas carcelarios, o repotenciar las existentes. Sin embargo, también es recomendable que la propia ciudadanía asuma una cultura de seguridad preventiva con acciones necesarias para su autoprotección de acuerdo a sus posibilidades, sin tener que enfrentar directamente a los criminales.

Además de advocarse a la solución de los problemas sociales del pueblo, el Estado pudiera promover el bienestar social para su gente, si el Estado realmente puede costearlo y sin caer en el populismo. El Bienestar Social es el conjunto de factores necesarios para que los integrantes de una sociedad puedan satisfacer sus necesidades fundamentales para tener óptimos niveles de calidad de vida. El bienestar social normalmente incluye todas aquellas cosas que inciden de manera positiva en la calidad de vida de la gente como: un empleo con un sueldo suficiente para satisfacer las necesidades de alimentación, salud, vestimenta, vivienda, etc.

Por supuesto, el bienestar social va a depender del país donde se viva. Si en ese país hay un alto poder adquisitivo, este haría que el sueldo de la gente le alcanzara para adquirir más bienes o servicios para satisfacer sus necesidades. Por ejemplo, en Estados Unidos, actualmente, una familia de cuatro integrantes necesita tener un ingreso de $4,700 mensuales para satisfacer sus necesidades fundamentales incluyendo gastos de vivienda con servicios públicos y de comunicaciones, más vehículo con gastos de mantenimiento y seguro, más gastos de alimentación con seguro médico. Sin embargo, el sueldo mínimo aproximado es de $1,800 mensual por persona.

Ahora, para que todas las alternativas orientadas a la solución de los problemas sociales y a mejorar el bienestar del pueblo, sean efectivas se debe atacar el inmenso problema de la corrupción. Las prácticas de la corrupción para obtener beneficios en contra del pueblo, ha llegado a socavar las bases de todas las estructuras sociales de la humanidad a nivel mundial. Este enorme flagelo se debe atacar desde las altas esferas del Estado hasta los más bajos estratos del pueblo.

Ante la corrupción, primeramente, se debe fortalecer la integridad e independencia del poder judicial para que el crimen de los corruptos no quede impune. Como otras medidas, debe existir transparencia en la contratación pública para evitar que los contratos públicos se asignen a corruptos; vigilar el financiamiento de las campañas electorales, ya que gran parte de ese dinero es ilícito y procede de grupos criminales para obtener beneficios de los gobernantes corruptos que así sean electos; y depurar todo el proceso electoral y revisar la inmunidad de los gobernantes.

La otra parte de la lucha contra la corrupción debe venir del pueblo. Como ya hemos dicho, el pueblo debe primeramente elegir a políticos honestos para frenar la corrupción, e involucrase más en los asuntos relacionados con su sociedad, como investigar el manejo de dineros públicos. La lucha contra la corrupción debe ser frontal para evitar que siga socavando las bases de la democracia y el estado de derecho, lo que a la larga nos pudiera llevar a un colapso total. Sin embargo, nosotros la gente pudiéramos hacer que los medios de comunicación nos ayudaran a atacar los efectos de la corrupción. Esperamos que los medios nos ayuden en esta noble y genuina misión para evitar el colapso de nuestra civilización.

Otra solución para evitar el colapso de nuestra civilización actual, es la de atender la educación para que la gente desarrolle sus capacidades mentales y físicas para resolver sus problema. Así como también para que la gente cultive los valores éticos y morales como el respeto y la honestidad. La educación no debe ser puesta al servicio de los políticos para ideologizar a la gente. Debe ser puesta más bien al servicio de la gente para que sea útil a su sociedad. Es decir, la gente siempre debe ser parte de la Solución.

ACERCA DEL AUTOR

Ivanni Delgado es ingeniero graduado en la Universidad de Tulsa, Oklahoma, con una maestría en negocios de la Universidad NSU de Talehquah, Oklahoma. Es miembro de la Asociación de Autores de Texas. Y es también el autor del libro: "Como Llegamos Aquí", el cual escribió para responder a una de las más importantes preguntas sobre la existencia del ser humano y con ella abre una mirada iluminada al pasado que puede cambiar el futuro. En este nuevo libro "Hacia Donde Va Esta Civilización", Ivanni narra cómo se originó nuestra civilización y los eventos que la han llevado a donde está ahora. Piensa que de no hacer lo correcto, la vida cambiará drásticamente, por lo que la gente debe conocer la historia de nuestra civilización para evitar su colapso, dado la tendencia peligrosa que lleva.

NOTAS

Capítulo 1:   LA CIVILIZACION: ORIGEN Y EVOLUCIÓN

1. Delgado, I. Como Llegamos Aquí,
   Houston: Carmen & Son, 2018
   http://www.carmen-usa.com/comollegamosaqui

2. Human Evolution, Smithsonian National Museum
   of Natural History, 2015
   http://humanorigins.si.edu/evidence

3. Encyclopedia Britannica
   https://www.britannica.com/place/Jarmo

Capítulo 2:   LAS PRIMERAS CIVILIZACIONES

4. Origen of Civilization
   https://www.uv.es/ivorra/Historia/Historia_Antigua/civilizacion.htm

5. Historia Universal
   https://mihistoriauniversal.com/edad-antigua/imperio-acadio/

Capítulo 3:   LA ESCRITURA Y LA CIENCIA

6. Encyclopedia Banrepcultural
    https://enciclopedia.banrepcultural.org/index.php/
    Origen_de_la_pol%C3%ADtica_en_el_mundo

Capítulo 4:   LA RIQUEZA Y EL PODER

7. Filosofía & Co
    https://www.filco.es/riqueza-naciones-adam-smith/

8. Economipedia
    https://economipedia.com/definiciones/origen-de-
    la-economia.html

Chapter 5:   EL MUNDO ACTUAL:
UNA TENDENCIA PELIGROSA

9. Fox News
    http://foxnews.com

10. El Tiempo
    https://www.eltiempo.com/mundo/mas-
    regiones/analisis-sobre-la-situacion-geopolitica-
    mundial-reciente-263102

11. Visión Crítica.
    https://visioncritica.com/2017/05/21/10-signos-
    sociedad-decadencia/

12. ACNUR
    https://eacnur.org/blog/principales-problemas-del-
    mundo-actual-tc_alt45664n_o_pstn_o_pst/

www.ingramcontent.com/pod-product-compliance
Lightning Source LLC
Chambersburg PA
CBHW051413090426
42737CB00014B/2645